들뢰즈의 안드로메다

이수경 지음

저자의 말

국문학을 전공하고 학생들을 가르치면서 스스로의 한계에 부딪혔다. 그래서 선택한 것이 대학원 철학과였다. 대학원에서 서양철학을 전공하면서 들뢰즈를 만났다. 특히 가타리(2015년 이후 '과타리'라고 많은 학자들이 쓰고 있다. 그러나 『들뢰즈의 안드로메다』를 책으로 발간하는데 있어 『천개의 고원』을 따라 '가타리'로 표기한다.)와 함께 쓴 『천 개의 고원』에 등장하는 수많은 되기의 주체들의 모습은 기괴하기도 하고 초월적이기도 한 다양한 모습들을 보이고 있어 자세히 들여다보고 싶었다. 되기의 주체들을 언급하며 그들이 가고자 했던 그곳, 나에게는 저 먼 안드로메다처럼 보이는 기관 없는 신체, 내재성의 장이 어디일까 따라가 보기로 했다.

들뢰즈/가타리가 언급하는 수많은 되기의 주체들은 동물과 인간을 나누는 경계선이 어디인지를 말할 수 없게 하는 공통의 근접성의 영역, 즉 인간의 비인간적(inhuman) 지대이며 인간성 경계의 지대이다. 곧 합리적이고 의사소통적인 인간의 지대 이하이거나 그 이상의 영역과 연관된 식별 불가능성 지대이다. 그렇지만 이곳은 우리의 신체 안에서 직접 체험되기에 잠재적인 인간의 지대이지만 동물 혹은 인간 아닌 모든 것과 결연될 수 있기에 비인간적 지대이고 무인지대(no man's land)이기도 하다.

동물-되기의 사례들에서 드러나는 동물-되기 이후 주체들의 모습들은 차이점을 드러낸다. 들뢰즈/가타리는 이에 대해 더 이상 논의를 전개하지 않는다. 따라서 동물-되기의 상태들은 차별적으로 조망되어야 하며, 그렇게 함으로써 오늘날 다양한 매체에서 나타나고 있는 인간과 동물의 무경계인 생성의 광범위한 진폭을 이해할 수 있게 된다. 이러한 차이를 변별하기 위해 동·서양의 의식이론을 치밀한 작업을 통해 통합적인 의식의 지도를 그리고 있는 윌버의 의식이론을 배경으로 조명할 수밖에 없었다.

들뢰즈/가타리의 되기(생성)의 사유는 분명 수평적 변환의 측면을 강조하는 것에서 그 의의가 크다고 하겠으나 수직적 변용의 측면을 살펴봄으로써 진정한 생성의 길을 찾을 수 있다고 생각했다. 진정한 생성의 길은 우리의 삶을 변용시켜서 자아에서 깨어나 승화된 삶을 사는 데 있으며, 자신의 경계를 넘어 수직적 상위의 생성으로 이끄는 데 있을 것이다.

이 책은 2014년에 쓴 박사논문 「들뢰즈/가타리의 '동물-되기'에 대한 비판적 연구」를 일부 수정하고 보완하여 나온 책이다. 박사논문의 많은 주석을 가급적 줄이고 이해하기 쉽게 본문에 넣으려고 애썼다. 책의 앞부분은 들뢰즈/가타리의 사상을 정리한 것에 불과하다. 군데군데 주석이 빠진 곳도 있을 것이지만 너그러운 마음으로 이해하길 바란다. 보잘 것 없는 이 책이 난해한 들뢰즈의 사상을 입문하고 이해하려는 이들에게 아주 조금이나마 도움이 된다면 더 바랄 것이 없겠다. 2, 3년 남짓 백년어서원에서 문우들과 함께 6권의 경전, 10권의 카프카, 13권의 울프의 전집을 읽은 것이 도움이 되었다. 들뢰즈/가타리가 『천 개의 고원』에서 많이 언급하고 있는 카프카와 울프의 사유는 들뢰즈/가타리의 사상과 이어져 있다.

철학하는 삶의 길을 열어주시고 아낌없이 지혜의 샘을 쏟아부어주신 존경하는 배철영 교수님, 책을 내도록 용기를 주신 이왕주 교수님과 강선학 교수님, 그리고 무엇보다 곁에서 이 책이 나올 수 있도록 채찍질해주신 나의 선배이자 시인이신 김수우 선생님께 깊은 감사를 드린다. 무엇보다 이 책의 출간을 허락해주신 신생인문학연구소와 꼼꼼하고 정성스럽게 책을 엮어주신 도서출판 〈신생〉 편집자 분의 노고를 잊을 수 없다. 그리고 학문의 길에서 허우적거리는 엄마를, 삐걱대는 아내를, 따뜻한 기다림으로 인내해 준 가족에게도 무한한 애정을 보낸다. 끝으로 무엇보다 늘 든든한 지원군이 되어 준 엄마와 동생들에게 고마운 마음 그지없다.

2022. 7월 그믐날
저자 이수경

차례

003 저자의 말
009 머리말

Ⅰ장
021 되기(생성)
021 되기(생성)의 의미와 특징 및 원리
043 되기의 종류

Ⅱ장
075 동물-되기의 다양성
075 윌라드의 쥐-되기
078 꼬마 한스의 말-되기
088 그레고르 잠자의 갑충-되기
097 '나'(로렌스)의 거북이-되기
106 에이허브 선장의 고래-되기
112 한 문인화가의 물고기-되기
115 동물-되기의 다양성과 윌버의 의식발달이론

Ⅲ장
121 윌버(K. Wilber)의 의식발달이론
121 의식의 스펙트럼 : 정의와 특성
124 의식의 상태와 수준(단계)
126 각 의식 수준의 특성

IV장

157   동물-되기 이후 주체의 의식 상태와 수준
160   윌라드의 분열성 성격장애와 퇴행
175   꼬마 한스의 소아공포증과 발달 과정
179   그레고르 잠자의 실존적 불안과 존재의 관성
187   '나(로렌스)'의 대모신 원형과의 동화 혹은 심혼적 동일시
199   에이허브 선장의 존재론적 불안과 돌파
202   한 문인화가의 자연과의 심혼적 동일시
204   되기의 의식발달 수준 상의 위치

V장

213   기관 없는 신체-되기의 바탕이자 목표

VI장

223   동물-되기의 의의와 한계

233   참고문헌
239   도판 및 도표 목록
240   찾아보기

머리말

들뢰즈(G. Deleuze)와 가타리(F. Guattari, 이하 '들뢰즈/가타리'로 표기함)에 의하면 사물의 본질은 항상 변화하는 것이다. 이는 존재를 하나의 흐름으로 파악한다는 의미이며, 존재는 지각될 수 없는 비-논리에 의해서만 가능하다는 것이다. 들뢰즈/가타리에게서의 사유란 유연한 흐름이며, 따라서 끊임없이 무엇인가 되려고 하는 능동적 실천의 방향이다. 또한 이것은 '기관 없는 신체'(the body without organs)와 같이 존재와 무, 삶과 죽음으로 나눌 수 없으며 영토화와 탈영토화가 끊임없이 생성되고 사라지는 흐름, 또는 그 사이의 긴장이다.

우리는 때때로 자신과 다른 삶, 다른 존재방식, 지금의 나를 규정하고 있는 울타리 바깥을 꿈꾸게 된다. 이것은 일종의 욕망이며, 그 욕망은 우리의 삶을 지탱해 주는 생명의 불꽃과도 같은 것이다. 내가 현재의 삶에 위치해 있고, 그것을 통해 내가 나로서 존재하고 있는 방식들 즉, 그 배치를 바꾸고 싶은 것이 욕망이다. 들뢰즈/가타리에게서 생성과 욕망의 움직임은 말 그대로 우리가 살아가는 삶이며 실천적인 세계이다. 이때의 삶은 매 순간을 증언하는 실험과 경험의 장인데, 그 이유는 이 순간이 유일한 것이고 다시 반복하기는 하지만 차이를 지니며 다른 양상으로 끊임없이 생성되는 것이기 때문이다. 이와 같은 다른 삶으로의, 즉 바깥으로의 이행을 들뢰즈/가타리는 '되기(생성)'라 부른다. 즉 되기(생성)는 한 다양체가 다른 다양체에 의해 탈영토화될 때 다양체가 겪는 '주체나 목적이 없는 하나의(욕망의) 과정'이다. 이러한 되기(becoming)의 개념은 들뢰즈/가타리의 실천철학

(내재성의 윤리학)의 핵심을 이루고 있다.

되기의 갖가지 형태들 중 하나가 동물-되기이다. 들뢰즈/가타리의 『천 개의 고원』에는 동물-되기의 다양한 사례들이 등장한다. 예컨대 윌라드의 쥐-되기, 한스의 말-되기, 에이허브 선장의 고래-되기, 카프카의 쥐-되기, 로렌스의 거북이-되기, 그리고 한 문인화가의 물고기-되기 등이 있다. 그런데 이러한 동물-되기의 방식과 그 형성 과정은 서로 비슷하지만 특정한 되기 이후 각 주체들에게서 드러나는 존재 상태는 각각 다른 차이를 드러낸다. 그렇다면 각각의 되기 이후에 각 되기의 주체는 어떤 존재적 특징을 드러내고 있는지 살펴볼 필요가 있어 보이지만 들뢰즈/가타리는 이에 대해 더 이상 논의를 전개하지 않는다.

들뢰즈/가타리의 동물-되기의 사례들이 보여주는 되기 이후의 상태들은 매우 다양하다. 너무 단순하거나 기괴해 보이며 심지어 그들의 말대로 악마적이기까지 한 상태에서부터 아주 고차적인 자연과의 합일 상태에 이르기까지 다양한 차이를 드러낸다. 가령 윌라드의 쥐-되기는 윌라드가 어머니나 쥐들과의 분리가 제대로 이루어지지 못한 상태에서 성공함으로써 여러 가지 심각한 정신병리적 현상들을 드러내며, 한스의 말-되기는 한스의 아직 미분화된 정서 상태를 나타낸다. 에이허브 선장의 고래-되기는 실존적 무의 체험과 그것을 넘어서고자 하는 '초월충동'과 관련 있다고 여겨지며, 로렌스 또한 거북이-되기를 통해서 남과 여, 비인간, 자연 그리고 신적인 것과의 균형을 통해 승화하고 초월하고 있는 것으로 여겨진다. 한 문인화가의 물고기-되기는 자연의 한 대상과의 근본적 합일을 나타낸다. 그래서 이들 되기는 들뢰즈/가타리가 주장하는 비인간적(inhuman)[1] 인간의 지대

---

1) "비인간적이란 의미는 일정한 자연적 역사적 제약 속에서 살아가는 인간이 자신의 '부적합한 관념'을 진실이라 믿고 투사하여 세계를 해석한 후 다시 이를 자신에게 적용하는 '인간주

(地帶), 다시 말해서 인간성 경계의 지대, 곧 합리적이고 의사소통적인 인간의 지대 이하이거나 그 이상의 영역과 연관된다.2) 들뢰즈/가타리에 의하면 이 지대는 식별 불가능성 지대이며, 동물과 인간을 나누는 경계선이 어디인지를 말할 수 없게 하는 공통의 근접성(proximity) 영역이다. 그렇지만 이곳은 우리의 신체 안에서 직접 체험되기에 잠재적인 인간의 지대이지만 동물 혹은 인간 아닌 모든 것과 결연될 수 있기에 비인간적 지대이고 무인지대(no man's land)이기도 하다.3)

또한 그들에 따르면 동물-되기는 어떤 더 깊은 알 수 없는 되기를 향한 단계, 즉 '지각불가능하게 되기'를 향한 단계에 불과하다고 언급한다. 완전한 합일에 이르는 궁극의 지점, 되기의 최종 단계는 들뢰즈/가타리에 의해 '지각불가능한 것 되기', '기관 없는 신체', '내재성(immanence)의 장', '일관성(consistency)의 평면', '도(道)' 등으로 표현된다.4) 이것이 그들에게서 포착되는 또 다른 의미는 『천 개의 고원』에서 인용하면 '모든 사람/모든 것-되기(becoming-everybody/everything)'이다.5)

의(휴머니즘)' 내지 '의인화(anthropomorphism)'에 대한 비판과 극복을 함축한다. 들뢰즈가 인간주의를 비판하고 있다면, 이는 인간주의가 세계의 본성을 적합하게 제시하지 않으며, 나아가 인간에 대한 잘못된 상을 전제하기에 실천 역시도 덫으로 내몰고 있다고 여기는 탓이다. 따라서 비인간적이라는 의미는 철저히 도덕 외적(extra-moral) 의미이며, 인간에 대한 규정 및 그 규정의 역사성과만 관련된다." 김재인, 「들뢰즈의 비인간주의 존재론」, 서울대박사학위논문, 2013, 5-6쪽. 들뢰즈/가타리의 비인간적(inhuman)의 의미는 'nonhuman'에 더 가까워 보인다.

2) 이와 비슷한 논의를 하고 있는 연구로는 다음의 선행연구가 있다. 배철영, 「들뢰즈/가타리의 '동물-되기'와 윌버의 의식 구조」, 『철학연구』, 제113집, 대한철학회, 2010, 165-167쪽 참조.

3) 들뢰즈/가타리, 김재인 역, 『천 개의 고원』, 새물결, 2003, 517쪽, 519쪽, 555쪽 참조; Deleuze, G/Guattari, F., A *Thousand Plateaus* : *Capitalism and Schizophrenia*, trans. B. Massumi, Univ. of Minnesota Press, 1987, p.272, p.274, p.293(이하 Deleuze/Guattari(1987)로 표기함).

4) 들뢰즈, 하태환 역, 『감각의 논리』, 서울: 민음사, 2008, 25-26쪽; Deleuze, G., *Francis Bacon: The Logic of Sensation*, trans. D. W. Smith, University of Minnesota Press, 2002, pp.15-16, p.18(이하 Deleuze(2002)로 표기함).

그렇다면 들뢰즈/가타리가 말하는 동물-되기와 모든 사람/모든 것-되기가 어떤 관계이며, 인간이 어떻게 동물-되기를 거쳐 '모든 사람/모든 것-되기'에 이를 수 있는지, 그리고 나아가 이러한 궁극적 생성은 어떠한 상태를 말하는지에 대해서 살펴볼 필요가 있다. 따라서 먼저 본 논문에서는 동물-되기의 다양한 사례들을 통해 동물-되기의 방법과 특징 및 원리를 비판적으로 검토할 것이다. 다음으로 이들 '되기' 혹은 '생성'의 결과들이 드러내는 심리 상태가 의식의 발달 과정에서 어떤 수준에 위치하는지 밝혀볼 것이다.

동물-되기는 궁극적인 되기인 지각불가능하게-되기에 이르는 과정에 있는데, 이는 동물과의 감응을 통해서 가능하다. 한 존재가 자신의 감응을 변화시킨다는 것은 무엇을 의미하는지에 대한 물음에서 그것은 이진경을 따라 바로 기(氣)를 변화시키는 것이라고 말할 때, 우리는 서구 철학의 한 정점에서 동아시아 사유를 만나게 되는 특이한 경험을 하게 된다.[6] 그리고 되기의 다양한 차이들을 보다 확연하게 구분하기 위해 윌버(K. Wilber)의 의식발달이론을 배경으로 사용할 것이다. 그는 기존 심리학의 한계를 절감하고 확실하고 치밀한 작업을 통해 의식발달이론에서 인간의 초기 발달 과정에서 드러내는 심리적 특징들뿐만 아니라 이성과 합리성의 발달 과정은 물론 나아가 동아시아 철학의 사유에서 나타나는 영적 특징들과 관련된 개념들도 포괄적으로 통합하고 있는 만큼 동물-되기의 사례들의 차이를 변별하는 데 참조가 될 수 있다고 생각한다.

윌버는 인간의 의식이 전자파의 스펙트럼처럼 다차원적인 계층을 이루고

---

5) 들뢰즈/가타리, 김재인 역, 『천 개의 고원』, 새물결, 2003, 529-530쪽; Deleuze/Guattari (1987), pp. 279-280.
6) 이진경, 『노마디즘 2』, 서울: 휴머니스트, 2002. 67쪽 참조.

있다고 보고 이를 '의식의 스펙트럼'이라 부른다. 윌버의 가장 큰 공헌 중 하나는 모든 의식발달단계의 복잡한 다양성 이면에 본질적으로 동일하거나 적어도 유사한 원칙과 메커니즘이 존재함을 발견한 점이다. 그는 서양의 많은 심리학자들과 동양의 다양한 마음이론[心論]이 인간의 의식에 대해 하고 있는 설명들은 틀린 것은 아니지만, 의식의 전체 수준 중에서 일부에만 초점이 맞춰진 한정된 설명이었다고 주장한다. 다시 말해서 서양의 심리학과 동양의 종교 철학은 인간의 의식에 대한 진리의 부분만을 보여주거나 때로는 서로 상충하고 대립하는 양상을 보여준다고 보고 이를 통합하여 보다 포괄적이고 총체적인 의식의 지도를 그리고자 했다. 그는 이를 스펙트럼에 비유하여 적절히 구분하고 있으며, 진리의 전체성을 시각화하여 통합적인 인간 의식발달단계를 제시하고 있다.

    윌버의 의식의 스펙트럼은 의식의 전 차원을 10개의 수준으로 나누고 있는데, 서양과 동양, 전근대·근대·탈근대, 전개인(prepersonal)·개인(personal)·초개인(transpersonal) 수준에서 포괄적으로 다루고 있다. 들뢰즈/가타리의 동물-되기의 결과로 형성된 되기의 상태의 차이를 구분하기 위해서, 윌버의 의식의 스펙트럼이 인간의 의식 수준을 여러 영역에서 다양하게 구분하고 있으므로 논의를 적용하는데 적절하다고 보았다. 따라서 윌버의 의식의 스펙트럼의 논의를 적용할 경우 들뢰즈/가타리의 다양한 동물-되기의 사례들이 드러내는 차이를 보다 분명하게 포착할 수 있다고 본다. 특히 그레고르 잠자, 에이허브 선장, 로렌스, 한 문인화가가 드러내고 있는 고차원적인 의식상태들은 윌버가 제시하고 있는 이론 외에는 나타낼 방법이 없다. 더 나아가 되기의 주체가 완전한 합일점에 이르는 지점인 일관성의 평면, 기관 없는 신체, 내재성의 장, 식별 불가능성의 지대는 동아시아의 '도', '공(空)' 개념과 밀접한 관련성이 있는 바, 이 개념들 역시 '영'(Spirit)과 '영혼'(soul)에 대한 윌버의 해석과 연관해 탐색할 수 있는 지점으로 포착된다.

『천 개의 고원』 중 제10고원에는 한스의 말-되기 이외에도 동물-되기의 다양한 사례들이 소개되고 있는데 들뢰즈/가타리는 동물-되기 이후 각 주체들에게서 드러나는 존재의 의식 상태들을 이어서 검토하지 못함으로써 되기의 중요성을 포착하는데 한계가 있다는 생각이 이 글의 문제의식이다. 무엇보다도 동물-되기의 사례들에서 드러나는 생성 이후의 모습은 다양하고 차별적인 양상들을 보이기에, 탈주의 전략으로서 생성 그 자체가 비록 그 나름대로 긍정적일 수 있으나 그 가운데 어떤 동물-되기들은 성공적인, 들뢰즈/가타리의 말로 하자면 권유할 만한 전략으로 보이지 않는다. 따라서 생성은 어떠한 것이라도 새로운 시작일 수도 있으나 다른 한편 심각한 퇴행이거나 혹은 발달의 과정이거나 혹은 병리적인 것일 수도 있다.

요컨대 오늘날 학문의 영역뿐만 아니라 사회 각 분야에 큰 영향을 끼치고 있는 들뢰즈/가타리의 '되기(생성)'의 철학은 자연과학의 여러 성과들과 모순되는 것이 아니라 오히려 정신분석적·환원주의적 입장이 보여주는 난점을 극복하고 허상으로서의 생성을 또 다시 정초한다기보다는 실존적 생성을 통해 삶을 긍정하는 철학이다. 그런데 되기 이후 주체들에게서 드러나는 의식의 상태를 살펴보면 들뢰즈/가타리의 되기(생성)는 바람직한 방향으로만 나아간 것 같지 않다. 생성 이후의 존재 상태는 기괴하여 그 되기가 본래의 목적에 기여하고 있는 것 같지 않다. 다시 말해서 들뢰즈/가타리의 생성이라고 해서 모두가 새로운 긍정적인 방향으로 나아간 것은 아니다. 그들은 이러한 논의에 대해서는 언급하지 않는다. 어쩌면 그 이상의 논의는

『천 개의 고원』에서 그들이 하고자 한 몫이 아닐지도 모른다. 그러나 생성을 진정 긍정적 탈주의 선으로서 받아들이고자 한다면 그 생성의 탈주선이 구체적으로 어떠한 모습이고 상태인지도 보아야 할 것이다. 이러한 차이를 부각시키기 위해서 윌버의 의식발달이론을 배경으로 삼는 것이 도움이 된다고 생각하였다.

최근 들뢰즈의 저작들은 한국에서 거의 번역되어 있고 그에 대한 연구서들도 꾸준히 쏟아져 나오고 있다. 그럼에도 불구하고 국내에서는 '되기'의 논의를 확장하여 규명하는 연구서적은 거의 없는 상태이다. 지금까지 들뢰즈/가타리의 '되기(생성)' 자체에 대한 연구에 국한된 논의들이 대부분이었다. '되기'는 이전의 예속적인 삶에서 다른 삶으로 이행해 갈 수 있다는 의미에서 중요하지만 단순히 '되기'만으로는 우리가 추구하는 삶의 본질적인 문제가 그대로 해결에의 실마리를 얻는 것은 아니다. 본 글은 들뢰즈/가타리의 '되기(생성)'의 중요성 자체를 부정하지 않았다. 들뢰즈/가타리의 생성 이론의 탁월성을 바탕으로 동물-되기의 주체들에게서 드러나는 다양한 의식 상태를 고찰해봄으로써 오늘날 인간이 자신의 삶의 문제를 타개하기 위해 취하는 것으로 이해해 볼 수 있을 것이며, 궁극적으로 진정한 생성의 길을 모색해 볼 수 있을 것이다.

요컨대 본 글의 목적은 들뢰즈/가타리의 생성의 중요성을 강조하는 데 그치지 않고 동물-되기의 다양한 사례들에 주목하여 더욱 확장된 논의를 시도함으로써 윌버의 의식이론을 배경으로 생성 이후 드러난 주체의 차이를 고찰하는 데 목적이 있다. 이러한 차이들의 변별적 특징들에 대한 이해가 오늘날 우리의 삶에 직접적으로 영향을 미칠 수 있으며, 나아가 우리의 되기(생성)를 다시 되돌아 볼 수 있게 하는 계기로 작용할 수 있을 것이다.

따라서 본 글에서는 동물-되기의 다양한 사례들을 통해서 그 특징들을 추론해보고 되기 이후의 결과, 주체들은 어떠한 차별성을 보이는지, 그리고 그 되기가 어떤 의식 상태에 있는 것으로 추정할 수 있는지, 나아가 그 상태는 윌버의 의식의 기본 구조[7])에서 어떠한 수준에 위치하는지 세밀하게 분류해 볼 것이다. 이렇게 함으로써 생성의 철학의 중요성을 더욱더 확장해 볼 수 있으며, 우리의 삶을 '위에서 삶'(living on)으로 사유할 수 있을 것이다.

본론으로 들어가서 먼저 Ⅰ장에서는 '되기(생성)'의 의미와 특징 및 원리에 대해서 검토할 것이다. 들뢰즈에게서 되기의 의미는 매우 중요한 의미를 지니고 있다. 들뢰즈의 '생성'은 사유와 존재 간의 괴리를 불러일으키는 모든 종류의 선험성을 비판하고 삶의 이상화를 거부하여 '지금-여기'에서의 실제적이고 능동적인 삶을 강조한다. 따라서 되기의 특징 및 원리를 살펴봄으로써 되기가 어떻게 가능한 것인지 그 방법을 검토할 것이다. 이어서 '되기의 종류'에서는 동물-되기 외에도 소수자-되기, 모든 것/모든 사람-되기가 있다는 것을 고찰할 것이며, 동물-되기는 모든 것/모든 사람-되기에 이르는 과정에 있다는 것을 알아볼 것이다.

다음으로 Ⅱ장의 '동물-되기의 다양성'에서는 동물-되기의 다양한 사례들을 통해서 동물-되기의 차이점을 밝혀볼 예정이다. 윌라드의 쥐-되기는 쥐 혹은 어머니와의 이자적 관계에서 이루어지지만, 한스의 말-되기는 한스에게 새롭게 조성된 배치 속에서 한스의 감성적 자기와 개념적 자기 사이의 긴장 관계를 보여준다. 마찬가지로 그레고르 잠자의 갑충-되기, 로렌스

---

7) 윌버는 의식을 10개의 수준 또는 차원으로 나눈다. 물론 베단타에서처럼 5단계로 나눌 수도 있고 나아가 40가지가 넘는 상태로 나눌 수도 있지만 윌버는 서양심리학과 동양의 베단타 심리학을 통합하여 10가지 수준으로 구분하고 그 특징을 제시한다.

의 거북이-되기, 에이허브 선장의 고래-되기, 한 문인화가의 물고기-되기 역시 동물-되기의 방식은 비슷하지만 되기 이후 각 주체들의 의식 상태는 차이점을 드러낸다는 것을 밝힐 것이다.

Ⅲ장에서는 동물-되기 이후의 주체들에게서 드러나는 차이점을 밝히기 위해 윌버의 의식이론이 무엇이고, 각 의식의 발달단계 및 각 단계에 상응하는 기본 구조의 특성과 병리 등을 살펴볼 것이다. 이렇게 함으로써 Ⅳ장에서 드러나는 동물-되기 이후 주체들의 의식상태의 특징과 수준을 고찰할 수 있을 것이다.

Ⅳ장에서는 동물-되기의 다양한 사례들의 주체들에게서 드러나는 의식의 상태들을 살펴보면서 동물-되기 이후 차이에 따른 결과가 윌버의 의식이론에서 어느 수준에 위치하고 있는지 주목하여 논의할 것이다. 그리고 윌라드의 쥐-되기와 한스의 말-되기에서 드러나는 주체들의 의식 상태는 윌버의 의식이론의 수준에서 하위단계로 보이지만 그레고르 잠자의 갑충-되기, 로렌스의 거북이-되기, 에이허브 선장의 고래-되기, 한 문인화가의 물고기-되기의 주체들은 비전-논리적 수준이거나 그 이상의 고차원적 수준의 의식 상태를 드러내고 있다는 것을 도표를 이용하여 좀 더 체계적으로 정리할 것이다.

마지막으로 Ⅴ장에서는 동물-되기의 바탕이자 목표인 '기관 없는 신체'가 무엇인지 살펴볼 것이다. 다양한 동물-되기의 사례를 통해서 한 가지 분명한 사실을 알 수 있는데 이것이 바로 어느 수준이건 '기관 없는 신체' 혹은 '일관성의 평면'이 직접 경험된다는 사실이다. 사실상 일관성의 평면은 이미 의식에 전제되어 있기에 되기의 모든 과정에서 이미 경험되지만 주체는 그러함을 의식하거나 자각하지 못한다. 즉 일관성의 평면은 모든 되기가 이르고자 하는 궁극의 목표이기도 하지만 또한 모든 되기의 과정에서 이미 전제되어 있는 바탕이기도 하다는 것을 밝힐 것이다. 그리고 물론 들뢰즈/가타리는 '기관 없는 신체'가 모든 생성의 전제로서 바탕이자 되기의 궁극의 목표라는 주장을 구체적으로 설명하지는 않는다. 연구자는 그들의 논의에서 이 주장을 확인하여 구성할 수 있다고 생각하였다. 그리고 무엇보다도 이러한 논의를 통해서 본 연구가 되기(생성)를 통해 우리의 삶을 더 나은 방향으로 이끄는 논의에 조금이라도 어떤 기여를 하고 있다면 의미 있고 가치 있는 연구가 될 것이다.

I장

되기(생성)

되기(생성)의 의미와 특징 및 원리

되기(생성)의 의미

모든 존재하는 것은 하나의 '탈주'의 선을 만들어 '생성(되기)'을 향하고 싶어 한다. '되기'는 끊임없는 관계 속에서 다른 삶으로 이행할 수 있다는 점에서 그 탁월성이 있다. 『천 개의 고원』에는 수많은 되기가 등장한다. 예컨대 분자-되기, 동물-되기, 여성-되기, 아이-되기 등이 있다. 도대체 되기란 무엇일까? 그리고 어떻게 분자-되기가 되고 동물-되기가 가능한 것인가? 우선 들뢰즈/가타리를 따라 되기의 개념부터 살펴보면 다음과 같다.

'되기'는 들뢰즈/가타리가 『천 개의 고원』에서 다루고 있는 개념이다. 되기, 이를테면 A가 B가 된다고 했을 때 이것은 어떤 존재하는 것을 실체적 관점에서 파악한 개념이 아니다. A가 B가 되는 과정, 고정되어 있는 어떤 본질이나 실체가 아니라 변화하는 것을 통해서, 즉 동일성(identitie)을 떠나는 것을 통해서 파악한 개념이다. 그렇다면 어떤 것이 변하여 다른 것이 되는 '되기', 즉 생성의 의미는 무엇인가? 우선 들뢰즈/가타리의 얘기를 경청해 보면 다음과 같다.

> 되기(=생성)는 결코 관계 상호간의 대응이 아니다. 그렇다고 해서 유사성도, 모방도, 더욱이 아니다. … 그리고 특히 되기는 상상 속에서 일어나는 것이 아니다. … 동물-되기는 꿈이 아니며 환상도 아니다. 되기는 완전히 실재적이다. 그러나 어떤 실재성이 문제가 되고 있는가? 왜냐하면 동물-되기라는 것이 동물을 흉내내거나 모방하는 것이 아니라 하더라도, 인간이 "실제로" 동물이 될 수는 없으며 동물 또한 "실제로" 다른 무엇이 될 수 없다는 것 또한 분명하기 때문이다. 이 되기는 자기 자신 외에는 아무 것도 생산하지 않는다. 무엇인가를 모방하든지 아니면 그저 그대로 있든지 중에서 어느 한쪽을 선택하라는 것은 잘못된 양자택일이다. 실제적인 것은 생성 그 자체, 생성의 블록이지 생성하는 자(celui qui devient)가 이행해 가는, 고정된 것으로 상정된 몇 개의 항이 아니다. 되기는 되어진 동물에 해당하는 항이 없더라도 동물-되기로 규정될 수 있고 또 그렇게 규정되어야 한다. 인간의 동물-되기는 인간이 변해서 되는 동물이 실재하지 않더라고 실제적이다. 이와 마찬가지로 동물의 '다른 무엇-되기'는 이 다른 무엇이 실재하지 않더라도 실제적이다.[1]

들뢰즈/가타리는 되기가 상상 속에서 일어나는 것이 아니며, 자기 자신만을 생산한다고 했다. 이것은 어떤 의미인가? 정확하게 그 의미를 파악하기 위해 예를 들어보려고 한다. 말의 가면을 쓰고 말의 흉내를 낸다고 해 보자. 그리고 그때 과연 현실적으로 어떤 일이 일어난다고 상상해 보자. 특히 모방의 주체인 당신에게 어떤 일이 일어나는지 생각해 보자. 이때 모방의 주체인 당신에게는 뒤집어 쓴 말가죽만 얹혀 있을 뿐, 실제로 모방의 주체인 당신의 신체 내부에 말과 관련해서 일어난 일은 아무 것도 없다. 모방은 이렇게 상상만을 자극할 뿐 실제적인 변화를 수반하지 않는다. 반면 '되기'는 무언가 '실제적으로' 일어나는 변화라는 것이다. '되기는 자기 자신

---

[1] 들뢰즈/가타리, 김재인 역, 『천 개의 고원』, 새물결, 2003, 452-453쪽; Deleuze/Guattari (1987), pp.237-238. (원문과 다를 경우 영문서적에서 직접 인용하였음을 밝혀 둔다.)

외에는 아무 것도 생산하지 않는다'는 말은 되기의 주체인 나 자신에게 직접적으로 변화가 일어날 때 그 변화가 '되기'라고 말하는 것이다. 그렇다면 나의 실존에 직접적인 변화를 일으키기 위해서 우리는 어떻게 해야 하는가? 들뢰즈/가타리는 말의 '감응'(affect)을 우리의 신체에 분포시켜야 한다고 말한다.2) '감응'이란 심리적인 메커니즘에서 일어나는 감성(sentiment)과의 구분을 요하는 용어로서 순수하게 힘 혹은 에너지 차원에서 일어난 변화를 가리킨다. '되기'란 '감응'의 변이이며 우리의 신체에 에너지의 변이를 분포시킬 때 일어난다. 이와 관련된 자세한 논의는 『철학이란 무엇인가』에서 가장 체계적인 형태로 나타나고 있으므로 들뢰즈/가타리의 견해를 좇아가 볼 것이다.

'감응'의 변이로서 일어나는 '되기'는 우리의 신체 변화에 일어나는 감각(sensation)과 관련된다. 들뢰즈/가타리는 perception/percept, affection/affect라는 두 쌍의 개념을 각각 구별하고, percept(지각)와 affect(감응)만을 감각의 구성요소로 취한다. 여기서 perception(지각작용)은 다른 신체에 의해 변용된 신체의 특정한 상태라는 의미를, affection(감응작용)은 그에 상응하는 역량의 특정한 상태라는 의미를 갖는다. percept는 지각상태(지각작용)를 구성하는 미분적 요소들의 합성과 해체에 대한 지각을, affect는 감응상태(감응작용)를 자신의 한 국면으로 포함하는 신체역량의 증가와 감소로서의 감응을 가리킨다.3) 좀 더 쉽게 말하면, "지각작용들은

---

2) 들뢰즈/가타리, 김재인 역, 『천 개의 고원』, 새물결, 2003, 489쪽 참조; Deleuze/Guattari (1987), p.258. 'affect'는 '감응', '정동', '정서' 등으로 다양하게 번역되고 있다. 되기와 관련된 affect는 '감응'으로 번역하는 것이 가장 적합하다고 본다. 따라서 다른 번역서들의 용어도 통일하고 있음을 밝혀둔다.

3) 들뢰즈/가타리, 이정임·윤정임 역, 『철학이란 무엇인가』, 서울: 현대미학사, 1999, 234쪽 참조; Deleuze, G/Guattari, F., *What Is Philosophy?*, trans. H. Tomlinson & G. Burchell, Columbia University Press, 1994. p.164(이하 Deleuze/Guattari(1994)로 표기함).

우리가 받아들이는 것, 가령 특정한 향기나 냄새 등이고, 감응작용은 우리에게 생기는 것, 가령 싫증내거나 또는 냄새에 콧구멍이 움츠러드는 것이다."[4] 그러면 지각이란 무엇이고 감응이란 대체 무엇인가? 좀 더 자세히 살펴보면 다음과 같다.[5]

『철학이란 무엇인가』에 의하면 예술의 목적은 '감각들의 덩어리를, 하나의 순수한 감각 존재를 추려내는 것'[6]이라 말하면서 지각(percept)과 감응(affect)이 바로 감각의 요소들이며 예술작품이란 지각들과 감응들의 복합물이라는 것이다.[7] 지각은 관찰자와의 관계에 의해 정의되지 않는 비전이나 통찰력으로 존재의 다른 양식에 대한 계시이며, 감응은 하나의 힘을 행사하는 느낌이나 감정으로, 자아와의 관계 속에서는 정의되지 않는 순수한 감정이나 정서를 불러일으키거나 영향을 받는 능력이다. 들뢰즈의 지각과 감응의 복합물로서의 감각은 합리적 이성이 개입하는 지각작용이라는 근대적 의미에서의 인식론적 재현의 방식을 넘어선다. 오히려 감각은 그러한 인간의 이성적 지각 단계 이전의 원초적 관계인 신체와 세계 사이의 직접적, 무매개적 만남으로 되돌아간다. 한마디로 지각은 인간이 부재하는, 인간 이전의 풍경[8]이라고 봄으로써 재현적 논리의 붕괴를 의도하고 있다. 간단히 정리하면, 지각은 나의 신체에 가해지는 힘들의 측면을 가리키며, 감응은 힘들의 작용을 통해 변용되는 신체의 측면을 가리킨다. 여기서 감응은 통속적인 감응작용의 상태들로부터 벗어나는 변용능력의 실험인 '되기'

---

4) 콜브룩, 백민정 역, 『질 들뢰즈』, 파주: 태학사, 2004. 43쪽.
5) 성기현, 「질 들뢰즈의 예술론의 전개과정에 대한 연구」, 서울대학교대학원, 2008, 68~77쪽.
6) 들뢰즈/가타리, 이정임 · 윤정임 역, 『철학이란 무엇인가』, 서울: 현대미학사, 1999, 234쪽; Deleuze/Guattari(1994), 239쪽; Deleuze/Guattari(1994), p.167.
7) 들뢰즈/가타리, 이정임 · 윤정임 역, 『철학이란 무엇인가』, 서울: 현대미학사, 1999, 234쪽; Deleuze/Guattari(1994), p.163.
8) 들뢰즈/가타리, 이정임 · 윤정임 역, 위의 책, 242쪽; Deleuze/Guattari(1994), p.168.

의 가능성을 함축하고 있음을 알 수 있다.

　지각들이 자연의 비인간적인 풍경인 것처럼, 감응들은 정확하게 바로 이러한 인간의 비인간적 생성들이다. 세잔이 말했듯이, '흘러가는 세상의 한 순간'일지라도 우리가 '그 순간 자체가 되지 않는다면', 우리는 그것을 보존할 수 없을 것이다. 우리는 세상 안에 있는 것이 아니라 세상과 더불어 생성되고 있다. 즉 세상을 관조함으로써 생성되는 것이다. 모든 것은 비전이며 생성이다. 우리는 우주가 되어간다. 즉 동물이나 식물, 분자로 되어가고, 제로로 되어간다.[9] 즉 감응은 동물-되기에서 인간과 동물이 교감하여 서로에게 일어나는 변화 과정에서 수반되는 정서나 인간의 영(靈)이 동물의 영혼과 교감하여 서로 새로운 생성을 촉발하게 되는 과정에서 나타나는 정서적 상태를 일컫는다. 예를 들어 에이허브 선장은 바다에 대한 지각작용들을 갖지만, 그는 단지 자신으로 하여금 고래가 되도록 하는 모비 딕과의 관계 속으로 들어갔기 때문에 더 이상 에이허브도 고래도 필요하지 않는 감각들의 복합을 구성한다. 즉 순수 지각으로서의 대양, 감각들의 블록을 구성하는 것이 지각과 감응이다.

　또한 감응은 인간의 고유한 개인적 감정에 한정되거나 자아의 구성 요소로 환원되지도 않는다. 그것은 인간 유기체를 넘어서서 다른 존재 양태에서도 적용된다. 동물로서의 말, 개 등이 아니라 우리가 그림을 보거나 음악을 들을 때처럼 비인간적 존재도 그 자체 감응의 생산자이자 촉발자가 될 수 있다. 따라서 감각, 곧 지각과 감응은 스스로에 의해 가치를 지니며 모든 인간적 체험을 넘어서는 존재들이다. 그 점에서 그것들은 인간들이 부재하는 가운데 존재하는 것이고 그래서 비인칭적이다.[10] 지각이 지각작용들을

---

9) 들뢰즈/가타리, 이정임·윤정임 역, 『철학이란 무엇인가』, 서울: 현대미학사, 1999, 243쪽; Deleuze/Guattari(1994), p.169.

넘어서듯이, 감응은 감정들을 벗어난다. 감응이란 체험된 상태로부터 다른 상태로의 전이가 아니라, 인간의 비인간적 생성이다.[11]

그러면 다시 감각의 요소인 지각과 감응에 대해 살펴보자. 지각작용을 넘어선 지각은 과연 무엇인가? 그러기 위해서는 지각작용과 지각의 개념을 명확하게 파악하고, 어떻게 지각작용을 벗어나 지각에 도달하는지, 그리고 들뢰즈가 지각작용이 아니라 지각을 감각의 일부로 취했는지를 이해해야 한다.

『주름, 라이프니츠와 바로크』에서 들뢰즈는 '어떻게 사람들이 미세 지각들에서 의식적 지각들로, 분자적 지각들에서 물리적 지각들로 이행하는지'에 관한 문제를 다루고 있다.[12] 여기서 '의식적 지각/물리적 지각'은 '지각작용'에, '미세 지각/분자적 지각'은 '지각'에 각각 해당한다. 이를테면, 나는 바다의 소리 또는 모인 군중의 소리를 파악하지만, 이것을 구성하는 각 파도의 속삭임 또는 각 사람의 속삭임을 파악하지는 못한다. 그렇다면 미세 지각으로부터 의식적 지각이 발생하는 과정은 부분들로 이루어진 전체를 포착할 때와 같은 총 합산의 과정을 통해서인가? 들뢰즈는 라이프니츠의 입장을 원용하면서 "미세 지각에서 의식적 지각으로의 관계가 부분에서 전체로의 관계가 아니라, 평범함에서 특별함 또는 주목할 만함으로의 관계"[13]라고 말한다. 이 말은 미세한 요소들이 언제나 그 관계에 앞서 존재하고 있음을 함축한다.

---

10) 이진경, 『노마디즘 2』, 서울: 휴머니스트, 2002. 410-412쪽 참조.
11) 들뢰즈/가타리, 이정임·윤정임 역, 『철학이란 무엇인가』, 서울: 현대미학사, 1999, 249쪽; Deleuze/Guattari(1994), p.173.
12) 들뢰즈, 이찬웅 역, 『주름, 라이프니츠와 바로크』, 서울: 문학과지성사, 2004. 159-160쪽.
13) 들뢰즈, 이찬웅 역, 『주름, 라이프니츠와 바로크』, 서울: 문학과지성사, 2004. 160쪽.

그러면 어떻게 우리는 의식되지 않는 지각에 도달할 수 있을까? 이 물음은 곧 감각으로 한 순간이 지속하도록 혹은 제 스스로 존재하도록 할 수 있는가의 문제이다. 여기 버지니아 울프가 글쓰기에서 뿐만 아니라 회화나 음악에도 적용될 수 있을 하나의 답변을 제시한다.

> '각각의 원자를 충족시킬 것', '쓰레기, 죽어버린 것, 잉여적인 모든 것을 제거할 것', 일상적이고 체험된 우리의 지각작용들에 묻어나는 모든 것, 평범한 소설가의 자양이 되는 모든 것을 버리고 오로지 우리에게 지각을 부여해 주는 충만함만을 간직할 것, '순간 속에 부조리, 사실들, 비열함을 포함시키되, **단 투명하게 다듬어져야 할 것**', '거기에 모든 것을 담되, 더더욱 충족시킬 것', '성스러운 샘'과도 같은 지각에 도달하고 난 뒤, 살아있는 것 안에서 삶을, 체험 속에서 살아 있음을 바라보고 난 뒤, 소설가나 화가는 붉게 충혈된 눈으로 숨을 헐떡이며 돌아온다. 그들은 경기에 임한 선수들이다. …(중략)… 유기체와 근육질로 이루어진 운동경기가 아니라 '감응의 경기'로서, 그것은 오로지 자기 자신의 것이 아닌 힘들을 드러내 보여줄 뿐인 생성의 경주인 '조형적 스펙트럼'이라는 또 다른 것의 비유기체적 이면일 것이다.[14]

여기서 '원자들'은 물리적인 의미에서의 원자가 아니라, '월요일이나 화요일의 삶'을 구성하는 발생적 요소들로서의 '인상들'을 가리킨다. 그 인상들은 버지니아 울프의 문장을 원용하자면, 한 평범한 날의 한 평범한 마음속에 있다. 하찮은 것, 놀라운 것, 덧없는 것 또한 강철의 날카로움으로 새긴 것, 모든 방향에서 무수한 원자의 소나기로 내리고, 그것을 살필 때 예전과는 다른 곳에 강조점이 떨어진다.[15] 버지니아 울프가 제시한 답변, 각각의 원자들을 충족시킨다는 것은 지각작용에 선행하는 미세한 요소들인 각각의 지각들을 충족시킨다는 의미이다. 지각이 도달하기 위해서는 일상적이고

---

[14] 들뢰즈/가타리, 이정임·윤정임 역, 『철학이란 무엇인가』, 서울: 현대미학사, 1999, 247-248쪽에서 인용; Deleuze/Guattari(1994), pp.172-173.
[15] 버지니아 울프, 정덕애 역, 『끔찍하게 민감한 마음』, 서울: 솔, 1996, 116-117쪽.

체험된 우리의 지각작용 속에 배어있는 잉여적이고 불필요한 것들을 버리고, 부조리함, 비열함 등 주어진 순간 속에 실제로 존재하는 모든 것들을 충족시켜야 한다는 것이다. 예를 들어 배고픔을 의식하게 되는 경우를 살펴보면, 몸속에 설탕이 모자라는 것이나 버터가 모자라는 것 자체가 배고픔은 아니다. 배고픔을 구성하는 이런 요소들이 상호 규정하여 강밀도(intensity)[16] 상의 일정한 크기를 지닐 때 비로소 배고픔으로 포착된다.[17] 미세 지각이 의식적 지각으로 전환되기 위해서는 일정한 크기의 강밀도를 지녀서 '의식의 문턱'을 넘어야 한다. 지각작용은 사물을 이미 이루어진 것, 즉 나의 의식에 주어진 바 그대로의 불변적인 대상이라는 관점에서 파악할 뿐이기 때문이다. 지각이 지각작용에 비해 우월하다면, 그것은 지각만이 세계의 생성 혹은 사물들의 합성과 해체를 파악해주는 '힘'들에 도달하기 때문이다.

다시 말하면 우리가 일상생활 속에서 경험하는 지각작용을 벗어나 지각에 도달하기 위해서는 순간이 무엇을 담고 있건 그 순간에 전체를 부여한다는 것, 이 순간에 발생하는 요소들로서의 인상들만을 있는 그대로 기록하고 불필요하고 잉여적인 모든 것을 제거한다는 의미이다. 흔히 '의식의 흐름'으로 일컬어지는 버지니아 울프의 글쓰기는 여기서 '의식을 구성하는 흐름'을

---

[16] "강밀도는 저자들이 순수 차이를 포착하기 위해, 그것을 대립이나 모순으로 환원하지 않기 위해, 그리고 힘의 변환을 통해 문턱을 넘는 변이와 생성을 포착하기 위해서 중요하게 사용하는 개념이다. 동물-되기 역시 사람이 자신의 신체적 강밀도의 분포를 변환시킴으로써 이루어진다. 당랑권을 하는 사람은 사마귀 흉내를 내는 게 아니라 사마귀를 통해 자신의 일상적인 신체적 강밀도의 분포를 변화시키는 것이고, 이로써 다른 신체가 '되는' 것이다. 이런 점에서 강밀도는 하나의 양적 연속체를 이루면서 변환과 생성을 내재적인 과정 속에서 포착케 해주는 개념이고, 차이 그 자체가 대립이나 모순으로 환원되지 않고 변환·생성의 과정에서 살아나게 만드는 개념이다." 들뢰즈/가타리, 『카프카, 소수적인 문학을 위하여』, 이진경 역, 동문선, 2001. 18쪽. 모든 현상은 고정된 것이 아니라 자체가 지닌 힘에 의해 다양한 방향으로 나아갈 수 있으며, 따라서 지금 있는 '어떤 것'은 항상 여러 방향으로 움직일 수 있는 내재적 리듬을 가지고 있다. 이러한 리듬은 다른 것과 접속하면서 새로운 것을 만들어 갈 수 있는 근거가 되는데, 이 리듬이 강밀도인 것이다. 따라서 '되기'의 문제를 다룰 때 강밀도가 중요한 개념이 된다.

[17] 서동욱, 『들뢰즈의 철학』, 서울: 민음사, 2002, 25쪽 참조.

포착하려는 것이다.

다음으로 감응작용을 넘어선 '감응'의 문제에 대해 살펴보자. 여기서도 우선 감응작용과 감응의 개념의 차이, 그리고 감응의 문제로서 들뢰즈/가타리가 제시한 '되기'의 의미를 파악해야 한다.

들뢰즈의 감응이 무엇을 의미하는가를 이해하기 위해서는 스피노자의 선과 악, 좋음과 나쁨에 대한 개념을 먼저 살펴볼 필요가 있다. 스피노자에 따르면, 자연 혹은 신의 관점에서 볼 때 존재하는 것은 항상 합성이며 서로 결합되는 관계들뿐이고, 따라서 모든 존재는 선악을 넘어서 있다. 그러나 특정한 개체의 관점에서 볼 때 개체의 신체에 적합한 것은 선이고 좋음이며, 신체에 부적합한 것은 악이고 나쁨이다. 다른 신체와 마주쳐서 합성을 통해 더 큰 완전성으로 이행할 때 역량, 즉 행위능력이 증가하고 기쁨을 경험한다. 반면 다른 신체와의 마주침을 통해 더 작은 완전성으로 이행할 때 행위능력이 감소하고 슬픔을 경험한다.[18] 여기서 신체가 지닌 역량 즉 행위능력의 특정한 상태를 '감응작용'이라 하고, 신체의 역량의 한 상태로부터 이탈하거나 벗어나는 것을 '감응'이라고 한다. 달리 말하면, 감응은 역량 또는 행위능력의 특정한 상태를 가리키는 감응작용으로부터 벗어나는 것을 의미한다.[19]

정리하면, 감응작용은 다른 신체의 작용 하에서 잠재력-역량이 증가하거나 감소되어 한 상태에서 다른 상태로 이행하는 것을 가리킨다. 예컨대 우리의 삶은 기쁨과 슬픔 같은 감응작용들의 연쇄 속에 놓여있다. 평소 보고 싶었던 영화를 보고, 내가 좋아하는 친구를 만나고, 나를 힘들게 했던

---

18) 스피노자, B., 강영계 옮김, 『에티카』, 파주: 서광사, 2007, 165-166쪽 참조.
19) 들뢰즈/가타리, 이정임·윤정임 역, 『철학이란 무엇인가』, 서울: 현대미학사, 1999, 234-249쪽 참조; Deleuze/Guattari(1994), pp.164-173.

직장 상사를 떠올리는 등의 방식들…. 그러나 이런 감응작용들은 사이가 아무리 가깝다 하더라도 필연적으로 그 상태의 사이를 연결해주는 일종의 이행, 즉 행위 능력의 증가와 감소를 연결해주는 어떤 이행의 선을 전제하기 마련이다. 이것이 바로 '감응'이다. 즉 감응작용은 변용되는 신체가 지닌 행위 능력의 특정한 상태인데 비해 감응은 신체의 행위능력의 한 상태로부터의 이탈 혹은 한 상태로부터 다른 한 상태로의 이행이다. 그러므로 감응은 '되기'의 문제와 직결된다.

여성-되기, 아이-되기, 동물-되기, 분자-되기, 지각불가능하게-되기 등의 개념들은 신체의 행위 능력의 특정한 상태를 가리키는 감응작용들로부터 벗어나는 것으로 자신의 고유한 의미를 획득한다. 즉 '되기'는 대상의 모방하기가 아닌 그 대상을 구성하는 요소들이 지닌 빠름과 느림의 관계를 자신의 몸에 부여하고 그로부터 그 대상에 상응하는 어떤 '감응'을 획득하는 데 있는 것이다. 들뢰즈는 영화배우 로버트 드 니로가 한 영화에서 한 말을 예로 들어 설명한다. "게를 모방하는 것은 중요하지 않다. 게와 관계가 있는 어떤 것을 이미지와, 이미지의 속도와 합성하는 것이 중요하다."[20] 즉 배우들의 연기는 단순히 흉내내기에서 그치는 것이 아니라, 그들이 지닌 변용능력의 실행, 일종의 '되기'이다.

다시 말해서 신체의 감각은 식별 불가능 또는 지각불가능(imperceptible)의 지대(地帶)를 통과한다. 따라서 우리의 신체는 기관의 변화 없이도 우리 몸속에 있는 신체의 가장 기본이 되는 힘의 특이성[21]의 배치를 달리해서

---

20) 들뢰즈/가타리, 김재인 역, 『천 개의 고원』, 새물결, 2003, 521쪽에서 인용; Deleuze/Guattari(1987), p.274.
21) "'고르지 않음, 거칢'을 의미하는 그리스어 anomalia를 어원으로 갖는 특이성은 무질서나 불규칙이 아닌 단순히 '의외의 것, 익숙하지 않은 것'을 의미하는 서술적 용어이다. 요컨대 비정상성이 규범, 표준, 결정 규칙이 된 규칙에서 나온 일탈로 이해될 수 있다면(주류적), 특이성은 단지 변주, 차이, 주어진 독특한 경우-규범은 이 독특한 경우에서 출발해 변주를

변화될 수 있다. 즉 작용능력의 끊임없는 증가와 감소를 가리키는 어떤 변이의 선이 존재하며, 그러한 변이는 우리를 변용케 하는 다른 신체와의 연관 속에서 특정한 문턱을 통과할 때에만 우리의 의식에 나타난다. 이처럼 진정한 '운동과 생성(되기), 즉 빠름과 느림의 순수한 관계와 순수한 정서는 지각작용의 문턱 아래나 위에' 존재한다. 들뢰즈/가타리에 따르면, 지각작용과 감응작용의 문턱을 넘어서는 것, 즉 순수한 지각과 감응에 도달하는 것은 감각론의 과제인 동시에 예술의 과제이기도 하다.22) 예컨대 한 편의 소설은 '지각에 이르기까지 고양되어' '어떤 하루의 시간, 어떤 순간의 온도를 그 자체로 보존'할 뿐만 아니라, '알려지지 않았거나 잘못 알려진 감응들을 발명하고, 그 감응들을 자기 인물들의 생성(되기)으로 발현'시켜야 한다.23)

우리가 신체의 감각, 지각과 감응을 일깨울 때 몰적(molar) 층위만이 아니라 분자적(molecular) 층위 즉 미세한 층위까지 감각할 수 있게 된다.24) 이처럼 지각을 바꿔 신체의 감각을 일깨우면 우리는 평소에 보지

통해 모습을 드러낸다–를 가리킨다.(소수적)." 소바냐르그. A, 이정하 옮김, 『들뢰즈와 예술』, 파주: 열화당, 2009, 41쪽.
22) 들뢰즈/가타리, 이정임·윤정임 역, 『철학이란 무엇인가』, 서울: 현대미학사, 1999, 236–241쪽; Deleuze/Guattari(1994), pp.165–167.
23) 들뢰즈/가타리, 이정임·윤정임 역, 『철학이란 무엇인가』, 서울: 현대미학사, 1999, 234–243쪽; Deleuze/Guattari(1994), pp.164–168.
24) molar는 그램분자적(총괄적, 몰적), molecular은 분자적(부분적)으로 번역하기도 한다. 『천 개의 고원』에서 자주 사용되는 '그램분자적'이란 말은 큰 덩어리로 이루어지는 것(molar)을 의미한다. 들뢰즈/가타리, 김재인 역, 『천 개의 고원』, 새물결, 2003, 521쪽 참조; Deleuze, G/Guattari(1987), pp.274–275.
들뢰즈는 물리화학적 개념쌍인 형용사 '분자적인'과 '몰적인'을 짝지운다. "몰(적)이라는 것은 어떤 하나의 모델이나 특정 대상을 중심으로 모든 것을 집중해가거나 모아가는 것을 말하며, …(중략)… 몰적인 방향은 생성을 가져오는 것은 아니며 기존에 생성된 것을 특정하게 코드화할 뿐인 것이다. 이에 반해 '분자적'이라는 개념은 미세한 흐름을 통해 다른 것으로 되는 움직임(생성)을 지칭하는 것이다. 그러나 이러한 미세한 흐름은 반드시 작은 제도나 장치를 통해서만 이루어지는 것은 아니며 사회 전반적인 분자적 움직임도 가능하다." 가타리, 윤주종 역, 『기계적 무의식』, 푸른숲, 2003, 407쪽.

못했던 것을 보고 듣지 못했던 것을 들을 수 있게 된다. 이를 통해 세계를 새롭게 지각하고 감응할 수 있게 될 때 우리는 삶의 새로운 문턱 앞에 다가서게 되며, 새로운 세계를 생성할 수 있게 된다. 마치 우리가 생성한 것들이 시간이 지남에 따라 통속적인 의견들로 굳어져 우리의 삶을 구속하는 형태로 나타난 것들을 예술가들이 다시 그것들에 대항하여 새로운 세계를 계속 창조하는 행위를 통해 창조적인 삶을 가능하게 하는 원리가 지각이고 감응이다.

또한 '되기' 즉 생성한다는 것은 진화하는 것도 아니고 퇴행하는 것도 아니다. 되기는 적어도 가계/혈통에 의한 진화는 아니다. 되기는 결코 혈통/혈연에 의해 생산하지 않는다. 되기는 언제나 혈통/혈연의 질서와는 다른 질서에 속해 있는데 바로 '결연'(alliance)과 관계된다. 미숙한 뿌리와 특정한 미생물 사이에서 생성의 블록이 있을 경우, 잎에서 합성된 유기질 결연을 만들어낸다. 바로 리좀권이다. 들뢰즈/가타리는 이를 '역행'(involution)이라 부르며 이를 퇴행과 혼동해서는 안 된다고 말한다. 되기는 역행적이며, 이 역행은 창조적이다.[25] 되기는 서로 이질적인 개체군들 사이를 가로지르는 소통을 통해 일어난다. 되기는 리좀이지 결코 분류용 수형도나 계통수가 아니다. 즉 생명의 계열들 사이에서 일어나는 예측 불가능한 결연이다.

앞에서 '되기'는 우리의 신체에 에너지의 변이를 분포시킬 때 일어날 수 있는 것이라고 했다. 그러나 위에서 살펴 본 생물학적 맥락에서의 되기는 전적으로 우연적이고 수동적인 방식의 되기이다. 영화 〈스파이더 맨〉의 주인공처럼 그저 우연히 특별한 거미에게 쏘여 거미-인간이 된 것이 좋은 예이다. 그럼 리좀의 특성을 살펴보면 다음과 같다.

---

25) 들뢰즈/가타리, 김재인 역, 『천 개의 고원』, 새물결, 2003, 453쪽; Deleuze, G/Guattari (1987), p.238.

리좀은 식물학에서 땅속의 줄기로서 뿌리나 잔뿌리와 대비된다. 모든 수목의 논리가 본뜨기의 논리이자, 복제의 논리임에 반해 리좀은 재현의 논리로부터 벗어나 어떠한 통일적인 주체도 전제하지 않으면서 다양성과 이질성(異質性)에 대한 긍정으로 이어지는 탈위계적 체계를 말한다. 리좀은 지도(carte)라고 할 수 있다. 들뢰즈는 사본을 만들지 말고 지도를 만들라고 주장한다.[26]

들뢰즈/가타리는 리좀의 몇몇 특성들을 『천 개의 고원』에서 개략적으로 밝히고 있다.[27] 첫째, 연결접속(connexion)의 원리와 이질성(heterogeneity)의 원리로서, 수목뿌리가 하나의 점, 하나의 질서를 고정시키는 반면에 리좀은 어떤 지점이건 다른 어떤 지점과도 연결접속될 수 있고 또 연결접속 되어야만 한다. 쉽게 말하면 줄기들의 모든 점이 열려 있어서 다른 줄기가 접속될 수 있는 것, 혹은 다른 줄기에 어디든 달라붙어 접속할 수 있는 것이다. 이러한 접속은 어떠한 동질성도 전제하지 않으며, 다양한 종류의 이질성이 결합하여 새로운 것, 새로운 이질성을 창출하게 된다.[28] 즉 "리좀은 바로 욕망하는 기계처럼 이질적 차원들이 동일한 장을 공유한 단일성으로 균질화함이 없이 횡단적으로 접속할 수 있게 한다."[29] 이는 소수성(minority)의 본질적인 부분과 연결되는 원리로서 수목적 체계가 다수자와는 전혀 다른 소수자나 정상의 범위에서 벗어나는 모든 것을 철저히 배제하고 차별하였다면 리좀적 체계에서는 수많은 변종들, 다른 문화들,

---

26) 들뢰즈/가타리, 김재인 역, 『천 개의 고원』, 새물결, 2003, 29-30쪽; Deleuze/Guattari (1987), pp.12-13.
27) 들뢰즈/가타리, 김재인 역, 『천 개의 고원』, 새물결, 2003, 19-33쪽; Deleuze/Guattari (1987), pp.7-14.
28) 이진경, 『노마디즘 1』, 서울: 휴머니스트, 2002. 93-94쪽.
29) 소바냐르그, A, 이정하 역, 『들뢰즈와 예술』, 파주: 열화당, 2009, 187쪽.

다른 형태들을 수용하고 그 안에서 접속의 원리를 통해 새로운 다른 무언가를 다시 창조하는 행위를 멈추지 않는다. 수많은 이질적인 것들은 리좀적 체계 안에서 수용되고 각자의 역할을 통해 다른 것을 양산하므로 접속과 이질성의 원리는 동시에 일어나는 작용의 원리라고 할 수 있다.

둘째, 다양체(multiplicity)의 원리로서 다양체는 기호론적 지선들을 통해 작동하는, 특권적인 질서가 없는 조직망의 모델을 지칭한다. 다양체는 주체도 객체도 없는 셈이다. 하나와 여럿 사이의 대립을 통한 되기(생성)를 그리는 것은 다양체에 도달하는 것이 아니다. 그 이유는, 한 개념의 부적실성을 그 대립물의 부적실성과 조합한다 해서 구체적인 것을 얻지는 못하기 때문이다. 들뢰즈/가타리에게 문제가 되는 것은 하나의 주체 또는 자아가 하나인 동시에 여럿이 됨으로써 多의 통일성을 이루는 것은 아니다. 하나가 이미 여럿임을 천명하는 것 역시 아니다. 그것은 오로지 하나의 계로서 작동하기 위해 포용적인 통일성을 필요로 하지 않는 이질적인 것의 조직화를 가리킬 뿐이다. 리좀 모양의 모든 다양체는 자신의 모든 차원들을 채우고 차지한다는 의미에서 판판하다. 즉 수목의 체계에서도 다양체(다양성)의 원리는 발견될 수 있다. 그러나 수목의 잔가지가 아무리 다양하고 미세하게 뻗어나가고 펼쳐진다고 해도 그 모든 잔가지는 하나의 상위 이웃으로만 연결되고 그를 통해 오직 하나인 중심 즉 수목으로 귀결되고 만다. 이 경우 다양하다고 말하는 것이 잔가지의 수를 지칭하는 것일 수는 있어도 그 모두가 오직 하나인 중심, 하나의 일자로 소급되는 한 진정한 다양성이라고 볼 수 없다. 예를 들어 수목적 체계에서 소수의 문화를 다양한 문화 중의 한 문화로 인식하기보다는 다수의 문화의 잣대로 판단하고 수많은 부정적 가치를 부여함으로써 다른 문화가 미개한 문화나 문명화할 대상의 문화로 보는 관점이 여기에 속한다. 진정한 다양성은 리좀적 체계 즉 비중심화된 체계에서 찾을 수 있으며 이러한 다양성에서는 어떤 하나의 척도, 하나의 원리로 환원되지 않는 이질적인 것의 집합이고, 따라서 하나가 추가되는 것이 전체의 의미를 크게 다르게 만드는 다양성이라고 할 수 있다.30) 좀 더 쉽게 예를 들면 리좀적 체계 안에서 장애인은 다수가 될 수 없는 소수로 인식되는 것이 아니라 수많은 다양한 특성을 지닌 그룹 중의 하나의 그룹으로 인식될 수 있는 것이다. 이러한 다양체의 원칙은 접속들의 이질성을 설명하는 비기표적 단절인 세 번째 원칙으로 열린다.

셋째, 탈기표작용적인 단절의 원리로서 이것은 구조들을 분리시키는 절단, 하나의 구조를 가로지르며 너무 많은 의미를 만들어내는 절단에 대항한다. 즉 리좀은 어떤 근원적인 의미나 기원으로 거슬러 올라가지 않은 채, 떼어내 다른 것으로 만들어버린다. 따라서 리좀은 비의미적 단절로 구성된다. 리좀은 평행적인 절단을 작동시키는 특정한 구조에 따라 구성되는 것이 아니라, 비평행적(aparallel) 단절을 통해 상이한 요소들이 접속됨으로써 구성된다. 예를 들어 식물들이 뿌리를 갖고 있을지라도 언제나 바깥을 가지며, 항상 다른 어떤 것, 예컨대 바람, 동물, 사람과 더불어 리좀 관계를 이루는 것이다.

마지막으로 지도 제작(=제도)과 전사(轉寫, decalcomanie)의 원리이다. 우리는 낡아빠진 사고방식이나 재현 모델에서 벗어나지 못하고 있는데 리좀은 지도를 만듦으로써 가능하다고 본다. 지도는 항상 열려 있기 때문에 온몸을 던져 실재에 관한 실험 활동을 지향하고 있어서 무의식을 구성해내고, 예술 작품처럼 착상해낼 수도 있으며, 기관 없는 신체들의 봉쇄-해제

---

30) 이진경, 『노마디즘 1』, 서울: 휴머니스트, 2002. 97쪽.

에 공헌하며, 그것들을 일관성의 평면 위로 최대한 열어놓는다는 것이다. 즉 여기서 지도란 우리가 행동의 경로와 진행, 분기 등을 표시하여 행동의 지침으로 삼는 일종의 다이어그램을 뜻한다. 따라서 지도에서 중요한 것은 정확한 재현이 아니라, 행동과 삶의 길/방법이 접속되고 분기하는 양상이고, 그 경로들의 위상학적 관계이며, 그 경로를 가는 데서 만나게 될 장애물의 적절한 표시이다. 현실에 따라 지도를 그리지만 그려지는 지도에 따라 변형되는 현실이 지도그리기이다. 리좀의 원리가 지도그리기인 까닭은 지도는 어떤 중심 없이 길이 갈라지고 만나는 지점을 표시한다는 점에서, 리좀적인 원리를 잘 보여준다고 할 수 있다.

다시 말하면 '리좀 모양이 된다는 것'은 줄기들이 새롭고 낯선 용도로 사용되어도 상관없으니, 뿌리를 닮은 줄기들, 더 정확히 말하면 수목 몸통으로 뚫고 들어가면서 뿌리들과 연결접속되는 굵고 가는 줄기들을 생산하는 것을 의미한다. 즉 리좀의 형성은 오직 개별적인 생산이라는 개념이 아니라 상호생성이라는 되기의 개념에 의해서만 이해될 수 있는 것이고, 다른 세계에서 온 많은 존재들이 지나갈 수 있는 길을 만드는 것이라는 점에서 매우 중요하다.

되기는 수목 형태가 아니라 리좀이다. 수목 형태는 위상학적 설명을 허용한다. 위계적 체계 내에서 개체는 단 한 명의 상급자만을 인정한다. 리좀은 시작도 끝도 갖지 않고 언제나 중간을 통해 자라고 넘쳐난다. 리좀은 언제나 중간에 있으며 사물들 사이에 있고, 결연 관계이다. '되기(생성)'는 리좀을 특징으로 한다. 즉 되기는 수목이 아니라 리좀을 선호하고, 정착이 아니라 유목(nomade)을 강조하는 것이다. 들뢰즈는 세계를 고정불변의 원칙이나 법칙을 통해서 파악하는 것이 아니라 변화를 통해서, 변이를 통해서 파악하겠다는 것이다. 이 생성과 변화를 통해서 세계를 사유하기 위한 하나의 개념이 들뢰즈에게는 '되기'의 개념이다.

다시 되돌아가 '되기'에 대해 정리해보면 다음과 같다. 다른 무언가가 된다는 것은 욕망이 이끄는 방향으로 강밀도가 변화하면서 하나의 문턱을 넘는 것이다. '되기'는 이 문턱을 넘는 것을 의미하는 것이다.[31] 쥐가 된다는 것은 인간의 문턱을 넘어 쥐의 문턱에 다가가는 것이다. 욕망을 바꾸는 것인 동시에 그와 결부하여 힘과 속도를 바꾸고 만들어내면 다른 무엇도 될 수 있다.

들뢰즈/가타리는 『천 개의 고원』에서 윌라드의 쥐-되기를 설명하고 있다.[32] 윌라드는 쥐의 모양이나 행동을 흉내내거나 따라하는 것이 아니라 윌라드와 쥐가 서로 감응하면서 새로운 관계를 구성하는 것이다. 쥐와 인간은 언어를 동반하지 않는 감응으로 자신의 의사를 표현하며 상대방의 의사를 감지하는 것이다. 이러한 요소들을 통해 윌라드는 쥐-되기에 성공한 것이다. 즉 동물-되기란 무엇보다도 우선 되려고 하는 동물의 신체적 감응을 만들어낼 수 있는 속도와 힘을 나의 신체에 부여하는 것이며, 그런 속도와 힘을 만들어낼 수 있는 강밀도의 분포를 만들어내는 것이다.

'되기'를 동양적 관점에서 좀 더 쉽게 설명하고 있는 이진경을 따르면 되기란 한 존재가 자신의 기를 변화시키는 것이다.[33] 윌라드가 쥐-되기에

---

31) 들뢰즈/가타리, 김재인 역, 『천 개의 고원』, 새물결, 2003, 533-534쪽 참조; Deleuze/Guattari(1987), pp.281-282. 들뢰즈/가타리는 '한계'와 '문턱'을 개념적으로 구분한다. '한계'는 필연적인 재개를 가리키는 페눌티엠을 표시하며, '문턱'은 불가피하게 된 변경을 가리키는 마지막 것을 지칭한다. '문턱'은 한계의 '후', 마지막으로 받을 수 있는 대상의 '후'에 온다. 이 문턱은 가상의 교환이 아무런 이익도 가져다주지 않는 순간을 가리킨다. 문턱은 실제로 이미 거기 있지만 한계 바깥에 있는 것인데, 한계는 문턱과 일정한 간격과 거리를 두는 것으로 만족하기 때문이다. 들뢰즈/가타리, 김재인 역, 『천 개의 고원』, 새물결, 2003, 842-847 참조.
32) 들뢰즈/가타리, 김재인 역, 『천 개의 고원』, 새물결, 2003, 443-444쪽; Deleuze/Guattari (1987), p.233.

성공할 수 있었던 것은 쥐를 상상하는 것도 흉내내는 것도 아니다. 그는 자신의 기를 벤(쥐)의 기로 변화시켜 자신을 실제 변화시키는 것이며, 벤에게 감응되어 쥐-되기에 이른 것이다. 또한 들뢰즈/가타리는 되기는 심지어 되기의 블록을 이루는 동물이 실재하지 않는 경우에조차 성립한다고 언급한다. 예컨대 용-되기도 성립하는 것이다. 용은 존재하지 않지만, 용의 감응, 용의 기를 함양해서 용-되기를 할 수 있는 것이다. 동물-되기는 되기를 하려는 사람이 되고자 하는 그 동물이 실재적이지 않은 경우에도 실제적이다. 즉 되기는 꿈이 아니며 환상도 아니다. 되기는 완전히 실제적이다. 왜냐하면 인간이 '실제로' 동물이 될 수는 없으며 동물 또한 '실제로' 다른 무엇이 될 수 없다는 점에서 되기는 자기 자신 외에는 아무 것도 생산하지 않기 때문이다.

한편 이진경에 따르면 '되기'의 구도(plan)에서 사유하고 산다는 것은 영속성과 항속성, 불변성, 기초, 근본 등과 같은 서양 철학의 중심적 단어들과 처음부터 이별하는 것이고, 반대로 변이와 창조, 새로운 것의 탐색과 실험을 끊임없이 추구하는 것이다.[34] 즉 '차이나는 것만이 영원히 되돌아온다(반복된다)'[35]는 니체의 영원회귀 개념은 다른 삶의 계속됨으로만 존재하는 과정, 그 삶들 사이에 있는 경계를 반복하여 넘어가는 과정으로 변화하는 것만이 영원하다는 의미이다.

들뢰즈/가타리의 '생성'은 근본적으로 사유와 삶, 즉 사유함과 존재함의 분리불가능하고 나아가서는 역전가능한 공명의 관계를 보여주기 위한 전략 개념이다. 그들은 사유와 존재 간의 괴리를 불러일으키는 모든 종류의 선험

---

33) 이진경, 『노마디즘 2』, 서울: 휴머니스트, 2002, 67쪽 참조.
34) 이진경, 『노마디즘 2』, 서울: 휴머니스트, 2002, 33-34쪽 참조.
35) 고미숙 외, 『들뢰즈와 문학-기계』, 서울: 소명출판, 2004, 79쪽에서 인용.

성을 비판하고 삶의 이상화를 거부하여 '지금-여기'에서의 실제적이고 능동적인 삶을 강조한다. 따라서 생성의 목표는 삶을 충분히 긍정하며 삶의 무한한 가능성을 개방하는 것이다. 그리고 그 열린 가능성의 예로서 들뢰즈/가타리가 들고 있는 다양한 되기들이 서로 차별적이고 그 차별성에 주목할 필요가 있다고 생각한다. 왜냐하면 그 되기 이후 주체의 모습들에서는 나름대로 한계와 경계들을 가지며, 어떤 의미에서는 진정한 해방이나 자유로의 탈주가 아닌 것처럼 보이기 때문이다. 그러나 앞서 우선 되기의 방법을 살펴볼 것이다.

되기의 특징 및 원리

먼저 들뢰즈/가타리를 따라 되기의 몇 가지 중요한 특징을 살펴보면 다음과 같다.[36]

첫째, 되기는 꿈도 환상도 아니며, 전적으로 실재적이다. 상상이나 공상을 통해 꾸미는 허구가 아니라 실제로 특정한 생성이 발생한다. 그래서 대상이 실재하지 않더라도 실제적이다. 용-되기는 용을 상상하는 것도, 용을 흉내내는 것도, 용이라는 이름을 부여받는 것도 아니다. 그것은 내가 실재로서 용이 되는 것이다.

둘째, 되기는 결코 모방을 종착점으로 할 수 없고 출발점으로 할 수는 있다. 화가나 음악가가 동물을 통하여 무언가 배우는 상황에서, 그들은 동물이 되면서 동시에 동물도 그들이 바란 것으로 된다. 처음에는 동물을 모방하는 것으로 시작할 수도 있다. 그러나 진정한 예술적 경지에 들어가려고 하면, 예술가는 동물-되기를 수행하게 된다. 예컨대 클레(P. Klee)의

---

36) 들뢰즈/가타리, 김재인 역, 『천 개의 고원』, 새물결, 2003, 443-585쪽; Deleuze/Guattari (1987), pp. 233-309.

새-되기로 클레는 그의 그림에서 새 자신이 다른 어떤 것, 즉 순수한 선과 순수한 색으로 되는 중일 때만 비로소 행해질 수 있다. "(되기의) 실패 없이는 모방은 없으며, (되기가) 실패할 때에만 모방이 있다."[37)]는 말은 이러한 의미로 이해된다.

셋째, 되기는 내용과 표현의 비대칭적 이중블록을 만듦으로써만 작동한다. 이 블록에서는 '탈지층화 되는 힘'으로서의 내용과 '탈지층화 하는 힘'으로서의 표현은 쌍을 이루되, 후자의 항은 분자적 감응을 생산하는 성분으로 분해된다. 예를 들어 A가 B가 된다고 할 때 A와 B 두 항이 모두 변한다. 인간의 쥐-되기는 인간의 쥐-되기, 쥐의 분자-되기가 동시에 그리고 이중적으로 진행되는 사건이라는 점에서 이중적인 운동의 동시성을 함축한다. 모든 것은 이처럼 A와 B 사이에서 일어나기 때문에 되기에서는 되고 있는 블록 즉 생성의 블록 자체가 중요하다. 또한 여기서 '감응'은 인간적 감정들을 벗어나 다른 삶으로 이행할 수 있는 비인간적 분자들을 생성하는 것이다. 이처럼 되기는 때와 장소에 따라 달라지는 고유한 감응의 분자를 방사하면서 이루어진다.

넷째, 되기에는 단계가 있다. 많은 유형의 되기들은 몇 가지 종류로 분류할 수 있고, 그것은 탈지층화의 계수가 낮은 것들로부터 높은 것들의 단계로 배열할 수 있다. 김재춘은 들뢰즈가 제시한 되기를 세 단계로 구조화하고 있는데, 첫 단계는 '되기의 짝인 물적 존재의 분자-되기'이고, 둘째 단계는 '원소-되기 또는 지각불가능한 것-되기'이며, 세 번째 단계는 '이것임-되기'이다.[38)] 첫 단계에는 예컨대 동물-되기 같은 것이 있는데, 이는 인간과

---

37) 들뢰즈/가타리, 김재인 역, 『천 개의 고원』, 새물결, 2003, 576쪽; Deleuze/Guattari (1987), p.305.
38) 김재춘, 「들뢰즈의 되기·생성의 교육(학)적 해석」, 『교육원리연구』, 제15권, 한국교육원리학회, 2010, 19-26쪽 참조.

동물이라는 몰적 구분선을 가로질러 '탈지층화 하는 힘'이 분자적 감응을 방사하는 것이다. 둘째 단계에는 예컨대 모든 것-되기와 같이, 분자의 질을 넘어 어떤 것으로도 될 수 있는 순수한 질의 원소(양자)를 방사하는 것이 포함된다. 만일 어떤 것으로도 될 수 있는 사람이 있다고 하면, 아무도 그를 특별한 개성적 존재로 식별할 수 없을 것이다. 그리하여 모든 것-되기와 지각불가능한 것-되기는 종이의 앞뒷면 같은 것으로 된다. 셋째 단계의 예로서 사건-되기를 들 수 있다. 들뢰즈는 스토아적 문인 부스케(J. Bousquet)가 한 말을 예로 들어 설명한다. "내 상처는 나 이전에 존재했으며, 나는 그것을 구현하려고 태어났다."39) 이처럼 비인칭적인 사건을 원하고 그 사건과 합일하는 것이 이것임-되기일 것이다.

다섯째, 되기에는 자연적 생성이 포함되기 때문에 되기는 인간의 특권적 영역이 아니다. 말벌과 양란의 공생이라는 사건은 말벌의 양란-되기와 양란의 말벌-되기로 인하여 발생한다. 그렇다면 인간적 수련이나 배움은 이러한 창조적 역행(involution)의 한 종류에 불과하다.

여섯째, 모든 되기는 소수적이다. 소수는 부족한 다수 또는 다수적 척도의 결여가 아니라, 다수적 척도의 동일시하는 힘에서 벗어나는 힘, 다시 말하여 되기의 힘을 뜻한다. 모든 되기가 소수적이라는 것의 핵심은 되기에는 '다수-되기'가 없다는 말이고, 소수가 되기에 의해 규정된다는 말의 핵심은 되기에 의해 규정되지 않는 집합/상태로서의 소수가 있을 수 있다는 것을 말한다. 여성은 정의상 소수이지만, 남성이라는 다수의 척도를 내면화하고 있는 집합과 상태로서의 여성이 있다. 그리하여 "여성도 여성-되기를 해야 한다"40)고 들뢰즈가 말할 때, 앞의 상태로서의 여성과 뒤의 되기로서

---

39) 들뢰즈, 이정우 역, 『의미의 논리』, 파주: 한길사, 1999, 259쪽.
40) 들뢰즈/가타리, 김재인 역, 『천 개의 고원』, 새물결, 2003, 523, 552쪽; Deleuze/Guattari

의 여성은 성격상 동일하지가 않다.

다음은 『천 개의 고원』에 등장하는 어느 마법사의 기억을 빌려서 동물-되기의 두 가지 원리에 대해 살펴보면 다음과 같다. 두 가지 원리란 다양체의 원리, 예외적 개체 내지 별종의 원리이다.

먼저 동물-되기는 언제나 무리, 밴드, 군, 번식 등 다양체와 관련된다.[41] 모든 동물은 일차적으로 무리를 이루며, 무리나 다양체에 대한 매혹이 없다면 우리는 동물이 되지 못한다. 무리의 역능이 행사되고 우리는 그들 무리에 매혹되어 전염을 통해 감응이 일어난다. 마치 흡혈귀가 피의 감염을 통해 증식되어 가듯이 무리들은 모두 전염, 감염, 파국 등과 더불어 증식한다. 요컨대 동물은 무리를 지우며, 무리는 전염에 의해 형성되고 발전하며 변형된다. 그리고 감염되어 새로운 감응을 지니게 된 우리는 다시 다른 존재를 감염시켜 감응을 부여함으로써 우리의 패거리 혹은 무리를 결성하는 것이다.

다음으로 무리 혹은 다양체가 있는 곳에는 예외적인 개체, 곧 특이자(anomalous)가 있기 마련이고, 동물-되기를 위해서는 반드시 그 예외적인 별종과 결연을 맺어야 한다.[42] 예를 들어 에이허브 선장은 흰 대형고래 '모비 딕'과의 괴물 같은 결연을 보여준다. 모비 딕은 대형 향유고래 무리들 가운데서도 가장 크고 강력하며 지능이 높은 별종이다. 동물-되기는 언제나 모비 딕 같은 특이자와 결연해야 가능하다. 에이허브 선장의 고래-되기는 이러한 특이한 선택을 통해서 일어난 것이다. 그러나 특이자는 단순히

(1987), p.275, p.292.

41) 들뢰즈/가타리, 김재인 역, 『천 개의 고원』, 새물결, 2003, 454-455쪽; Deleuze/Guattari (1987), p.238.

42) 들뢰즈/가타리, 김재인 역, 『천 개의 고원』, 새물결, 2003, 462-463쪽; Deleuze/Guattari (1987), p.243.

예외적인 개체가 아니다. 특이자는 그것이 속하는 종의 통상적인 특성들을 단순히 실어 나르는 종의 운반자가 아니다. 인간이 만들어 낸 분류나 기표, 그리고 인간적 감성들로써는 언제나 낯설고 두렵게만 출현하는 경이로운 존재다. 들뢰즈/가타리에 따르면 특이자는 하나의 가장자리 현상이다. 가장자리는 결코 하나의 중심이 아니라 무리의 경계에 있는 극단의 차원이다. 무리에는 언제나 그 가장자리나 특이자가 존재하기 마련이고 이 특이자와 맺는 결연 관계를 통해 비로소 동물-되기에 이른다.

 그러나 첫 번째와 두 번째 조건은 서로 모순된다. 가령 한스의 말-되기는 특정한 무리와의 감염을 통해서 이루어지나 윌라드의 쥐-되기, 에이허브 선장의 고래-되기 같은 경우는 무리와의 감염이 아니라 특이자와의 결연을 통해서 동물-되기에 이른다고 볼 수 있는데 이는 서로 모순된다. 이는 동물-되기에는 여러 수준이 있어 서로 다를 수 있다는 의미도 된다. 즉 위의 동물-되기는 서로 다른 방법으로 동물-되기에 이르는데 동물-되기의 서로 다른 방식이고 양상이다. 이 물음에 대해서는 동물-되기의 상태들과 수준들에서 다룰 것이다.

되기의 종류

동물-되기

 우선 동물-되기를 회화의 상황에서 살펴보면 다음과 같다. 예술은 생성(becoming)의 영역이다. 베이컨은 회화에서 색채에 의한 신체의 추락과 기형화 속에서 감각의 떨림을 표현했다. 예로 베이컨의 그림에서 인간은 동물과 하나가 된다. "교황은 침팬지의 입을 갖고 있고, 여인의 입에서는 멧돼지의 어금니가 자라나고, 아이는 네 다리로 걷는 개가 되고, 투우장의 투우사는 소와 한 몸이 된다. '인간인지 동물인지 구분할 수 없고 명확히 할 수 없는 영역', 여기서 인간은 동물이 된다."[43]

들뢰즈에 따르면 인간의 동물-되기는 동물에 대한 연민도, 둘 사이의 닮음도 아니다. 그것은 외연(extension) 속에서 조성되는 요소들에 의해 규정되지 않는, 근본적인 내포(intension) 속에서 포함되는 선들과 차원들에 의해 규정되는 것으로, 감정적인 동화보다 훨씬 깊은 비구분의 영역이다. 이러한 비구분의 영역은 신체 자체이며, 이 신체는 뼈가 아닌 살이나 고기로서의 신체이다.[44] 즉 인간과 동물 사이의 구분 불가능한 지대는 살이나 고기로서의 신체 전체이다. 들뢰즈는 메를로 퐁티(M. Ponty)의 지각이론의 핵심 개념인 '살'을 한편으로 인정하면서도 감각의 주체를 '고기'로 재해석하고 있는 셈이다.[45]

「누워 있는 형상」(1969) (도판 1)과 1962년 삼면화 「그리스도의 십자가 처형도를 위한 세 개의 습작」(1962) (도판 2)의 십자가-소파와 뼈 같은 틀 안에서 살이 뼈로부터 부드럽게 흘러내리고 있는 모습을 볼 수 있다. 뼈들은 살이 거기 매달려 곡예를 하는 기계 체조의 기구 혹은 뼈대와도 같은 모습이다. 우리는 이 그림뿐만 아니라 베이컨의 여러 작품에서 동물과 인간이 하나가 되는 모습들을 볼 수 있다. "고통 받는 인간은 동물이고, 고통 받는 동물은 인간이다."[46] 그러나 이때의 동물은 특색(trait)으로서의

---

43) 진중권, 『현대미학강의』, 파주: 아트북스, 2003, 196쪽.
44) 들뢰즈, 하태환 역, 『감각의 논리』, 서울: 민음사, 2008, 32-33쪽; Deleuze(2002), pp.20-21.
45) 들뢰즈/가타리, 이정임·윤정임 역, 『철학이란 무엇인가』, 서울: 현대미학사, 1999, 256-260쪽 참조; Deleuze/Guattari(1994), pp.177-180.

동물이며,47) 그 특색은 잠재성으로부터 온다. 다시 말해 동물-되기는 진화의 방향을 거슬러 올라가는 퇴행이 아니라 창조적이고 동시적인 역행(involution)48)이다. 인간이 동물이 될 수 없고 동물 또한 인간이 될 수 없다는 것을 우리는 분명히 안다.

(도판 1)49)   (도판 2)50)

들뢰즈/가타리에 의하면 '되기'는 자기 자신 외에는 아무 것도 생산하지 않으며, 인간의 동물-되기는 인간이 변해서 되는 동물이 실재하지 않더라도 실제적으로 일어난다. 이와 마찬가지로 동물의 '다른 무엇 되기'는 다른 무엇이 실재하지 않더라도 실제적인 것이다.51)

---

46) 들뢰즈, 하태환 역, 『감각의 논리』, 서울: 민음사, 2008, 35쪽; Deleuze(2002), p.22.
47) 들뢰즈, 하태환 역, 『감각의 논리』, 서울: 민음사, 2008, 32쪽; Deleuze(2002), p.20.
48) 'involution'은 역행, 퇴행, 함입 등으로 쓸 수 있다. '역행(involution)'은 정신분석에서의 퇴행(regression)이란 개념과 대비되어 사용되고 있다. "퇴행이란 분화되기 이전의 상태로 돌아가는 것, 어린 시절로 되돌아가는 것을 의미하며, 진화와 정확하게 대칭적인 개념이다. 역행이란 이질적인 어떤 짝과의 결연으로 엉뚱한 되기의 블록 속으로 '말려들어가는' 것이다. 가령 한스가 말의 감응을 갖는 것은 말과 인간의 분화 이전의 상태로 되돌아가는 퇴행이 아니라, 말과의 결연(alliance)을 통해 전혀 다른 신체적 감응으로 '말려들어가는 것'이다. 따라서 '되기는 역행적이고, 역행은 창조적이다.'" 이진경, 『노마디즘 2』, 서울: 휴머니스트, 2002., 78쪽('함입'대신에 '역행'으로 통일함).
49) 피카치, L., 양영란 역, 『프란시스 베이컨』, 서울: 마로니에북스, 2006, 54쪽.
50) 피카치, L., 위의 책, 66쪽.
51) 들뢰즈/가타리, 김재인 역, 『천 개의 고원』, 새물결, 2003, 452-453쪽; Deleuze/Guattari (1987), p.238.

되기(생성) 45

'이성'을 근거로 인간을 다른 동물 위에 올려놓는 인간중심주의는 인간과 그 둘 사이를 구분할 수 없는 영역, 즉 동물-되기가 이뤄짐으로써 무효가 된다. 베이컨의 회화에서 인간의 동물-되기는 닮음도 연민도 아닌 존재론적 되기이다. 고통 받는 인간은 동물이고, 고통 받는 동물은 인간이다. 동물-되기는 그저 동물을 흉내내는 외적 모방(imitatio)이 아니다. 카멜레온이 환경에 따라 제 몸의 색을 바꾸는 것과 같은 존재론적 닮기(mimesis)이다.[52] 즉 되기는 변신이다. 되기는 기존의 동일성에 고착되지 않고 다른 존재로 화(化)해가는 것, 존재론적인 변신이다.

> 나는 항상 도살장과 고기에 관계된 이미지들에 의해 커다란 충격을 받았습니다. 나에게 이런 이미지는 십자가형과 밀접히 연관되지요. …… 확실히 우리는 고기이고 힘있는 뼈대들입니다. 정육점에 가면 나는 항상 저기 동물의 자리에 내가 없음을 보고 놀랍니다….[53]

베이컨은 도살장에 매달린 고기를 보고 '짐승에 대한 연민'이 아니라 '고통 받는 모든 인간은 고기'라고 말한다. 고기는 인간과 짐승의 공통되는 영역이요 분간 불가능성의 영역이다. 고기는 화가가 자신을 공포의 대상 또는 연민의 대상과 동일시하는 그 '사실'이자 그 상태 자체이다. 하지만 화가는 마치 그가 교회에 있는 것처럼, 십자가에 못 박힌 예수를 위한 고기와 함께 정육점에 있다. 이것은 인간과 짐승의 화해가 아니며, 유사함도 아니다. 이것은 모든 감정적 동일화보다도 더 깊은 분간 불가능성의 영역이다. 베이컨이 고기를 보고 자신이 짐승과 같다고 느끼는 실존체험은 인간과

---

52) 진중권, 『현대미학강의』, 파주: 아트북스, 2003, 197-198쪽.
53) 들뢰즈, 하태환 역, 『감각의 논리』, 서울: 민음사, 2008, 34쪽에서 인용; Deleuze(2002), p.22.

짐승의 화해가 아니며, 유사함도 아니다. 이것은 본질적인 동일성이며, 모든 감정적 동일화보다도 더 깊은 분간 불가능성의 영역이다. 즉 고통 받는 인간은 짐승이며 고통 받는 짐승은 인간이다. 이것이 생성의 실재성이다.

　베이컨의 그림「뮤리엘 벨처의 세 개의 습작」(1966)(도판 3)과「조지 다이어의 초상화를 위한 세 개의 습작」(1964)(도판 4)의 삼면화에서 보듯이 얼굴 형상은 뭉개지고 지워지고 쓸려지고 비틀어져 있는 것으로 표현된다. 들뢰즈는 이 그림과 관련하여 베이컨이 얼굴을 해체하여 머리를 드러냄으로써 인간으로부터 벗어나 동물로 탈영역화하는 것이라고 언급한다. 따라서 베이컨의 형상은 인간의 동물-되기, 혹은 동물의 인간-되기이며, 들뢰즈는 인간의 동물-되기, 동물의 인간-되기를 통한 탈형식화는 상호적인 탈영역화의 과정을 보여주는 것이라고 언급한다.[54]

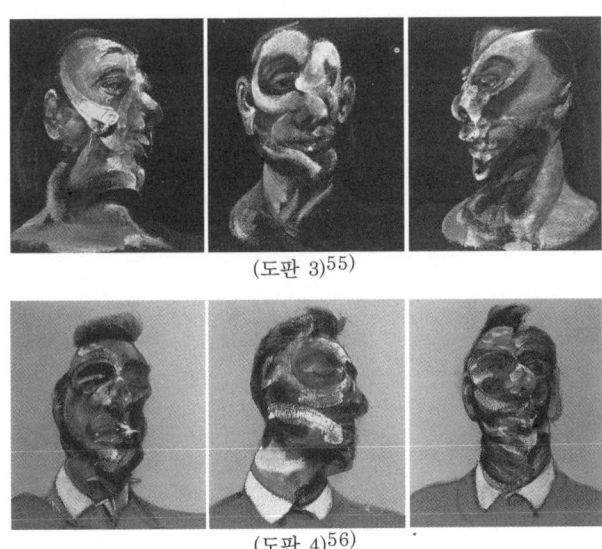

(도판 3)[55]

(도판 4)[56]

---

54) 들뢰즈, 하태환 역, 『감각의 논리』, 서울: 민음사, 2008, 39-45쪽 참조; Deleuze(2002), pp. 25-30.
55) 피카치, L., 양영란 역, 『프란시스 베이컨』, 서울: 마로니에북스, 2006, 71쪽.

구체적으로 베이컨은 얼굴을 지우고 분해하여 그 위에 솔질을 하는 작업을 함으로써 형태를 사라지게 하고 그 대신 머리가 솟아나게 했다.57) 다시 말해서 인간의 머리는 동물의 머리로 대체된다. 들뢰즈가 베이컨을 '얼굴의 화가'가 아니라 '머리의 화가'라고 부르는 이유가 여기에 있다. 베이컨은 모든 유기체적인 신체를 해체하고 감각의 신체를 찾기 위해 스스로 고기가 되고 외침이 되는 초상화의 형상들을 표현하고 있다.58)

베이컨의 신체-형상은 인간과 동물 사이에서 구분불가능하고 결정불가능한 영역을 현시하고 있다. 다시 말해서 들뢰즈는 동물과 인간 사이의 비구분적인 영역이 존재하게 되고 그 영역이 곧 '고기'(meat)라고 말한다. 고기-되기에서 고기는 인간과 동물의 공통 영역이고 그들 사이를 식별할 수 없게 만드는 영역이다. 고기는 인간과 동물의 객관적인 비결정의 영역이 된다.59)

베이컨의 작품에서 탈영역화된 얼굴은 항상 다른 것으로 되는 과정이며 동물-되기이다. 다시 말해서 얼굴에서 벗어나는 것, 얼굴과 얼굴화를 망치는 것, 지각불가능하게 되는 것은 동물성으로의 회귀나 머리로의 회귀에 의해서가 아니다. 그것은 매우 정신적이고 매우 특별한 동물-되기에 의해서, 흰 벽을 뛰어 넘고 검은 구멍들로부터 벗어나는, 진정 이상한 되기(생

---

56) 피카치, L., 양영란 역, 『프란시스 베이컨』, 서울: 마로니에북스, 2006, 63쪽.
57) 베이컨의 그림들에는 비, 솔, 헝겊 등으로 쓸고 문지르고 얼룩을 만든 자국이라든지 선이나 물감 덩어리 등으로 아무렇게나 표시를 한 자국이라든지 혹은 물감을 휙 뿌리거나 다양한 속도로 붓을 던져 버린 듯한 자국들이 군데군데 드러난다. 들뢰즈는 이를 '다이어그램(diagram)'이라 부르며, 이를 만드는 것은 인간의 머릿속에 코뿔소의 피부나 사하라 사막 같은 생경한 무언가를 펼치는 것과 같다고 말한다. 들뢰즈, 하태환 역, 『감각의 논리』, 서울: 민음사, 2008, 115-116쪽; Deleuze(2002), p.82.
58) 들뢰즈, 하태환 역, 『감각의 논리』, 서울: 민음사, 2008, 31-37쪽 참조; Deleuze(2002), pp.19-24.
59) 들뢰즈, 하태환 역, 『감각의 논리』, 서울: 민음사, 2008, 32-34쪽 참조; Deleuze(2002), pp.19-20.

성)에 의해서이다.60)

이진경은 '되기(생성)'이 들뢰즈/가타리의 철학적 사유에서 중요한 이유는 존재가 아니라 존재 사이에서 벌어지는, 하나의 존재에서 다른 존재로 '되는' 변화를 주목하고, 그것을 통해 끊임없이 변화하는 삶을 촉발하는 것, 이 모두가 '되기'라는 개념을 둘러싸고 진행되기 때문이다. 이런 의미에서 되기는 자기-동일적인 어떤 상태에서 벗어나 다른 것이 되는 것이고, 어떤 확고한 것에 뿌리박거나 확실한 뿌리를 찾는 것이 아니라 거기서 벗어나는 것이다. 즉 근거를 찾는 게 아니라 차라리 있던 근거에서 벗어나는 것이다. 그러므로 '되기'의 구도에서 사유하고 산다는 것은 변이와 창조, 새로운 것의 탐색과 실험을 끊임없이 추구하는 것이라고 언급한다.61)

'되기'의 위와 같은 특성으로서 "예술은 이제 '힘들의 포획'으로서 정의되고 삶에 대한 실험이 된다. 감각으로서의 예술은 사물을 예견되지 않은 새로운 방식으로 사유하여 새로운 존재가능성을 예견하는 데까지 나아갈 임무를 부여 받는다. 예술은 삶으로부터 분리되어 인식되지 않았던 질료적 생명성을 감지할 수 있게 해준다는 점에서 삶에 대한 진단이 된다. 다른 한편으로 예술은 감각을 통해 모든 사물들의 존재 방식과 행동방식을 변화시킨다는 점에서 삶의 비평이 된다."62) 요컨대 예술은 우리의 삶을 구성하

---

60) 들뢰즈는 이러한 되기를 예술을 통해서도 설명할 수 있다고 본다. 왜냐하면 우리가 동물이 되는 것은 글을 통해서, 지각불가능하게 되는 것은 색에 의해서, 냉혹하고 기억에 없게 되는 동시에 동물이 되고 지각불가능하게 되는 것, 즉 사랑에 빠지게 되는 것은 음악에 의해서이기 때문이다. 그리고 들뢰즈는 얼굴성에 의해 얼굴로부터 벗어나는 것이 얼굴이 어떤 문턱, 예를 들어 클로즈업과 같은 과장된 확대를 통해 낯선 것으로 만들 때에만 가능한 것이 아니라, 이미 처음부터 얼굴은 인간 안의 비인간적인 것, 낯선 것이라고 설명한다. 들뢰즈/가타리, 김재인 역, 『천 개의 고원』, 새물결, 2003, 327, 354, 356-357쪽 참조; Deleuze/Guattari(1987), p.171. pp.186-187.
61) 이진경, 『노마디즘 2』, 서울: 휴머니스트, 2002, 33-34쪽 참조.
62) 김인, 「들뢰즈의 생성이론의 미학적 의의에 관한 연구」, 서울대학교 대학원석사논문, 2008, ii쪽.

는 힘들의 복합체들에 대해 느끼고 사유하고, 폭소를 터뜨리게 하기 때문에 '삶의 비평과 진단'이 되고, 이러한 의미에서 삶의 실험이고 실천이다.

예술가는 생성으로서의 세계를 표현한다. 앞에서 인간을 극복할 수 있는 전형적인 동물적 지각들과 감각들을 포착함으로써 인간 속에 있는 동물을 표현한다고 한 것이 그 예이다. 베이컨의 그림들에서 더렵혀진 눈썹은 새 날개, 비틀어진 코는 돼지의 코, 그리고 깊이 배인 웃음은 개의 주둥이를 닮은 듯하다. 그러나 이러한 동물 특성들은 인간과 동물간의 식별 불가능성과 결정 불가능성의 지대들로 이해되어야 한다. 베이컨은 오히려 인간들을 동물들로 변환시키기보다는 인간들과 동물들의 결정 불가능한 공통지대를 묘사한다. 들뢰즈는 그것을 살 혹은 고기와 같은 신체와 연결시킨다. 고기는 동물과 인간의 공통적인 '사실'에 불과하다. 베이컨이 고통 받는 모든 인간은 고기라고 외치고 있는 이유도 여기에 있는 것이다.

그럼 다시 동물-되기에 대해서 자세히 알아보면 다음과 같다. 동물-되기란 무엇인가? 그것은 동물을 흉내내는 것인가? 인간이 어떻게 동물이 된다는 말인가? 곰의 자태를 흉내낸다고 곰-되기가 이루어진 것일까? 새처럼 날개짓을 한다고 새가 되는 것일까? 들뢰즈/가타리는 그런 것들은 오히려 장애물들일 뿐이며 차라리 되기의 중지일 뿐이라고 말한다.[63] 그렇다면 동물-되기란 무엇일까?

들뢰즈/가타리가 들고 있는 동물-되기의 예에서 살펴보면 동물-되기는 몇 가지 고유한 특징들을 갖는다. 들뢰즈/가타리는 되기에 대한 논의를 '동물-되기'로부터 시작하고 있다. 동물-되기는 다음과 같은 특징을 지닌다.[64]

---

[63] 들뢰즈/가타리, 김재인 역, 『천 개의 고원』, 새물결, 2003, 444쪽 참조; Deleuze/Guattari (1987), p.233.

첫째, 동물-되기는 되기가 일어나기 위해 관계하는 특정한 항, 곧 되고자 하는 대상 동물과 유사하게 되는 게 아니다. 가령 윌라드의 쥐-되기에서 윌라드는 쥐와 그 외양이 비슷하게 되거나 하는 짓을 단순히 흉내내는 게 아니다. 되기(생성)는 유사성도 아니고 모방도 아니며 더욱이 동일시(identification)는 더더욱 아니다. 윌라드는 쥐와의 관계 하에서 다른 종류의 특이한 신체적 양태를 만드는 것이다.

둘째, 동물-되기는 꿈이나 환상, 상상이 아니라 전적으로 현실적인 사건이다. 한스의 경우, 자신이 말이 되는 상상을 하는 것도 아니고, 말이라는 상징을 빌린 꿈을 꾸는 것도 아니다. 그것은 한스가 말이 되어 말의 두려움과 고통을 느끼는 것이고, 따라서 현실적인 것이다. 즉 되기는 상상, 공상, 환상적인 것도 아니고, 상징, 비유, 상동적인 것도 아니다. 그것은 실재적으로 우리의 신체에 변용을 가져 오는 것이고, 행위능력의 변화를 야기하는 것이며, 기질과 사유의 혁명을 가져오는 것이다.

셋째, 동물-되기는 생성을 위해 관계하는 대상 동물이 실재하지 않더라도 실제적이다. 동물-되기란 동물처럼 행동하거나 동물을 모방하는 것이 아니다. 동물-되기는 동물의 외형을 닮거나 동물의 감정을 획득하는 것도 아니며, 꿈도 환상도 아니다. 따라서 동물-되기는 생성을 위해 관계하는 대상 동물이 실재하지 않더라도 실제적이다. 그래서 용-되기도 가능하고, 그림책이나 이야기 속에 등장하는 동물과의 되기도 가능하다. 윌라드나 한스의 경우에는 실제적인 쥐와 말이 등장하지만 슬레피안의 개-되기[65]나

---

64) 들뢰즈/가타리, 김재인 역, 『천 개의 고원』, 새물결, 2003, 452-454쪽; Deleuze/Guattari (1987). pp.237-239. 이진경, 『노마디즘 2』, 서울: 휴머니스트, 2003, 65-87쪽 참조.
65) 들뢰즈/가타리는 『천 개의 고원』에서 블라디미르 슬레피안의 개-되기를 간략하게 설명하고 있다. "나는 배가 고프다. 항상 배가 고프다. 인간은 배가 고파서는 안 된다. 따라서 나는 개가 되어야 한다. 그러나 어떻게? 문제를 개를 모방하는 일도 아니고 관계들 간의 유비도 아니다. 나는 유사성이나 유비에 의해 진행되지 않는 독창적인 배치물 속에서

나아가 여성-되기 등에서 보면 개나 여성이 등장하지 않고도 되기가 가능하다. 이는 개가 되는 항은 있지만 그것은 개가 다른 것이 되는 블록 안에서 이루어지기에 실제 개가 된 항은 끝까지 등장하지 않는다.

넷째, 동물-되기는 진화가 아니다. 되기란 진화와 결부된 친자관계(filiation)의 선을 따라 이루어지는 게 아니라 횡적인 결연(結緣, alliance) 관계의 선을 따라 이루어진다. 동물-되기는 이질적인 개체군들 사이를 가로지르는 소통을 통해 일어난다는 점에서 생성적이고 창조적인 것이다. 즉 되기는 언제나 결연이나 전염, 감염 등을 통해 이루어진다. 그래서 되기는 자신의 혈통 안에 없는 것, 자신과 이질적인 어떤 것과 만나는 결연에 의해서 이루어진다. 들뢰즈/가타리는 이처럼 이질적인 것과 결연하여 새로운 혼성적인 무언가 되는 것을 '역행'(involution)이라 부른다.66)

다섯째, 동물-되기는 동물의 감응을 갖는 것이다. 동물의 감응을 갖기 위해서는 그 동물의 예외적 개체와 결연관계를 맺어야 하고, 이러한 예외적인 개체란 무리들과 감응들을 지닌 동물들이다. 여기서 동물들이 무리들이라는 말은 동물들이 감염에 의해서 형성되고, 전개되며, 변환되는 역량을 지니는 것을 뜻한다. 예를 들어 『모비 딕』에서 에이허브와 모비 딕이 사람과 고래로서가 아니라 고래-되기로서 사람과 동물의 자연적 본성을 상실하는

내 몸의 부분들에 내 몸을 개가 되게하는 빠름과 느림의 관계를 부여하는 데까지 가야만 한다. 개 자체가 다른 무언가가 되지 않는 한 나는 개가 될 수 없기 때문이다." 들뢰즈/가타리, 김재인 역, 『천 개의 고원』, 새물결, 2003, 490쪽; Deleuze/Guattari(1987), p.258. "슬레피안은 이 문제를 해결하기 위해 신발을 인위적 수단으로 사용할 생각을 한다. 만약 양손에 신발이 신겨져 있다면, 손의 요소들은 새로운 관계들로 진입할 것이고, 이로부터 획득하고자 하는 감응과 되기가 나오게 된다. 그러나 이미 한 손에 신을 신었다면, 어떻게 다른 손의 신발끈을 묶을 수 있을 것인가? 그것은 새로이 배치 속에 투여되는 입에 의해서 가능하다. 그리고 그 입은 이제 그 신발끈을 묶는 데 이용되는 것과 보조를 맞추어 개의 입이 된다." 이진경, 『노마디즘 2』, 서울: 휴머니스트, 2002, 68쪽.

66) 들뢰즈/가타리, 김재인 역, 『천 개의 고원』, 새물결, 2003, 453쪽; Deleuze/Guattari (1987), p.238.

지각불가능한 존재가 바로 감응인 것이다.

여섯째, 동물-되기는 자신의 기존의 존재 형식을 벗어나는 탈주선을 그리는 환원불가능한 역동성을 갖는다. 말하자면 되기를 통해 형성된 새로운 존재는 그 이전의 상태로 환원되지 않는 그 자체의 고유한 특이성을 갖는다. 즉 인간이 머릿속에서 공상하고 상상한 형식이 동물이라는 상상적 형태로 나타나는 것이 아니라, 동물의 실재적인 신체를 통해서 나의 신체를 변용시키고, 새로운 활동, 새로운 감응을 향해 열린 탈주선을 그리는 것이다. 한스의 경우 말-되기를 통해서 통상적인 인간으로서는 결코 느낄 수 없는 고통과 공포를 경험한 것이다.

지금까지 논의한 들뢰즈/가타리의 동물-되기의 내용을 요약하면 다음과 같다. 첫째, 동물-되기는 인간을 탈인간화시키는 실재적이고 생성적이며 창조적인 것이다. 둘째, 동물-되기는 되기의 짝인 동물의 분자를 방사하여 동물의 감응을 불러일으키는 것이다. 한스의 말-되기는 말의 감응과 특질을 갖는 말의 분자와 인간의 '말-되기'가 방사하는 말의 분자가 미결정 혹은 불확정성의 객관적 지대를 형성한다. 들뢰즈의 표현을 빌리면, 인간은 말-되기를 통해 '인간인지 동물인지 구분할 수 없고 명확히 할 수 없는 영역'[67] 즉 식별 불가능한 지대를 형성한다.

또한 '되기'는 '백인-되기', '남성-되기'와 같은 다수의 지배적 존재 되기가 아니다. 들뢰즈/가타리의 '되기'는 소수자-되기, 비일상적 존재 되기이다. '동물-되기', '아이-되기', '지각불가능하게-되기', '강렬하게-되기'와 같은 주변적이고 이질적인 존재 되기를 함으로써 다수의 시선이나 관점에 안주하거나 매몰되지 않는 대신, 유동적이고 창의적 사유 및 행위를 할

---

[67] 들뢰즈, 하태환 역, 『감각의 논리』, 서울: 민음사, 2008, 32쪽; Deleuze(2002), p.20.

수 있는 것이다. 요컨대 들뢰즈/가타리는 특정한 삶의 방식에 집착하여 안주하는 삶을 지양하고, 어떤 고정된 규범이나 이미지에 지배되지 않는 삶을 지향하는 것이다.

들뢰즈/가타리에 의하면 이러한 삶은 배치의 변환에 따라 얼마든지 달라질 수 있다. 따라서 이 욕망은 끝없이 유동적으로 생성되는 것이고 그것은 인간의 삶의 참 모습이기 때문에 인간은 특정한 사고방식, 가치관, 태도, 행동양식에 편집증환자처럼 고착하지 말고 유목민처럼 살아가기를 권장한다. 다음 장에서 이와 관련된 소수자-되기에 대해 자세히 고찰해 볼 예정이다. 들뢰즈/가타리에 의하면 그 되기는 아무 거나 되는 것이 아니라 여성-되기, 흑인-되기, 동물-되기와 같은 소수자-되기이고, 소수자-되기는 다시 궁극의 지대인 모든 것/모든 사람-되기로 이어지기 때문이다. 또한 소수자-되기를 살펴봄으로써 뒤에서 논의하고자 하는 다양한 동물-되기를 이해하는 데 도움이 될 것이다.

소수자-되기 혹은 여성-되기와 어린이-되기

앞에서 모든 되기(생성)는 분자적인 특성을 갖는다고 했다. 우리가 생성하는 동물이나 꽃이나 돌은 분자적 집합체이며 '이것임'(haecceity, thisness)[68]이지, 우리가 우리들의 바깥에서 인식하며, 경험이나 과학이나 습관

---

[68] 들뢰즈/가타리는 『천 개의 고원』에서 '이것임'을 이렇게 정의하고 있다. "어느 계절, 어느 겨울, 어느 여름, 어느 시각, 어느 날짜 등은 사물이나 주체가 갖는 개체성과는 다르지만 나름대로 완전한, 무엇 하나 결핍된 것 없는 개체성을 갖고 있다. 이것들이 '이것임'들이다. … '이것임'이라는 것은 개체화된 배치물 전체인 것이다. 다른[선험성]의 판에 속하는 것일 뿐인 형식들이나 주체들과는 무관하게 경도와 위도, 속도들과 변용태들에 의해 규정되는 것이 바로 '이것임'이기 때문이다. 어느 시각, 어느 계절, 어느 분위기, 어느 공기, 어느 삶과 분리되지 않는 배치물들 속에서 주체이기를 그치고 사건이 되는 것은 바로 늑대 자신 또는 말 또는 아이이다." 들뢰즈/가타리, 김재인 역, 『천 개의 고원』, 새물결, 2003, 494쪽, 497쪽; Deleuze/Guattari(1987), pp.261-262.

덕분에 재인식하는 총체적인 형태, 대상 또는 주체들이 아니다. 그리고 이것이 사실이라면 인간적인 것들에 대해서도 똑같은 말을 해야 할 것이다.

동물-되기, 아이-되기, 여성-되기, 분자-되기, 지각불가능하게-되기 등의 개념들은 신체의 행위 능력의 특정한 양태를 가리키는 감응작용들로부터 벗어나는 것으로 자신의 고유한 의미를 획득한다. 즉 되기는 대상의 모방하기가 아닌 그 대상을 구성하는 요소들이 지닌 빠름과 느림의 관계를 자신의 몸에 부여하고 그로부터 그 대상에 상응하는 어떤 '감응'을 획득하는 데 있는 것이다. 들뢰즈가 언급한 바와 같이 배우들의 연기 또한 흉내내기만이 아닌 그들이 지닌 변용능력의 실행으로 일종의 되기를 이루고 있는 것과 같다.

이런 변용능력의 실험으로서의 되기는 다수성(majority)을 소수성(minority)과 구분하는 것과 더불어 자신의 고유한 정치성을 부여받는다. 들뢰즈에 따르면 모든 되기는 '소수자-되기'이므로 남성-되기, 어른-되기, 인간-되기, 백인-되기는 존재하지 않으며, 구체적으로 여성, 아이, 동물, 흑인 등의 소수자-되기이다. 소수자-되기는 다수자들의 기준에서 비롯된 것이다. 소수자-되기는 이런 다수성의 기준을 경유하지 않을 수 없었던 그들 자신에 대한 규정으로부터 벗어나기 위한 것이다. 카프카가 다수어 독일어의 지배 속에서 그들(소수자)만의 독일어로 문학 작품들을 집필했듯이 소수자 자신의 고유한 속도와 감응에 도달하는 일은 다수성에 대한 비판과 변화의 계기로 작용한다.

그렇지만 생성이나 과정으로서의 '소수'(minoritarian)와 집합이나 양태로서의 '소수성'(minority)을 혼동해서는 안 된다. 상태로서의 소수성 위에서 우리는 재영토화(reterritorialisation)되거나 재영토화되게 하기 때문이다. 하지만 생성 속에서는 탈영토화(deterritorialisation)된다.69) 들뢰즈/가타리는 흑인들조차 흑인이 되어야 하고, 여성들조차 여성이 되어야 한다고 말하는데 그것은 유대인들조차 유대인-되기가 가능하고 비유대인들도 변용시킨다. 여성-되기는 필연적으로 여성뿐만 아니라 남성도 변용시킨다.70) 어떤 의미에서, 생성의 주체는 언제나 '남성'이다. 하지만 그를 다수자의 동일성에서 떼어내는 소수자-되기 속으로 들어가는 경우에만 그는 그런 생성의 주체이다.

여성은 여성-되기를 해야만 한다. 하지만 전 남성의 여성-되기 속에서 그래야 한다. 유대인은 유대인이 되지만, 비유대인의 유대인-되기 속에서 그래야 한다. 소수자-되기는 자신의 요소들인 탈영토화된 매체와 주체를 통해서만 존재한다. 생성의 주체는 다수성의 탈영토화된 변수로서만 존재하며, 생성의 매체는 소수성의 탈영토화하는 변수로서만 존재한다. 우리를 하나의 생성으로 몰아가는 것은 그 어떤 것일 수도 있다. 전혀 예기치 않았던 것일 수도 있고, 전혀 중요하지 않은 것일 수도 있다. 점점 커져서 당신들

---

69) 탈영토화와 재영토화는 서로 쌍을 이루는 개념으로, 탈영토화는 하나의 구조나 체계를 벗어나는 것이며, 재영토화는 그 벗어남이 새로운 구조나 체계로 다시 나아가는 것을 나타낸다. 영토(territory)는 생산이 이루어지는 환경을 말한다. 영토는 생산에 불가결한 조건이지만, 욕망의 흐름은 끊임없이 새로운 접속, 새로운 환경을 향해 뻗어나가는 경향이 있다. 주어진 영토의 경계를 항상 벗어나려는 운동이 탈영토화인데, 이는 다른 한편에서 새로운 영토의 형성, 즉 재영토화를 예비한다. 들뢰즈/가타리는 이 개념들을 탈코드화(decoding)와 재코드화(recoding)라는 다른 명칭으로도 사용한다. 탈영토화 또는 탈코드화된 욕망의 흐름들을 서로 연결시킴으로써 고착된 사회적 구조에 혁명을 불러일으키는 역할을 하는 것이 있는데 그것은 탈주선이라고 불린다. 탈주선은 탈영토화의 통로로서 기능하며, 무한한 분열증식으로 새로운 욕망의 흐름과 그 대상을 창조해나가는 역동적인 힘이다. 들뢰즈/가타리는 탈주선을 타고 다른 양식으로 뜻밖의 형태로 언제라도 나타날 준비를 하는 유랑민을 노마드(nomad)라 부르며, 마조흐, 프루스트, 카프카 등을 노마드족에 포함되는 작가로 평가한 바 있다. 들뢰즈/가타리, 이정임·윤정임 역, 『철학이란 무엇인가』, 서울: 현대미학사, 1999, 126-132쪽 참조, 조성훈, 『들뢰즈의 잠재론』, 서울: 갈무리, 2010, 10-13쪽 참조.
70) 들뢰즈/가타리, 김재인 역, 『천 개의 고원』, 새물결, 2003, 551쪽; Deleuze/Guattari (1987), p.291.

을 사로잡아버리는 작은 디테일 없이는 당신들은 다수성에서 이탈하지 못한다.71)

소수자-되기는 들뢰즈의 『카프카, 소수적인 문학을 위하여』에서 자세히 논하고 있으므로 이 텍스트를 중심으로 고찰해볼 것이다. 소수적 문학이란 우리가 일반적으로 알고 있는 소수적인 언어로 쓴 문학이 아니다. 소수자가 다수적 언어 안에서 만드는 문학이다. 일반적으로 소수의 의미는 보통 수적으로 적고, 힘이 약하고, 널리 영향력을 행사하지 못하는 그 무엇을 가리킨다. 또 소수자 운동하면 여성운동이나 흑인운동, 유색인종들의 운동을 떠올린다. 그러나 들뢰즈/가타리가 카프카에게 주목한 건 그의 언어적 특징이다. 당시 프라하는 문명화된 언어로 체코어보다는 독일어가 소통언어였는데 체코에 사는 유대인들도 자기의 문화를 받아들이면서 자기의 재력과 여러 가지 기타 능력들을 과시하려고 유대어 대신 독일어를 많이 썼다. 자신의 지배권을 연장하기 위한 일종의 방편으로. 그러나 카프카는 이러한 문화어로서 독일어를 사용하려고 한 것, 즉 고급언어로서의 독일어 사용에 반기를 든다.

들뢰즈/가타리는 카프카의 독일어의 특징을 간결성과 표현성이라고 말한다.72) 간결성은 꼭 필요한 기능들만을 독일어에서 축출하여 쓰는 것을 가리키며, 표현성은 일종의 외마디 비명, 즉 외침과 같은 방식이다. 즉 서술적으로 무언가를 전개하는 방식 대신 감성적으로 다가가서 감성적 방식으로 듣는 이에게 충격을 가해서 이해하게끔 만드는 방식이다. 예를 들어

---

71) 들뢰즈/가타리, 김재인 역, 『천 개의 고원』, 새물결, 2003, 552쪽; Deleuze/Guattari(1987), p.292.
72) 들뢰즈/가타리, 이진경 역, 『카프카, 소수적인 문학을 위하여』, 서울: 동문선, 2001. 49-50쪽; Deleuze, G/Guattari, F., *Toward a Minor Literature*. trans. Dana Polan. Foreword by Réda Bensmaïa. Minneapolis: University of Minnesota Press, 1986. pp.18-19(이하 Deleuze/Guattari(1986)로 표기함).

음악에서의 샤우팅이 그것이라 할 수 있다. 다시 말해 간결성과 표현성은 언어의 의미에서 원형적 독일어로부터의 어떤 탈주를 표현하는 특성으로 이해될 수 있다. 모국어 속에서 외국인이 되어 프라하의 독일어를 과장이나 부풀림 없이 그대로 취하는 것, 그러면서 어휘가 건조해지는 만큼 그것을 강밀도 속에서 진동하게 만드는 것, 카프카의 선택은 이 점을 집요하게 발전시켜 나가려고 하는 방법론인 셈이다.

자신의 것이 아닌 언어 안에서 사는 사람이 오늘날에는 얼마나 많은가? 자신의 언어조차 잘 모르거나, 자신이 사용해야만 하는 다수적인 언어를 잘 모르는 사람들은 또 얼마나 많은가? 이는 이민자, 특히 이민자의 아이들의 문제고, 소수자의 문제며, 소수적인 문학의 문제지만, 또한 우리 모두의 문제기도 하다. 즉 어떻게 자신의 언어로 소수적인 문학을 이룰 것이며, 언어활동을 천착하여 간결한 혁명적 선을 따라 나아가게 할 수 있을 것인가? … 카프카는 말한다. 요람에서 아이를 훔치라고, 팽팽한 줄 위에서 춤추라고.[73]

카프카뿐만이 아니라 여성의 고유한 글쓰기에 관해 질문을 받은 버지니아 울프도 다수성의 기준에 비추어 '여성인 한에서' 글을 쓴다는 것은 생각만으로도 소름끼치는 일[74]이라고 대답한 바 있다. 오히려 문제는 글쓰기를 통해 사회적 장 전체를 주파하고 그에 스며들며, 남성들을 전염시키고 그들을 여성-되기에 휘말려 들도록 만들 수 있는 여성성의 원자들을 생산할 수 있는 여성-되기를 만들어 내는데 있다.[75] 주체화를 소멸시키기 위해

---

[73] 들뢰즈/가타리, 이진경 역, 『카프카, 소수적인 문학을 위하여』, 서울: 동문선, 2001, 51쪽; Deleuze/Guattari(1986), p.19.
[74] 들뢰즈/가타리, 김재인 역, 『천 개의 고원』, 새물결, 2003, 523쪽; Deleuze/Guattari (1987), p.276.
[75] 들뢰즈/가타리, 김재인 역, 『천 개의 고원』, 새물결, 2003, 523-524쪽; Deleuze/Guattari (1987), p.276.

남자의 여자-되기를 위해 사랑을 이용하여 정념을 탈주체화하는 방식이다.

한편 들뢰즈가 관심을 가진 소수문학은 급진적인 언어 실험이 두드러진 문학들이다. 이는 사실과 허구의 경계를 허물뿐만 아니라 서사성마저 넘어버린 실험적인 문학이라고도 할 수 있다. 이러한 문학을 들뢰즈/가타리가 왜 애호하였는가 하는 것은 무척 흥미로운 문제이다. 들뢰즈는 가타리와의 마지막 공저인 『철학이란 무엇인가』에서 철학의 성격을 예술과 과학의 성격과 대비하여 규정하고 있다. 그에 따르면, 철학은 개념과 그 개념적 인물의 창안에, 예술은 감각과 미학적 형상의 창안에, 그리고 과학은 기능과 부분적 관찰자의 창안에 목적이 있다.[76] 소바냐르그에 따르면 들뢰즈는 예술에 관한 한, 연구의 초기에는 문학에 특권적 지위를 부여하였으나, 가타리와 공동작업을 본격화한 1980년 전후로 '창조적 기호론'으로 이행했다고 한다.[77] 이 이행은 들뢰즈가 『천 개의 고원』을 기점으로 '언어영역, 언어법칙, 그리고 언어학'으로 환원되지 않는 기호철학을 기획하게 되고, 베이컨의 회화에 관한 연구서인 『감각의 논리』와 '운동-이미지'와 '시간-이미지'로 압축되는 두 권의 『시네마』를 출간하게 되는 상황을 말한다. 요컨대 들뢰즈는 문학에 대한 연구에 중점을 두던 시기를 거쳐 이미지로, 또는 담론적 예술에서 비담론적 예술로 이행한다는 것이 소바냐르그의 주장이다.[78] 그러나 들뢰즈는 회화나 영화의 비담론적 기호논리에 천착한 80년 이후에도 문학에 대한 연구 관심을 그치지 않았다. 마르셀 프루스트, 자허 마조흐, 프란츠 카프카, 카르멜로 베네에 관한 단행본 연구서들은 1980년

---

[76] 들뢰즈/가타리, 이정임·윤정임 역, 『철학이란 무엇인가』, 서울: 현대미학사, 1999, 287쪽 참조.
[77] 소바냐르그, A, 이정하 역, 『들뢰즈와 예술』, 파주: 열화당, 2009, 13쪽 참조.
[78] 소바냐르그, A, 위의 책, 13쪽 참조.

이전의 것들이지만 그 이후 『천 개의 고원』에도 허만 멜빌, 사무엘 베케트, 앙토냉 아르토, 윌리엄 포크너, 토마스 하디, 호르헤 보르헤스, 제임스 조이스, 하인리히 크라이스트, 데이빗 로렌스, 헨리 밀러 등등의 문학가들이 등장하며, 그의 마지막 저작인 『비평과 진단』에도 루이 볼트슨, 월트 휘트먼 등의 문학론이 전개되고 있다.

그가 관심을 가진 문학작품에는 셰익스피어의 희곡 『리처드 3세』를 변주시킨 베네의 작품, 칸트의 철학을 요약하는 랭보의 시구, 플라톤, 스피노자, 니체와 같은 철학자의 글도 포함되어 있기는 하지만, 전체적으로 '소설'이 주종을 이루고 있다. '세 개의 단편소설' 또는 '무슨 일이 일어났는가?'라는 제목을 가진 『천 개의 고원』의 8번째 고원은 사건적 삶의 비밀스러운 유형을 몇 가지 선분으로 추상하기 위하여 단편소설을 활용하고 있으나, 소설 중에서 그가 특히 단편소설만을 선호한 것은 아니다. '최근의 소식'인 단편소설과 '최초의 이야기'인 콩트의 복합적 유형으로서 장편소설도 선호되고 있으며, 카프카의 경우에는 장편소설이 단편소설의 한계를 극복하고 있다고 보기도 한다.[79]

들뢰즈/가타리의 소수문학론의 소수성은 '되기'에 의하여 정의된다. 되기의 중요한 특징은 앞에서 논의하고 있으므로 여기서는 소수 문학의 위대한 작가 카프카(F. Kafka)를 중심으로 상세히 살펴볼 것이다. 카프카는 어떤 의미에서 언어를 탈영토화시키고 있는 것인지, 그리고 그러한 실천은 어떤 방식으로 소수 문학의 전형을 보여 주고 있는 것인지 그들의 저서 『카프카, 소수적인 문학을 위하여』에서 상세히 논의하고 있으므로 고찰해 볼 것이다.[80]

---

79) 들뢰즈/가타리, 이진경 역, 『카프카, 소수적인 문학을 위하여』, 서울: 동문선, 2001, 92-101쪽 참조;Deleuze/Guattari(1986), pp.37-42.

들뢰즈/가타리에 따르면 카프카는 글을 쓰지 않을 수 없지만, 독일어로 글을 쓰는 것도 다른 말로 쓰는 것도 불가능하다는 것이다. 글을 쓰지 않을 수 없는 것은 불확실하고 억압받는 민족의식이 필연적으로 문학을 경유하게 되기 때문이다. 이러한 그들의 노력은 모든 측면에서 불가능한 문학, 독일의 아기를 그 요람에서 훔쳐 낸 집시문학을 낳았다.[81] 그 당시 프라하의 독일어는 고립의 압박을 받아 언어의 고립상태에 벗어날 수 없었으며 일상적인 용어라기보다는 이민족 속에 끼여 있는 낯선 귀족의 언어였다. 즉 유동적이고 빈곤하며 메마른 문어체, 그것이 바로 카프카 시대의 프라하의 독일어였다.

프라하의 유태인들은 자신들이 여러 언어들 사이에서 방황하고 있음을, 그 어느 것에서도 편안할 수 없음을 발견했다. 카프카가 어린 시절 배웠던 체코어는 도시의 독일어로 대체되었으며, 상업과 행정을 위한 인공적인 문서 언어가 되었다. 괴테적인 독일어는 감탄스러운 것이었으나 고통스러운 것이었고, 히브리의 종교적인 언어는 더 동떨어진 것이었다. 또한 많은 사람들 사이에 퍼져 있는 유태어는 카프카의 말에 따르면 어떤 근본적인 혐오감을 느끼게 하는 어색한 혼합물이 되었다. 들뢰즈/가타리에 따르면 이러한 언어적 탈취는 20세기 초의 프라하 유태인들에게만 있었던 것이 아니며, 낯선 문화의 언어로 스스로를 표현해야 했던 소수민족들, 주변 민족들에게 전형적인 현상이었다. 러시아어나 아일랜드어를 사용하는 우즈베키스탄의 유태인들, 영어를 사용하는 미국 흑인이나 인디언들, 불어를 사용하는 아프리카인들이나 알제리인들은 모두 다수 언어 내에서의 소수로

---

80) 이하 정리는 들뢰즈/가타리, 이진경 역, 『카프카, 소수적인 문학을 위하여』, 서울: 동문선, 2001, 43–69쪽; Deleuze/Guattari(1986), pp.16–27.

81) 들뢰즈/가타리, 이진경 역, 『카프카, 소수적인 문학을 위하여』, 서울: 동문선, 2001, 44, 51쪽; Deleuze/Guattari(1986), pp.16–17, p.19.

서 행동했으며, 그렇게 함으로써 그 다수 언어를 변형시켜 자신의 것으로 만들었다.82)

　소수 언어를 가지고 작업하는 작가들은 종종 그 언어가 탈영토화하는 경향을 이용하여 그것의 풍요화의 과정 또는 빈곤화의 과정을 창조성의 원천으로 전환시킨다. 예컨대 조이스와 베게트는 아일랜드 영어가 탈영토화하는 경향들을 보여준다. 조이스가 '풍부함과 중층성'을 통해 작업한다면, 베게트는 '메마름과 절제, 의도적인 빈약함'을 가지고서 작업하며, 그렇게 함으로써 그들은 '언어의 탈영토화의 과정을 강밀도들 외에는 아무것도 남지 않을 때까지 밀고 나간다.'83) 프라하의 독일어를 인위적으로 풍부하게 하려는 카프카와 동시대 대부분의 작가들의 노력은 그것을 패러디, 속어, 외국어 의성어, 음악적 효과까지 절묘하게 혼합하는 조이스의 노력과 비슷하다. 반면 카프카는 들뢰즈/가타리의 견해에 따르면, 베게트와 유사하다. 두 작가 모두 자발적인 언어적 금욕주의를 통해 언어의 강밀도 높은 사용을 실천하고 있는 것이다.

　들뢰즈/가타리에 따르면, 카프카는 독일어의 창조적인 변형을 통해 '모국어 내에서 외국어를 하는 사람'처럼 언어를 사용했다. 유태어는 끊임없이 유동하는 구어로 남아 있기 때문에 어떤 문법도 존재하지 않으며 간단하고 신속하다. 카프카는 유태어로 쓰지 않았으며, 유태적인 어법, 형태들 또는 기법들을 흉내내지도 않았다. 들뢰즈/가타리에 의하면, 카프카가 유태어에서 배웠던 것은 언어의 소수적 사용의 원리를 따른 것이다. 마치 한국에 거주하는 베트남인이나 중국인이 자신의 모국어가 아닌 짧고 부족하지만

---

82) 들뢰즈/가타리, 이진경 역, 『카프카, 소수적인 문학을 위하여』, 서울: 동문선, 2001, 63-67쪽; Deleuze/Guattari(1986), pp. 24-26.
83) 들뢰즈/가타리, 이진경 역, 『카프카, 소수적인 문학을 위하여』, 서울: 동문선, 2001, 50-51쪽; Deleuze/Guattari(1986), p.19.

자신만의 한글로 글을 쓰는 것처럼 언어가 강밀하게 되는 것은 바로 이 지점에서이다. 우리는 절제와 창조적 뺄셈을 통해서만 이 결과에 이를 수 있는 것을 카프카의 언어에서 발견할 수 있다.

그럼 카프카의 소설 속에서 언어는 어떻게 탈영토화 되는가? 그가 관심을 가지고 있었던 것은 '순수한 음향적 질료'였다. 클레의 「지저귀는 기계」라는 그림이 회화로 표현된 새소리인 것처럼, 카프카의 소설은 언어로 표현된 소리이다. 『변신』에서 그레고르 잠자는 여동생의 삑삑거리는 바이올린 연주에 이끌려 혐오스러운 몸을 이끌고 방밖으로 나온다. 그리하여 죽음의 원인이 된 사과 폭탄 세례를 아버지로부터 받는다. 카프카가 음악에 관심을 가진 이유는 회화의 점착성에 비해 음악-소리의 탈영토화 계수가 높다는 점이 아니었을까 싶다. 그런데 카프카는 음악의 형식성마저 벗어버리고 '표현의 비형식화된 질료'인 소리로까지 나아간다. 『어느 개의 연구』에서 음악가 개들은 무(無)로부터 음악을 만들어내는데, 노래하지 않고 짖지도 않는다. 『여가수 요제피네 혹은 서(鼠)씨 일족』에서 요제피네라는 쥐는 노래하는 것처럼 보이지 않으며, 다만 휘파람을 불 뿐인데, 그 소리 또한 들리지 않는다. 형식이 존재하는 한 재지층화는 언제나 이루어질 것이기 때문에, 비기표적이며 강밀도만이 중요한 소리로 하여금 기존의 언어가 가진 표현의 형식을 벗어나 절대적 탈지층화를 이루게 하는 것이 카프카 소설의 특징이다.

어휘적으로 빈곤하고 부정확한 통사법을 가진 프라하의 독일어가 (언어의) 이러한 용법에 어떻게 기여할 것인가? 들뢰즈/가타리는 그것이 얼마나 가변적이든 간에 '언어의 내적인 긴장(tensions)을 표현하는' 언어학적 요소들을 강밀도라고 부를 수 있을 것이며, 이는 극단을 향한, 가역적(可逆的)

인 점의 이편과 저편을 향한 언어의 운동을 표시하는 것으로 이런 언어의 모든 특질들이 카프카에게서 다시 발견된다고 주장한다.[84]

당시 프라하는 시 주변의 지역까지 합치면 60만 명 이상의 주민이 살고 있었는데 독일어를 말하는 사람들은 3만 2천 명의 소수에 불과했으며, 그 가운데 유대인이 과반수 이상을 차지했다. 이들은 주로 인구 3만 6천 명이 사는 구시가와 인구 4천 명이 모여 사는 요제프 구에 모여 살아서, 도심에서는 주로 독일어가, 나머지 지역에서는 거의 전적으로 체코어가 상용되었다. 이 고립된 '섬'(독일어를 말하는 가장 근접한 지역은 약 50킬로미터 떨어져 있었다)에서 사용되는 '프라하의 독일어'는 방언이 섞이지 않은 간결한 문어체 독일어였다.[85] 다시 말해 이러한 '프라하의 독일어'를 프라하 시민들은 비할 데 없이 탁월하다고 생각했지만(사실 발음이나 구조, 그리고 특히 어휘를 보면 정통 독일어와는 상당히 거리가 멀었다) 실제로 프라하에서 독일어는 고립의 압박을 받으면서 점점 통용어라기보다는 국가의 보조를 받는 특수 언어로 변해갔다.[86] 구체적으로 전치사의 부정확한 용법, 대명사의 남용, 아무데나 쓰일 수 있는 동사의 사용(놓다, 제출하다, 탈취하다 등 일련의 의미로 사용되는 'Giben'같은 동사가 그것인데, 그 결과 그것은 강밀도적인 것이 된다)과 부사의 다양화 및 연속 병치, 고통과 결부된 함축의 사용, 단어의 내적 긴장으로서 강세의 중요성, 내적인 부조화를 야기하는 자음과 모음의 분포 등이 그것이다. 바겐바흐에 따르면 카프카의 독특한 순수 지향, 냉정한 문장 구성, 그리고 적은 말수는 프라하의 독일어라는

---

[84] 들뢰즈/가타리, 이진경 역, 『카프카, 소수적인 문학을 위하여』, 서울: 동문선, 2001, 58쪽; Deleuze/Guattari(1986), p.22.
[85] 클라우스 바겐바흐, 김인순 역, 『카프카의 프라하』, 파주: 열린책들, 2004, 13쪽.
[86] 클라우스 바겐바흐, 전영애 역, 『카프카, 프라하의 이방인』, 파주: 한길사, 2005, 97쪽.

배경 없이는 생각할 수 없다.87) 그런데 소수적인 문학의 언어는, 특히 이러한 강밀도(적인 요소)를 발전시킨다.

또한 카프카를 소수 문학 작가로 삼는 것은 그의 언표 행위가 집단적 배치를 보이기 때문이기도 하다. 『소송』에서 살펴보면 카프카는 K를 통해 법이 지닌 초월성과 편집증을 그가 속한 관료제에 대한 투쟁으로 보여주었고, 소송이 진행되는 배치를 통해 법을 분해해버림으로써 사법이라는 내재적이고 분열증적 극으로 탈영토화하였다. 카프카는 억압적인 제도들에 저항하거나 유토피아적 대안들을 제안하는 것이 아니라, 세계 속에 이미 현존하고 있는 탈영토화하는 경향들을 가속화함으로써 그의 정치성을 드러냈다. 『실종자』에서도 배의 기관실은 하나의 기계인데, 그 기계는 금속으로 된 기술적 의미에서의 기계일 뿐만 아니라 사람들을 부속으로 하는 '사회적 기계'를 의미하기도 한다. 그 기계의 범주 안에는 남자, 여자, 사물, 구조물, 금속이 포함되고, 그래서 그들은 휴식하거나, 분노, 사랑, 저항할 때에도 여전히 기계의 일부를 이룬다. 『소송』에서 기계는 사무실, 책, 지형도, 판사, 변호사, 정리, 음화에 나온 여자, 피고를 모두 아우른다. 기술적 기계는 사회적 배치 안에서 '하나의 부품'일 뿐이며, 사회적 기계는 욕망에 의해 돌아간다. 우리는 이런 배치의 성격을 욕망의 기계적 배치라고 한다.88)

『실종자』의 배의 기관실이라는 기계적 배치는 '화부가 직속상관인 루마니아인에 대해 그리고 배 위에서 독일인이 받아야 하는 억압에 대해 항의하는 장면'89)의 배치가 가로지르고 있다. 이 언표는 복종의 언표, 항의의 언

---

87) 바겐바하, 전영애 역, 『카프카, 프라하의 이방인』, 파주: 한길사, 2005, 59쪽; Deleuze/Guattari(1986), pp. 22-23.
88) 들뢰즈/가타리, 이진경 역, 『카프카, 소수적인 문학을 위하여』, 서울: 동문선, 2001, 144-145, 189-190쪽; Deleuze/Guattari(1986), pp. 60-61. p. 82.
89) 카프카, 한석종 역, 『실종자』, 솔출판사, 2019. 14쪽. 카알 로스만은 하녀에게 유혹당해

표, 반항의 언표이면서 항상 기계의 일부를 이루고 있다. 이처럼 복잡하게 작동하는 배치에서 언표행위의 집단적 배치는 욕망의 기계적 배치의 산물이기도 하고 그 반대이기도 하다. 언표행위의 집단적 배치가 기계적 배치를 바꾸기도 하고 반대로 기계적 배치가 언표행위의 집단적 배치에 영향을 미치기도 한다.

『소송』의 K는 인접한 모든 선들로 흘러가게 한다. 은행원으로서 그는 고객, 친구 또는 엘자와 접속되는 절편(segment)을 이루기도 하고 체포된 후에는 감시인, 목격자, 뷔르스트너양, 세탁부 또는 판사와 접속하는 다른 절편을 구성하기도 한다. 절편화되지 않는 기능으로서의 K는 또한 증식을 거듭한다. 개인이나 집단은 여기에서 고정된 점들이 아니라 절편들의 배치로 간주된다. 이런 의미에서 우리는 카프카의 K를 고정시킬 수 없는 무한한 주체성으로 파악해야 한다. "주체는 없다. 오직 언표행위의 집단적 배치만이 있을 뿐이다."90)

말들 역시 동물 '같지' 않지만, 나름대로 기어오르고 짖고 번식한다. 그것은 고유한 언어학적 개인 것이고, 곤충 내지 생쥐인 것이다. 언어의 비의미적이고 강밀도적인 사용이 그것이며, 마찬가지로 거기에는 언표행위의 주체도 언표의 주체도 없다. 즉『어느 개의 연구』에서 개는 사람 '같이' 남아 있는 언표행위의 주체기는 하지만 더 이상 언표 주체가 아니며, 『변신』에서 언표 주체도 사람(그레고르 잠자)으로 남아 있기는 하지만, (발화자인) 갑충

아이를 갖게 했다는 이유로 고작 열일곱 살의 나이로 부모에 의해 아메리카에 추방당하게 된다. 아메리카로 가는 배에서 잃어버린 우산을 찾다가 만난 화부는 카알에게 불평을 한다. 이 배는 함부르크-아메리카 해운 소속인데, 왜 우리는 순전히 독일인만으로 구성되지 않았는지, 왜 일등 기관사가 루마니아인인지 항의하며 이 무뢰한 자가 우리 독일인을 혹사하고 있다는 것이다.

90) 들뢰즈/가타리, 이진경 역, 『카프카, 소수적인 문학을 위하여』, 서울: 동문선, 2001, 129-130쪽; Deleuze/Guattari(1986), pp.53-54.

은 더 이상 언표행위의 주체가 아니다. 다만 필연적으로 복수적 내지 집합적 배치 안에서 상호적인 되기를 형성하는 상태들의 회로가 있을 뿐이다.[91]

　카프카의 언어 전략은 독일어를 선택하되, 독일어를 현행의 유대 독일어 그대로 사용하는 것이다. 카프카의 글은 현행의 주류 독일어인 다수어로부터의 탈주가 아니라 그 다수어 자체를 탈주시키는 것이었으며, 정치적 노선을 제시하는 것이 아니라 간결성과 표현성을 그대로 살려나갈 수 있기 때문에 현재의 민중들과 충돌하지 않고 그것이 은연중에 작동하도록 하는 것이었다. 이를 위하여 그의 소설은 언표와 언표행위의 주체를 고수하는 것이 아니라 인칭적 저자의 특권적 시점을 포기함으로써 언어가 누구도 될 수 있는 경지에 이르며, 기표적 기호체계에 머무르는 것이 아니라 그것을 탈지층화하여 언어가 삐약삐약 울게 말을 더듬게 한다. 그리고 거기서 외침이나 아우성, 음색, 억양, 강밀함을 끌어내어 마치 언어가 음악 그 자체에 더 가까워져서 소리로 될 수 있는 지경에 이른다.

　앞에서 언급했듯이 동물-되기란 인간이 동물의 분자를 생성하며 동물의 감응을 만들어내는 것이고, 소수자-되기 역시 분자-되기를 통하여 달성될 수 있다. 그렇다면 다음 장에서 분자-되기란 무엇이고, 들뢰즈/가타리는 무엇을 생성하기 위해서 모든 것/모든 사람-되기를 추구하는지 고찰할 것이다.

모든 것/모든 사람-되기

　들뢰즈/가타리에 의하면 인간의 동물-되기는 보다 궁극적인 되기를 향한 매개 단계에 지나지 않는다. 그렇다면 그것은 도대체 무엇을 향해 나아가

---

91) 들뢰즈/가타리, 이진경 역, 『카프카, 소수적인 문학을 위하여』, 서울: 동문선, 2001, 57-58쪽; Deleuze/Guattari(1986), pp. 22-23.

고 있는 것일까? 그것은 '지각할 수 없는 것-되기'이다. 앞서 인용하였듯이 지각할 수 없는 것은 생성의 내재적 끝이며 생성의 우주적 공식이다.

그렇다면 지각할 수 없는 것-되기는 무엇을 의미하는가? 들뢰즈/가타리에 의하면 그것은 '모든 것/모든 사람-되기'이고, 다시 모든 것-되기는 분자적 성분들을 가지고 우주와 놀이를 하는 것이며 '하나의 세계 만들기'이다.[92] 그러면 또 분자적 성분들을 가지고 우주와 놀이를 하는 것은 무엇을 뜻하는가? 분자-되기에 대해 잠시 살펴보자.

분자적 동물-되기는 어떤 동물의 감응을 만드는 어떤 분자들을 생산하는 것이다. 짖으면서 분자적인 개를 방출하듯이, 달리면서 치타의 분자를 생산하고, 날듯이 피하면서 새의 감응을 생산하는 것, 그것이 분자적인 치타-되기고 분자적인 새-되기이다. 그런데 이는 앞에서 말한 동물-되기의 방식과 다른 것이 아니다. 분자적인 동물-되기가 따로 있는 것이 아니라, 동물-되기는 모두 이런 식으로 어떤 동물의 분자를 생산하고 분자적 동물을 방사하는 방식으로 진행된다. 그래서 들뢰즈/가타리는 "모든 되기(생성)는 이미 분자적이다"[93]하고 언급한다. 다시 말해 모든 되기는 짝으로 선택한 항의 감응과 특질을 갖는 분자를 생산하는 것이란 점에서 이미 분자적이다. 이는 여성-되기, 아이-되기도 마찬가지이다.

동물-되기를 하는 인간은 동물을 대변하거나 동물 대신 말하는 것이 아니라, 동물을 통해 스스로 변하는 것이며 다른 삶 속으로 들어가는 것이다. 반대로 '여성'이나 '소수자'가 말하고 행동하는 것, 이를테면 그들의 말이나 행동을 받아들이거나 그 권리를 존중하는 것이 여성-되기나 소수자-되기

---

92) 들뢰즈/가타리, 김재인 역, 『천 개의 고원』, 새물결, 2003, 530쪽; Deleuze/Guattari (1987), p.280.

93) 들뢰즈/가타리, 김재인 역, 『천 개의 고원』, 새물결, 2003, 517쪽; Deleuze/Guattari (1987), p.272.

가 아니다. 여성의 일은 여성만이 '말할 수 있는 것'이 아니다. 남성도 여성이 될 수 있으며, 반대로 여성도 여성이 되어야 한다. 누구라도 소수자가 될 수 있으며, 또한 되어야 한다. 동물, 여성, 흑인 등과 같이 되기의 블록을 구성하는 '짝'의 감응을 갖는 분자를 생산하는 것, 그런 분자적 성분이 되는 것이다. 그런데 이런 식의 '되기' 개념은 단순한 개-되기 등에서 탈영토화되어 좀 더 멀리 나아가게 한다. 이런 개, 저런 개가 될 수 있는 분자적 성분들을 자유롭게 생산하고 구성할 수 있을 때, 그는 다양한 능력을 갖는 개가 될 것이다.

그렇다면 들뢰즈/가타리가 『천 개의 고원』에서 모든 생성은 이미 분자적이라는 결론부터 말하고 시작해야 한다고 말할 때 그 의미는 무엇일까? 그들의 말을 빌려보면 다음과 같다.

> 생성은 무엇인가를 또는 누군가를 모방하거나 그것들과 동일해지는 것이 아니다. 생성은 형식적 관계들의 비율을 맞추는 것도 아니다. 주체의 모방이나 형식의 비율 관계라는 유비의 두 가지 형태 모두 생성에는 어울리지 않는다. 생성은 누군가가 가진 형식들, 누군가가 속해 있는 주체, 누군가가 소유하고 있는 기관들, 또 누군가가 수행하고 있는 기능들에서 시작해서 입자들을 추출하는 일이다. 그리고 우리는 이 입자들 사이에 운동과 정지, 빠름과 느림의 관계들을, 누군가가 지금 되려고 하는 것에 가장 가까우며 그것들을 통해 누군가가 생성하는 그런 관계들을 새로이 만들어낸다. 바로 이런 의미에서, 생성은 욕망의 과정이다. 이 근접성(proximity) 또는 근사성(approximation)의 원리는 아주 특별한 것으로, 이것은 그 어떤 유비도 다시 끌어들이지 않는다. 이 원리는 가능한 한 가장 엄밀하게 어떤 입자의 근접성의 지대 또는 공동-현존의 지대를 가리키며, 어떤 입자든지 이 지대에 들어올 때 취하게 되는 운동을 가리킨다. 이러한 입자들이 특정한 근접성의 지대에 들어가기 때문에 특정한 운동과 정지의 관계들을 취하는 입자들을 방출한다. 또는 입자들이 이런 관계들을 취하기 때문에 이런 지대로 들어가는 입자들을 방출한다. … '이것임'은 분자 지대나 소립자 공간에 의존하는 짙고 옅은 안개와 분리될 수 없다. 근접은

위상수학과 양자론의 개념으로, 해당 주체들 및 규정된 형식들과 무관하게 하나의 동일한 분자에 속함을 나타낸다.94)

예를 들어 어떠한 수단과 요소를 사용하건 동물 입자들의 운동과 정지의 관계로 들어가는 소립자들을 방출하는 경우에만, 또는 결국 같은 이야기지만 '동물 분자의 근접성의 지대로 들어가는 소립자들을 방출하는 경우에만 사람들은 동물이 된다. 사람들은 분자적인 동물이 될 뿐이다. 사람들은 짖어대는 그램분자적(몰적)인 개가 되는 것이 아니라 짖으면서 분자적인 개를 방출하는 것이다. 단 충분한 열의와 필요와 합성을 가지고 짖기만 한다면 말이다. 인간은 몰적인 종을 바꾸듯이 늑대나 흡혈귀가 되는 것이 아니다. 하지만 흡혈귀와 늑대-인간은 인간의 생성들이다. 말하자면 그것들은 합성된 분자들 간의 근접성의 지대들이며, 방출된 입자들 간의 운동과 정지, 빠름과 느림의 관계들이다. 물론 늑대 인간과 흡혈귀는 있다. 그러나 거기서 동물과의 유사성이나 유비를 찾아서는 안 된다. 왜냐하면 그것은 현실태인 동물-되기이며, 분자적 동물의 생산이기 때문이다.'95) 따라서 모든 생성은 분자적이다. 우리가 우리들의 바깥에서 인식하며, 경험이나 과학이나 습관 덕분에 재인식하는 몰적인 형태, 대상 또는 주체들이 아니라 우리가 생성하는 동물이나 꽃이나 돌은 분자적 집합체이며 '이것임'이다. 즉, 우리 자신 안에서 분자적인 그것을 생산하고 분자적인 그것을 창조하는 것이 문제인 것이다.

다시 말해서 이런 동물, 저런 동물이 될 수 있는 원소적 성분들을 자유로

---

94) 들뢰즈/가타리, 김재인 역, 『천 개의 고원』, 새물결, 2003, 517-518쪽; Deleuze/Guattari (1987), pp.272-273.

95) 들뢰즈/가타리, 김재인 역, 『천 개의 고원』, 새물결, 2003, 521쪽; Deleuze/Guattari(1987), pp.274-275.

이 생산할 수 있을 때, 그는 한 동물의 문턱을 넘나들며 다양한 동물-되기 능력을 획득하게 된다. 분자가 특정한 질을 추상할 수 없듯이, 분자-되기 또한 어떤 항이 갖는 질로부터 자유로울 수 없다. 그렇지만 그러한 되기의 문턱을 넘어서 더 멀리 나아가는 경우, 이젠 질이 추상된 되기의 영역으로 진입하게 된다. 그것은 하고자 한다면 어떠한 질, 어떠한 항이라도 될 수 있는 그런 원소적인 되기의 지대이다. 하지만 특정한 질을 넘어서 있다는 점에서 그 자체로는 그게 어떤 것인지 알 수 없는 '지각불가능한-되기의 지대'이다. 이 지대는 들뢰즈/가타리는 '도(道)', '일관성의 평면', '내재성의 장', '기관 없는 신체'라고 부른다.96) 즉 동물-되기는 기관 없는 신체로 가는 과정에 있는 것이다. 기관 없는 신체에 대해서는 뒤에서 자세히 논하기로 하고 모든 것-되기로 다시 되돌아가보면 다음과 같다.

들뢰즈/가타리는 『천 개의 고원』에서 '한 문인화가의 물고기-되기'를 또 다른 예로 들고 있다. 그 문인화가는 자신의 유기적 기관들을 탈구시키고 해체시키며, 또한 기존의 관념들을 비작동 상태에 두는 괄호치기를 통해 스스로를 우주적 흐름에 맡김으로써 그 본질을 이루는 선과 운동만을 포획하여 뽑아낸다. 그래서 그 문인화가는 물고기가 되고, 다른 순간에는 하나의 필획이 되거나 풀이 된다.97)

모든 것 되기, 하나의 세계를 생성으로 만들기란 곧 하나의 세계 또는 여러 세계를 만들기이며, 다시 말해 근접성의 지대와 식별 불가능성의 지대를 찾기이고 일관성의 평면에 이르기이다.98) 요컨대 궁극의 되기는 지각불

---

96) 들뢰즈/가타리, 김재인 역, 『천 개의 고원』, 새물결, 2003, 301-302쪽; Deleuze/Guattari (1987), p.157.
97) 들뢰즈/가타리, 김재인 역, 『천 개의 고원』, 새물결, 2003, 530-531쪽 참조; Deleuze/Guattari(1987), p.280.
98) 들뢰즈/가타리, 김재인 역, 『천 개의 고원』, 새물결, 2003, 531쪽; Deleuze/Guattari

가능한 것-되기 혹은 모든 것-되기이고, 이것은 결국 종국의 지대인 일관성의 평면에 이르기가 된다. 이 평면에 이르러 모든 것-되기가 가능해지고, 그 순간 하나의 세계를 생성시키는 것이다.

그런데 여기에서 들뢰즈/가타리는 혼란을 드러내는 것 같다. 동물-되기에서도 근접성의 지대와 일관성의 평면이 전제되어 경험됨에도 불구하고 왜 동물-되기는 보다 궁극적인 되기, 즉 지각불가능한 것-되기 혹은 모든 것-되기를 향한 과정에 불과한지, 그리고 이 궁극의 되기가 곧 일관성의 평면과 하나의 연속체를 이루는 상태라고 한다면 일관성의 평면은 곧 동물-되기에서 전제되고 경험되는 동시에 되기가 궁극적으로 이르러야 할 지대이다. 이 부분에 대해서는 Ⅴ장에서 다시 다룰 예정이다. 다음으로는 동물-되기의 주체들에게서 드러나는 되기의 결과들을 살펴보면서 그 되기들이 다양한 수직적 차이를 드러낸다는 사실을 보이고자 한다.

(1987), p.280.

Ⅱ장

동물-되기의 다양성

윌라드의 쥐-되기

들뢰즈/가타리는 『천 개의 고원』 제10고원에서 다양한 동물-되기의 사례들을 소개하고 있다. 우선 윌라드의 쥐-되기에 대해서 살펴보면 다음과 같다.

들뢰즈/가타리는 『천 개의 고원』 제10고원의 서두에서 영화 〈윌라드(Willard)〉(1972년, Daniel Mann 감독)를 소개한다. 들뢰즈/가타리는 이 영화에 동물-되기의 모든 것이 있다고 언급한다. 우선 이 영화에는 가족이나 직업, 부부관계 같은 거대한 힘들을 잠식하는 쥐들이 있고, 무리의 증식에 의한 쥐들의 분자-되기가 있으며,[1] 벤이라는 특별한 능력을 가진 유별난 쥐가 등장한다. 그리고 윌라드는 쥐와 묵시적인 계약 내지 연대를 맺으며, 그들의 힘을 빌려 집을 빼앗으려는 실업가를 죽인다. 일종의 쥐와 사람의 연합에 의해 전쟁 기계 내지 범죄기계를 구성한 셈이다.[2] 쥐와 인간은

---

[1] 분자-되기란 곧 생명체를 본질, 즉 종을 넘어 개체군으로 보는 것이고, 나아가 개체군으로 통계처리를 할 수 없는 '분자'의 차원에서 봄을 뜻한다.

[2] 여기서 기계는 도구 개념과는 다르다. "도구는 전체의 기능적 종합에 의하여 작동하고, 기계는 하나의 전체 속에서 실제적인 구별에 의하여 작동한다. 어떤 것과 더불어 부품이 된다는 것은 자기를 연장하고 투사하는 것, 혹은 자기를 대체하는 것과는 아주 다른 것이다. 즉, 도구는 자신의 신체의 연장으로 자신의 목적을 투사할 수 있으므로 어떻게 사용하

언어를 동반하지 않는 감응으로 자신의 의사를 표현하며 상대방의 의사를 감지한다. 이러한 요소들을 통해 윌라드는 쥐-되기에 성공한다.

동물-되기, 그것은 닮음(=유사성)을 겪는 것으로는 만족하지 않는다. 닮음은 동물-되기에서는 오히려 장애물이나 정지가 될 뿐이다. 윌라드가 쥐-되기에 성공한 것은 쥐의 모양이나 행동을 흉내내거나 따라하는 것이 아니라 벤과 윌라드가 서로 촉발·감응하면서 새로운 관계를 구성한 것에서 비롯된 것이다. 즉 윌라드는 벤을 통해서 다른 종류의 삶을 향해 자신을 변용시킴으로써 쥐-되기에 이를 수 있었던 것이다. 물론 윌라드의 어머니가 개와 '닮았고', 쥐를 '닮은' 여자와 결혼하려 하였지만, 이러한 닮음의 형식은 동물과 더불어 서로가 변용되는 동물-되기와는 관계가 없다. 윌라드는 쥐를 통해 통상적인 인간의 삶에서 벗어나는 출구를 찾으며, 가족이나 직장과 같은 정상적인(오이디푸스적인) 관계에서 탈영역화된 삶의 가능성을 발견한다. 그러나 젊은 여인과 다시 오이디푸스화를 꿈꾸던 날 윌라드의 쥐-되기는 중단되지만, 벤은 여자를 몰아내고 다시 동물-되기로 윌라드를 유혹하며, 그는 쥐들과 죽음이 기다리는 동물-되기의 선(line)을 다시 따라가게 된다.

여기서 윌라드의 쥐-되기가 성공할 수 있었던 것은 쥐를 통해서 다른 종류의 삶을 향해 자신을 변용시킴으로써 가능했던 것이지 쥐를 사랑하고 귀여워해서 그렇게 된 것이 아니다. 동물-되기란 애완동물을 기르며 생기는 감정(sentiment)과는 다른, 동물의 감응(affect)과 인간의 감응이 섞이며 서로를 변용하는 그런 것이다.

느냐에 따라서 달라질 수 있지만, 기계는 한번 그것의 피드백 안으로 들어가면 배치를 바꾸지 못하는 한 기계의 반복적 작동에서 벗어날 수 없는 것이다." 즉 도구는 사용이 문제지만 기계는 배치가 문제다. 들뢰즈/가타리, 최명관 역, 『앙티 오이디푸스』, 서울: 민음사, 2000, 562쪽.

한편 윌라드는 쥐들과 독특한 감응으로 쥐-되기에 성공하는데 이때 윌라드의 심리는 어떤 상태일까? 1972년 영화 〈윌라드〉[3]를 리메이크한 2003년의 영화를 보면 이 영화의 주인공 윌라드(크리스핀 글로버 분)는 아버지가 돌아가신 후 회사를 아버지의 동업자에게 빼앗기고, 병든 노모와 단 둘이 살고 있다. 윌라드는 성격도 지나치게 소심하여 제대로 된 친구 하나 없이 혼자만의 세계에 빠져 외롭게 살아간다. 윌라드는 소심하고 고독한 평범한 사무원으로 친구도 없고 얘기할 상대도 없다. 그의 어머니 또한 그를 마치 아기 다루듯 한다. 그래서인지 그는 우연히 얻은 한 쌍의 쥐에게 깊은 애정을 보인다. 그는 이들에게 각기 벤과 소크라테스라는 이름을 지어 주고 극진히 돌보면서 인간과 쥐 간에 감응이 일어난다. 윌라드는 자신의 집을 빼앗으려는 실업가를 죽이기 위해 벤과 소크라테스에게 살인술을 가르친다. 이때 윌라드는 마치 사이코패스(psychopass)처럼 보인다.

    윌라드 : 배 터지게 먹거라. 소크라테스, 이제…어서 찢어! 찢어! 찢어! …(중략)…
    윌라드 : 맙소사 크다 크구나! 빅 벤. 소크라테스, 벤! 아름다운 우정이 시작되는 것 같다. 찢어! 찢어! 찢어! 좋아 여기 좋은 연습할 게 있다. 빨리 빨리 아주 좋아. 올라가 찢어! 거기로 내려가. 좋아. 내려가, 내려가. 찢어! 들어가! 멈춰! 나와! …(중략)…
    윌라드 : 소크라테스를 죽였어! 소크라테스가 대체 누군데? 내 단 하나의 친구! …(중략)…
    윌라드 : 아..아! 왜 그래 타이거 조금 피 좀 본 거 갖고? 아, 오! 오! 아 물어 뜯어라! 찢어 발겨! 그동안 왕따 시킨 원수에게 통쾌한 복수를 할 차례! 마틴, 잘 봐둬 내말 한마디면 넌 끝장이야! …(중략)…

---

[3] 1972년 원작 〈윌라드〉를 리메이크하여 2003년 다시 상영했음. 우리나라에는 상영되지 않았으나 미국에서는 속편이 나왔을 정도로 유명한 영화라고 한다. 『천 개의 고원』에서는 1972년 영화를 간략하게 소개만 하고 있어 윌라드의 의식 상태를 알 길이 없다. 따라서 2003년 리메이크 작을 참고로 했다.

캐서린 : 윌라드, 캐서린이예요! 하루 종일 전화했어요. 소식 들었어요? 마틴이 죽었어요. 사무실에서 전화했는데. 세부적인 게 좀 이상해요. 살해당했다느니 동물한테 당했다느니 하는 이야기들이 …(하략)…4)

윌라드는 쥐떼들을 동원해 자신의 상사인 마틴을 물어뜯어 죽이기까지 하는데 여기서 윌라드의 행동 양상들은 매우 극단적이다. 윌라드는 벤이라는 쥐, 소크라테스라는 쥐와 감응하여 쥐-되기에 성공하지만 쥐-인간이 된 윌라드의 정신 상태는 미성숙된 어린아이로 퇴행해 버린다. 윌라드는 쥐-인간이 된 후 자신의 집을 빼앗으려는 상사인 마틴에게 더욱더 복수심을 불태우게 되고, 벤과 소크라테스라는 쥐에게 마틴을 죽이도록 훈련을 시킨다. 윌라드는 쥐와 감응하면서 감정과 정서가 새롭게 출현하고 그것은 지옥과도 같이 끔찍한 고통으로 이어진다. 윌라드는 쥐-되기에 성공했지만 세계를 그 자신의 연장(자기애적 징후)으로 취급하거나 세상에 의해 지속적으로 침해당하거나 괴롭힘을 당하는 상태(경계선 징후)를 보인다. 그래서 매일 자신에게 수모를 주고, 자신의 집을 빼앗으려는 사장(마틴)을 벤을 시켜 죽여 버린다.5)

꼬마 한스의 말-되기

다음은 프로이트의 환자 꼬마 한스의 경우이다. 꼬마 한스는 프로이트의

---

4) Mogan, G., 감독, 〈Willard〉, warnerbros, film, 2003.
5) 『영화와 심리학』에서 웨딩, 보이드, 니믹은 윌라드를 분열성 성격장애 환자로 보고 있다. "윌라드는 사회적으로 부적응적인 분열성 성격장애 환자이다. 분열성(schizoid) 성격장애를 지닌 사람은 친밀한 대인관계에 거의 관심이 없고 이러한 관계를 회피한다. 그들은 가족과 사회, 또는 가치관에 있어서 유대가 결여된 외로운 사람으로 일컬어진다." 대니 웨딩 외, 곽호완 외 역, 『영화와 심리학』, 서울: 학지사, 2012, 191-192쪽.

환자이다. 그는 유달리 말을 무서워했고, 프로이트는 근친상간적 욕망과 그에 따른 처벌, 즉 아버지의 거세 공포가 성기를 연상시키는 말에 대한 두려움으로 나타난 것이라고 분석했다.

프로이트의 설명에 따르면 꼬마 한스의 말과 관련된 공포증은 먼저 말들과 마차와 연관되었다가 말들이 쓰러지는 것과 말들이 무는 것에 연관되었고 특별한 모양의 말들과 무겁게 짐을 실은 마차들과 연관되었다. 그에 따르면 이것은 말에 투사되어 나타난 오이디푸스 콤플렉스로 사건의 배후에는 고추가 큰 말과 아버지를 동일시하면서 아버지가 죽었으면 하고 생각하는 신경증적인 무의식이 존재한다는 것이다.[6]

들뢰즈/가타리는 『천 개의 고원』에서 꼬마 한스의 경우를 오이디푸스 삼각형에 가두어 이해하는 정신분석에 반대한다. 꼬마 한스와 말의 관계는 환상이나 주관적 몽상의 관계가 아니라 감응의 문제이다. 한스와 말은 '주체들'이 아니라 복잡한 배치들에서의 '사건들'로 화한다.[7]

한스는 거리와 인접한 집, 건너편의 창고와 넓은 마당, 거리를 건너고자 함, 거리의 위험들, 엄마의 포근한 침대와 부계적 요소라는 배치 속에 놓여 있으며, 한스의 말은 단순히 그 종의 한 성원으로서 말-되기에 관여하는 것이 아니라 거리에서 수레를 끎, 두 눈이 눈가리개로 가려져 있음, 고삐와 재갈이 물려져 있음, 무거운 짐을 싣고 있음 등의 배치와 연관되어 있다. 한스의 말-되기는 이러한 각자의 배치 상태, 곧 조건과 상황에 놓여 있는 되기의 두 항 사이에서 구성된다. 한스의 말-되기는 그 구성 과정에서 새로운 배치 속에 놓인다.

---

6) 프로이트, 김재혁·권세훈 옮김, 『꼬마한스와 도라』, 파주:열린책들, 2004, 69쪽 참조.
7) 들뢰즈/가타리, 김재인 역, 『천 개의 고원』, 새물결, 2003, 488-489쪽 참조; Deleuze/Guattari(1987), pp.257-258.

네 살의 한스는 어느 날 거리에서 무거운 짐이나 승합차를 끄는 말과 그 말이 힘에 겨워 쓰러져 다리를 버둥거리거나 채찍질을 당하여 고통스러워하는 것을 보게 된다. 한스는 새롭게 편입된 이러한 배치 속에서 말의 고통에 대면하게 되고 두려움에 휩싸인다. 새로운 배치 속에 놓인 말이 발산하는 운동과 힘의 상태에 감응되어 한스 자신의 신체와 감각에 어떤 변화가 일어난 것이다. 다시 말해 한스는 말이 되어 재갈과 짐수레에 대한 말의 감응을 갖게 된 것이다. 그래서 자기가 누워서 버둥대는 상황을, 말이 누워서 버둥대는 상황이라고 말하기도 한다. 그것은 한스가 대단히 두려워하는 상황이기도 한데 이는 한스가 말-되기 속으로 들어갔음을 보여주는 징표들이다. 또한 한스가 화장실의 여린 물소리는 싫어하면서 세찬 물소리는 말의 오줌 소리 같아서 좋아한다든지, 검은 속옷을 보고 침을 뱉는다든지 하는 행위들은 자기가 스스로 말로서 느끼는 공포와 고통이라고 볼 수 있다.

한스 : 사실 말 중에서 입에다 뭔가를 단 말이 가장 무서워. …(중략)… 가구 운반용 마차도 정말 무서워. …(중략)… 말들이 무거운 가구 운반 마차를 끌다가 꼭 쓰러질 것 같아서 그래.
프로이트 : 그러니까 너는 조그만 마차는 무서워하지 않는구나?
한스 : 응. 난 조그만 마차나 우편 마차 따위는 무섭지 않아. 승합 마차가 와도 나는 무서워.
프로이트 : 왜, 승합 마차가 크기 때문에 그러니?
한스 : 아니, 예전에 내가 그런 승합 마차를 끌던 말이 쓰러지는 것을 본 적이 있거든. …(중략)…
한스 : 말이 두 발로 이렇게 했거든(그는 바닥에 드러눕더니 내게 두 발을 마구 버둥거리는 모습을 보여 주었다), 그 말이 두 발을 버둥거렸기 때문에 나는 놀란 거야.[8]

---

8) 프로이트, 김재혁, 권세훈 옮김, 『꼬마한스와 도라』, 파주:열린책들, 2004, 65-68쪽 참조.

프로이트에 따르면 꼬마 한스는 엄마가 마치 짐을 잔뜩 실은 마차와 같은 모습이 되는 것과 말이 넘어져서 두 발을 버둥거리게 될까봐 무서워했다. 이것은 동생이 태어나는 것을 두려워함을 의미한다. 한스는 엄마의 사랑과 관심이 동생에게로 쏠려 있음을 체감하면서 동생에 대한 질투심과 적대감이 일어나고, 자신의 존재 기반인 엄마의 사랑을 잃어버릴지도 모른다는 심각한 문제로 고민하게 되었다는 것이다. 즉 꼬마 한스는 이자관계를 맺는 세상에서 어머니와 평화로운 사랑을 누리다가 경쟁자가 존재하는 다양한 정서적인 경험의 세계로 진입하는 과정에서 허약한 자기의 구조적인 결함으로 인해 공포증을 경험하게 된 것이라고 보고 있다. 꼬마 한스의 말 공포증의 뿌리는 오이디푸스기의 양가감정과 삼각관계에 있다.

한편 가타리는 들뢰즈와 함께 무의식 분석을 시도하면서, 우선 정신분석이 아버지를 중심으로, 오이디푸스 삼각형을 중심으로 분석하는 것을 비판한다.[9] 정신분석은 모든 사회적 관계를 가족주의로 재구성해 낸다. 어떤 사람이 사과를 팔든, 무기를 팔든 그 사람은 똑같은 아버지로 설정되어 있다. 그렇기 때문에 사회적 관계에서 어떤 행위를 하든지 아버지, 어머니, 아이로서의 역할을 배분받고 분석과정에 참여하게 된다. 모든 사회적 문제는 가족에서부터 출발하고, 가족으로부터 귀결된다는 것이 정신분석이 갖고 있는 메시지이다. 문제는 가족을 벗어나서 발생할 수 없으며, 가족 이외의 차원의 문제는 선별되어 사라져 버린다. 그렇기 때문에 분석에 참여하는 사람들은 유아기로 퇴행하여 무력화한 상황에서 분석을 진행하며, 가족무의식이 주는 발생론적 원인이 문제라는 비가역적 시간을 가역적으로 만드는 조치에 동참한다. 이러한 정신분석이 주는 교훈은 유아기 때의 트라우마

---

9) 펠릭스 가타리, 윤수종 역, 『기계적 무의식』, 서울: 푸른숲, 2003, 8쪽.

(trauma)가 성인이 되고 사회적 성과 속에서 사회적 실천을 하고 있는 사람에게 여전히 작동하는 것으로 재해석된다. 그러나 현실에서 벌어지는 사실들에 대해 정신분석은 침묵한다. 정신분석에는 사장님의 가방 속에 든 전표와 같은 인생을 살고 있는 월급쟁이의 무의식은 존재하지 않으며, 막 자본주의 체제를 거부하겠다고 결심한 투사의 무의식은 정신분석에서는 논외로 치부된다.[10]

가타리에 의하면 프로이트의 가족주의는 사회적 현실을 마술적으로 부인하고 현실적 흐름과의 모든 접속을 피하는 것을 의미한다. 가능한 것으로 남아있는 것은 꿈, 부부-가족 체계의 폐쇄된 지옥, 또는 격렬한 위기의 순간에서조차 혼자 돌아가야 할 약간 오줌에 젖은 작은 영토이다. 가족적 표상에 이르기 위해서는 주체에게 퇴행을 요구한다. 퇴행은 실제 어린 시절의 특정한 무력화된 표상, 기억과 신화로서의 어린 시절, 피난처로서의 어린 시절, 긍정적으로 어린 시절인 것과는 아무런 관계가 없다.[11] 결국 가족주의는 현재의 강밀도를 부정하는 것으로서의 어린 시절을 의미하며, 한스에게 자신의 어린 시절을 재발견하게 되는 퇴행을 통해 본질적으로 가족적 표상으로 환원될 뿐이다.

들뢰즈/가타리는 '블록'이라는 개념을 통해서 어린 시절의 감수성이 하나의 지각형태로 유지되고 있는 점에 대해서는 승인하지만, 그것이 가족무의식의 역할 때문이라는 설명방식에 대해서는 반대한다. 블록은 유년기 콤플렉스의 문제가 아니라, 가장 다양한 지각체계에서 작동하기 쉬운 강밀도 체계에 대한 결정화에 대한 문제이다. 오히려 감성블록은 실험, 놀이, 모험,

---

10) 신승철, 「가타리의 분열분석과 미시정치」, 동국대학교대학원 박사학위논문, 2010, 95쪽.
11) 펠릭스 가타리, 윤수종 역, 『분자혁명』, 서울: 푸른숲, 1998, 149-150쪽.

게임, 체험 등에서 유래되는 지각작용이라고 볼 수 있으며, 그렇기 때문에 어린 시절 동안의 실천적 감수성의 영역이라고 할 수 있다. 모험을 꿈꾸는 아이들에게는 감성블록이 있으며, 가족에게로 돌아가라는 메시지는 이 아이들에게 설득력을 갖기 어렵다. 정신분석의 가족무의식은 라캉의 설명대로 아버지의 세상으로 표상되는 상징계로의 진입을 목표로 하는 것이다. 해석, 전이, 가족주의라는 방법을 갖고 있는 정신분석은 결국 집단적 흐름과 배치의 양상으로 나타나는 욕망의 흐름을 설명할 수 없으며, 사회적·역사적 무의식의 의미를 축소하고 환원하는 방식이라고 할 수 있다.[12]

한스는 엄마의 침대, 부계적 요소, 집, 건너편 카페, 이웃한 창고, 거리, 거리로 갈 수 있는 권리, 이 권리의 획득, 긍지, 그러나 이와 동시에 이 획득에 따르는 위험들, 떨어짐, 창피 등의 배치물 속에 잡혀 있다. 이것은 환상이나 주관적 몽상이 아니다. 문제는 말을 모방하기, 말을 '흉내내기', 말과의 표면적인 동일시되기 따위가 아니며 연민이나 동정의 감정을 느끼는 것조차도 아니다. 배치물들 간의 객관적 유비도 중요하지 않다. 문제는 한스가 형태나 주체와는 무관하게, 자신을 말이 되게 해주는 운동과 정지의 관계들, 변용태들을 자기 자신의 요소들에 부여할 수 있는지 여부를 아는 것이다. 즉 한스의 말-되기는 특정한 배치 속의 한스가 역시 특정한 배치 속에 놓여 있는 말과 관계하여 새로운 배치를 형성함으로써 한스의 물질적 신체의 운동과 정지의 상태들, 그리고 이 상태들이 내포하는 힘과 강밀도(intensity)에 의해 형성되는 감응들을 한스 자신에게 부여할 경우에 실현된다.

들뢰즈/가타리는 한스와 말 사이에 새롭게 구성된 이러한 속도들과 그

---

[12] 신승철, 앞의 논문, 96-97쪽 참조.

힘(power)이 만들어내는 감응들을 '신체의 경도와 위도'라는 개념으로 설명한다. 앞에서도 설명했듯이 들뢰즈는 스피노자를 따라 '개체'(individual)를 더 이상 나눌 수 없는 것이 아니라 하나의 개체는 그 개체를 이루고 있는 다른 요소들로 분해가 가능한 것으로 보았다. 즉 하나의 개체는 얼마든지 다른 개체로 변화될 수 있다는 것을 의미한다. 또한 이러한 개체들은 운동과 정지, 빠름과 느림의 관계 속에 있는데 들뢰즈는 이를 신체의 경도(longitude)라고 말한다. 그런데 신체가 운동과 정지의 관계 속에서 다르게 변화하기 위해서는 신체의 적절한 능력의 변이(기존의 관계에서 벗어나 자신을 새로운 신체의 리듬 속에서 조직할 수 있는 능력)가 필요한데 그것이 들뢰즈가 말하는 신체의 위도(latitude)이다. 우리의 신체는 이 위도와 경도로, 심지어 스피노자적 의미에서는 자연 자체가 신체적 위도와 경도로 이루어져 있다는 것이다. 즉 개체는 신체가 구성하는 힘들의 관계와, 신체의 가능한 능력인 힘(power)을 특징적으로 규정하는 감응에 의해 정의된다. 신체는 다른 동물들에 감응하고 스스로의 특이성들과 강밀도들의 장, 즉 '기'(氣)를 변화시켜 자신의 존재 여건을 자발적으로 바꾸어가는 존재이다. 감응하는 신체의 감각은 식별 불가능 또는 지각불가능의 지대를 통과한다. 따라서 우리의 신체는 기관의 변화 없이도 우리 몸속에 있는 신체의 가장 기본이 되는 힘의 특이성의 배치를 달리해서 변화될 수 있다.

  예를 들어 쥐가 된다는 것은 쥐가 아닌 것이 쥐가 된다는 것이다. 쥐가 쥐가 될 순 없다. 그러나 '되기'는 확정된 동일성을 가질 수는 없다. 어느 하나의 정해진 점, 고정된 상태가 아니라 중간의 어딘가에서 끊임없이 변화하며 이동할 수 있기 때문에 쥐로 변하지 않더라도 충분히 쥐의 힘으로 몸을 바꿀 수 있다. 즉 누군가가 쥐가 된다는 것은 사람과 쥐 사이의 어딘가를 통과하고 있는 것이다. 사람의 신체와 쥐의 신체, 사람의 동작과 쥐의 동작, 사람의 신체적 강밀도의 분포와 쥐의 신체적 강밀도의 분포 사이에서, 양자가 섞이면서 만들어지는 어떤 분포의 지대를 통과하면서 그 둘을 섞어서 무언가 다른 활동을 만들어내는 것이다.

또한 되기는 인간의 체험된 공감이나 상상적인 동일시가 아니다. 되기는 신체의 위도와 경도를 통해 다른 사람이나 동물 등의 신체에 무한히 가까워지는 것, 그 대상과 자신의 식별 불가능한 지대에 도달하는 것이다. 즉 "다른 무언가가 된다는 것은 욕망이 이끄는 방향으로 강밀도가 변화하면서 하나의 문턱을 넘는 것이다. '되기'는 이 문턱을 넘는 것을 의미하는 것이다."13) 쥐가 된다는 것은 인간의 문턱을 넘어 쥐의 문턱에 다가가는 것이다. 욕망을 바꾸는 것인 동시에 그와 결부하여 힘과 속도를 바꾸고 만들어내면 다른 무엇도 될 수 있다.

가타리는 꼬마 한스의 경우 가족주의적이고 정신분석적인 변형으로부터 벗어나기 위한 어린이의 필사의 노력을 읽어낸다. 꼬마 한스의 경우 공포증은 정신병리학적인 결과로서가 아니라, 가족 영토→부모의 부부침대의 영토→엄마의 안면성→팔루스적 권력의 대상→무의식적 환상의 기계적 영토성 위에서 벗어나기 위한 것이라고 언급한다.14) 즉 정신분석은 꼬마 한스의 경우 신경증적 정신병리의 결과로 공포증이 발생한 것으로 머무는 데 반해, 들뢰즈/가타리는 가족주의적인 문제해결책으로부터 벗어나 새로운 욕망의 흐름으로 나아갈 수 있는 사회적 관계망과의 접속의 문제와 이를 좌절시키는 다양한 배치의 문제가 잠재되어 있는 것으로 보고 있는 것이다.

꼬마 한스가 말-되기에 집착하는 것은 무의식의 탈주로를 이미 형성하고

---

13) 이진경, 『노마디즘 2』, 서울: 휴머니스트, 2003, 37쪽.
14) 가타리, 윤수종 역, 『기계적 무의식』, 서울: 푸른숲, 2003, 211-212쪽.

있다는 의미이며, 그런 점에서 욕망의 탈영토화라는 변용의 능력은 가족무의식이나 금지라는 거세 콤플렉스에 가두어지는 것이 아니라, 다양한 되기를 통해서 그 내부에서 탈주로를 형성하는 것이다. 꼬마 한스에게 공포증이 발생한 것은 한스가 다른 또래 아이들을 만날 수 없을 경우에 가족들과 같이 있으면서 갖게 되는 무의식에서 비롯된 것이다. 그러므로 가장 직접적인 탈주로는 가족의 집이라는 구역에서 벗어나 유기적 신체-되기를 거쳐 사회적 신체-되기인 또래 아이들과 어울리는 노선으로 향하는 화살표라고 할 수 있다.15) 그럼에도 불구하고 가족무의식의 화살표 방향을 관통한다할지라도 탈영토화의 축적을 통해 다양한 변용, 즉 되기의 욕망의 힘은 축적되고 강렬해진다. 그렇기 때문에 그 강밀도가 탈주로를 만들지 못하는 경우에 공포증 대상으로 향하게 되는 것이다. 그러므로 무의식적 환상의 영토성의 수준에서 벌어지고 있는 말과 마차에 대한 공포증에 대한 탈주로는 꼬마 한스 자신의 말-되기 등의 놀이에서 보인다.

> 얼마 전부터 한스는 방에서 말놀이를 하면서 이리저리 뛰어다니다가 쓰러져서는 두 다리를 버둥대며 말 울음소리를 흉내냈다. 한 번은 몸에다 조그만 자루를 마치 여물 주머니처럼 묶은 적이 있었다. 그는 자꾸만 나를 향해 달려들면서 나를 깨물었다.16)

프로이트는 한스가 행하는 말-되기 놀이를 그의 소망적 차원에서 행해지는 것으로 보고 있다. 한스가 말이 되어 아버지를 물고, 또 그렇게 함으로써

---

15) 가타리, 윤수종 역, 『기계적 무의식』, 서울: 푸른숲, 2003, 212쪽 도표 참조. 꼬마 한스의 경우에는 아이가 가족으로부터 포위되어 병리적 상태에 빠지는 것이 아니라, 하루 속히 또래집단, 사회집단, 놀이집단과의 접촉을 통해서 가족의 예속으로부터 자유로워질 필요가 있는 것이다. 신승철, 앞의 논문, 209-212쪽 참조.
16) 프로이트, 김재혁, 권세훈 옮김, 『꼬마한스와 도라』, 파주:열린책들, 2004, 69쪽.

한스는 자신을 아버지와 동일시하는 것이라고 말한다. 그러나 한스는 이미 말-되기 속으로 들어가 말과 감응되어 특이한 감응 상태들을 드러낸 것이다. 이미 한스는 말과 구분불가능한 특성을 내포하고, 말과 새롭게 조성된 배치 속에서 말-되기에 이른 것이다.

그러나 피아제(J. Piaget)의 인지발달이론에 따르면 한스는 세 번째 단계인 구체적 조작기에 해당되는데 이 시기의 아동들은 구체적인 대상, 행동 및 경험에 대해 체계적이고 논리적인 사고를 하는 것이 가능하기 시작하며 그 적용범위는 구체적인 관념에 국한된다. 반면에 추상적인 문제나 과제에 대한 조작적 사고는 하지 못하며, 이러한 사고능력은 피아제 인지발달이론의 마지막 네 번째 단계인 형식적 조작기(약 11~12세 이후)에 가서야 가능해진다. 특히 구체적 조작기의 아동은 애니미즘적 사고를 하는데 이는 세상의 만물이 자기 자신처럼 생명이 있다고 생각하는 것이다. 다시 말해서 한스는 말이 자기 자신처럼 생각되고 말의 고통을 자신의 고통으로 느끼고 있는 것이다.

한스 같은 구체적 조작기의 아동은 상상력이 발달하는 시기로 귀신 같은 것이 공포의 대상으로 나타난다. 한스의 증상은 흰 말이 그를 물지도 모른다는 구체적 공포를 표명함으로써 공포증으로 실현되고 있다. 광장을 건너는 일에 느끼는 두려움을 고려하면 광장 공포증의 일종으로 생각할 수도 있지만, 공포가 말에 집중되는 점을 고려할 때 이미 한스는 말-되기 속으로 말려들어가 말과 동화되고 있는 듯하다. 더욱이 한스가 공포를 느끼는 대상은 보다 확장되고 구체화되어 마차들, 무거운 짐을 싣고 있는 마차들, 그리고 그것을 끌고 있는 육중한 말들을 가리키게 되었다. 한스는 말들이 넘어질까 봐 두렵다고 말했다.

또한 한스는 승합마차나 짐마차를 무서워하지만 그렇지 않을 때에는 무서워하지 않는다. 또 두 마리 말이 끄는 마차는 사람들이 가득 타고 있어도 무섭지 않다고 말한다. 이것으로 미루어 보아 한스는 이미 추상적이고 이성적인 사고를 하고 있고 점차 말-되기 상태의 두려움으로부터 벗어날 것이다. 들뢰즈/가타리는 한스의 말-되기를 악마적 세력들의 비인간성에 대해 응수하는 동물-되기의 '하위-인간성'으로 이해할 수 있다고 말하고 있으나,17) '하위-인간성'의 의미가 구체적으로 무엇인지는 논의되지 않고 있다.

그레고르 잠자의 갑충-되기

『변신』에서는 실재적인 갑충-되기가 일어난다. 소설은 어느 날 아침 주인공 그레고르 잠자가 불안한 꿈에서 깨어나면서 자신이 커다란 갑충으로 변해 있음을 발견하는 데서 시작한다. 이어 주인공의 의식을 보여주는 독백과 체험 화법에서 독자들은 직업 활동에만 제한되어 있는 주인공의 삶과 내면 상태를 엿보게 된다. 우선 주인공은 자신의 변신이 꿈이 아니라는 것을 알아차리지만, 그렇다고 변신은 그에게 일상성을 완전히 파괴한 사건으로도 경험되지 않는다. 그는 갑충이 되어 있는 자신의 모습을 자세히 볼 수 있을 뿐 아니라 얼마 전 화보 잡지에서 오려내 액자에 끼운 모피 목도리를 두른 한 여자의 초상화를 인지하고, 아울러 몸을 움직여 보면서 갑충으로 변해 있는 자신의 상태를 확인한다.

---

17) 이로써 그들 역시 동물-되기의 수준들에 대한 구분의 여지를 허용한다. 들뢰즈/가타리, 이진경 역, 『카프카, 소수적인 문학을 위하여』, 서울: 동문선, 2001, 36쪽; Deleuze/Guattari (1986), p.12.

그는 장갑차처럼 딱딱한 등을 대고 벌렁 누워 있었는데, 고개를 약간 들자, 활 모양의 각질(角質)로 나뉘어진 불룩한 갈색 배가 보였고, 그 위에 이불이 금방 미끄러져 떨어질 듯 간신히 걸려 있었다. 그의 다른 부분의 크기와 비교해 볼 때 형편없이 가느다란 여러 개의 다리가 눈앞에 맥없이 허우적거리고 있었다.[18]

부모의 빚을 떠맡은 고달픈 외판사원 그레고르 잠자, 그런 그가 갑충이 된다는 것은 모든 배치가 달라짐을 의미한다. 갑충이 되는 배치에 들어섬으로써 그레고르는 오이디푸스적인 가족-삼각형의 배치나 더 이상 영업을 하지 않아도 되는 상업적 삼각형의 배치에 속하지 않게 된다. 그레고르 잠자가 갑충이 될 수밖에 없었던 이유는 무엇일까? 거대한 시스템이다. 실체가 없는 시스템, 자신을 소리 없이 옥죄는 시스템을 빠져나와 출구를 찾아야 했다. 배치의 전환. 그런데 이러한 배치의 전환은 기존하는 삼각형들을 그대로 두고 갑충-되기의 배치로 넘어간다는 것을 의미하지 않는다. 그것은 갑충-되기의 배치가 가족-삼각형의 배치나 상업적 삼각형의 배치를 바꾸고 변환시키면서 동시적으로 형성된다는 것을 뜻한다.

그레고르 잠자는 갑충이 되자마자 어머니 대신, 열일곱 살이 된 어린 누이와 더욱 가까워지면서 오이디푸스적 근친상간이 아니라 분열적인 근친상간의 관계를 맺으며 오이디푸스 삼각형을 파괴한다. 그레고르는 "그녀의 어깨까지 (단단한 마디들로 나누어진) 몸을 일으키고 그녀의 목에 키스할 것이다." 직장에 다닌 후부터는 "리본이나 칼라도 없이" 드러낸 누이의 희고 긴 목에 말이다. 또한 갑충-되기는 상업적 삼각형도 파괴해버린다. 누이의 연주에 이끌려 그만 거실로 나와 버린 그레고르는 하숙인의 눈에 띄게 되고 하숙인은 그 즉시 하숙비 환불과 배상을 청구하며 나서기 때문이다.[19]

---

[18] 카프카, 전영애 역, 『변신·시골의사』, 서울: 민음사, 2007, 9쪽.
[19] 고미숙 외, 『들뢰즈와 문학-기계』, 서울: 소명출판, 2004, 376쪽.

"익사하지 않도록 가능한 한 머리를 높이 쳐들고 있는 것, 단지 그것이 문제다. 그것이 얼마나 어려운 일인지, 그것이 어떤 힘들을 나한테서 뺏어 가야만 하는지는"[20] 카프카의 동물들도 그의 소설 속에서 늘 고개를 쳐든다. 그것이 비록 뒷걸음질 치더라도 가파른 비탈을 기어오르고 있으므로 절망할 필요 없이 머리를 쳐든다. 어느 날 갑충이 되어버린 그레고르 잠자도 그러하고 『여가수 요제피네 혹은 서(鼠)씨 일족』에서 생쥐 여가수인 요제피네도 그러하다. 몸의 구조상 고개만 바로 쳐들 수 없는 그레고르 잠자는 누이의 목에 기어오른다. 요제피네 또한 그러하다. 나쁜 소식들이 그녀를 지치게 만들어 바닥으로 끌어내릴 때, 우뚝 일어서서 목을 곧게 펴고, 마치 천둥에 직면해 있는 목동처럼 자신이 이끄는 무리들을 둘러보려고 애쓴다.

　인간을 구속하는 주된 지층들은 유기체, 의미생성과 해석, 주체화와 예속이다. 이 지층들이 모두 함께 우리를 추상적인 기계로부터 분리시킨다. 도주선이 자신의 고유한 잠재적 긍정성을 발휘하고 탈영토화가 자신의 절대적 역량을 발휘한다. 따라서 가장 적당한 배치물을 뒤집어주는 것이다. 스케노포이에테스 덴티로스트리스라는 피리새가 매일 아침 가지에서 따낸 나뭇잎을 떨어뜨린 다음 색이 흐린 안쪽을 위로 뒤집어 땅과 대조되게 만들어 색채로 자신만의 리토르넬로를 만들듯 판을 뒤집지 않으면 기관 없는 신체로 향할 수 없다. 탈지층화하여 리좀적인 기능 위에 자신을 개방시켜야 한다. 그래서 의식이 스스로의 분신이 되지 않게 만들고, 열정이 다른 이에 대한 분신이 되지 않게 만들어야 한다. 의식을 삶의 실험으로 만들고 열정을 연속된 강밀함의 장으로 만들어야 한다. 진정한 동물-되기는 망설이면서도 처음으로 고개를 들이밀기, 흰 벽을 뚫고 검은 구멍을 빠져나가기, 경직된

---

20) 카프카, 이유선 외 역, 『카프카의 일기』, 솔출판사, 111쪽.

선분을 벗어나기, 습관이 된 배치를 바꾸기, 그리하여 탈영토화하기이다.

　동물-되기는 문턱을 넘어서 긍정적 도주선을 설정하는 행위이다. 이곳에서는 모든 형식이나 의미체 그리고 기의나 기표가 해체되고 다만 비형식화되고 탈영토화된 흐름, 비기표적인 기호만 남게 되어 강밀도의 연속체로 돌입한다. 동물-되기는 이렇게 운동을 수행하는 것이다.

　카프카의 동물-되기는 욕망의 오이디푸스적 구도와 무관하다. 카프카는 아버지를 좋아하지 않았다. 그가 아버지를 싫어했던 것은 오이디푸스 콤플렉스가 아니었다. 왜냐하면 그는 어머니에 대해서도 분개했기 때문이다. 그녀는 아들보다는 늘 남편의 편을 들었던 것이다. 어머니는 그레고르 잠자가 갑충이 된 날 아침, 잠긴 방문을 쾅쾅 두드리는 지배인과 마찬가지로 아들에 대해서는 아무 것도 모르고 또한 알려고도 하지 않는 그런 존재일 뿐이다. 그럼에도 불구하고 동물-되기에 대한 오이디푸스적 해석은 계속 반복된다. 그러나 동물-되기는 이런 정신분석의 공식과 연결될 때 무의미해진다. "진정한 동물-되기는 언제나 '가족을 이룰 수 있는 오이디푸스적 동물'을 거부하면서 '가족, 직업, 부부관계와 같은 시민사회의 거대한 몰적인 힘들을 침식'하는 것으로부터 시작된다."21) 즉 카프카의 동물-되기는 은유 능력도 알레고리적 능력도 아닌, 변신의 능력을 보여준다. 카프카가 동물로 변신한 그레고르 잠자를 묘사할 때, 그는 문학이 다루는 존재들을 변용시키는 어떤 생성을 탐구하고 있는 것이며, 또 그만큼 『변신』은 카프카의 문체를 새롭게 변화시킨다. 이것은 상징주의나 상상적 동일시 혹은 구조의 상동성이 아닌, 다양한 예술의 문체, 내용과 형식을 변용시키는 실제적 변형이다.22)

---

21) 고미숙 외, 앞의 책, 2004, 379쪽.
22) 들뢰즈/가타리, 이진경 역, 『카프카, 소수적인 문학을 위하여』, 서울: 동문선, 2001,

『변신』에서는 금지된 무의식적 욕망과 허용된 욕망으로 이루어진 성(性) 담론, 경제적 생산능력과 무능력으로 이루어진 산업사회의 자본주의 담론, 인간애·사랑·희생·자연적 질서로서의 혈연공동체 등의 시민사회적 가치관에 근거한 가족주의 담론, 정상과 비정상으로 이루어진 의학적 담론과 인간학적 전제 없이 내던져진 존재로서의 실존주의 담론, 그리고 가언성과 불가언성 담론으로 이루어진 해석학적 담론들이 확인된다. 이러한 요소들 중 『변신』에서 중요하게 생각해야 할 또 하나의 요소는 가언성과 불가언성이다.[23]

갑충으로 변신한 그레고르 잠자는 인간의 감성과 이해능력을 갖고 있으나 '동물의 목소리'만을 낼 뿐인 존재로서 말을 할 수 있는 능력을 상실했다. 그 결과 그는 가언성의 담론에서 다시 한 번 제외된 비존재로서 말할 수 있는 권리와 또한 다른 사람으로부터 이해될 수 있는 권리를 박탈당한다. 가족과의 갈등이 최고조에 달했을 때 아버지 잠자 씨는 "저 애가 우리 말을 알아듣기라도 한다면"[24]하고 그레고르 잠자가 언어를 상실한 것을 한탄한다.[25] 그러나 카프카가 주목한 점은 여기에 있다. 카프카가 갑충으로 변신한 그레고르 잠자에게 인간의 감성과 인간의 언어를 이해할 수 있는 능력은 주었으나 더 이상 인간의 목소리를 내지 못하고 '쉿쉿'거리는 소리만을 낼 수 있게 한 것은 있는 그대로를 나타내는 방식을 취한 것으로 볼 수 있다. 카프카는 언어의 빈약성을 극복하기 위해 재영토화를 시도한 것이 아니라 탈영토화를 통해 그레고르가 갑충-되기에 성공할 수 있도록 이끈다.

40쪽 참조; Deleuze/Guattari(1987), p.14.
23) 이지은, 「카프카의 〈변신〉에 대한 하나의 새로운 해석」, 『독일문학』, 제81집, 한국독어독문학회, 2002, 124쪽 참조.
24) 카프카, 전영애 역, 『변신·시골의사』, 서울: 민음사, 2007, 70쪽.
25) 이지은, 위의 논문, 124쪽.

동물에 대한 카프카의 지대한 관심은 카프카의 자아와 관련성을 보인다. 갑충-되기로서의 그레고르 잠자의 모습은 자본주의적인 경쟁 사회에서 쫓기고 소외된 생존방식이 변신의 모습으로 각성되는 것이고 인간내면의 비인간적 속성이 드러나는 것이다. 동시에 작품의 말미에서 더 이상 아버지나 어머니, 누이동생이 아니라 잠자 씨, 잠자 부인, 잠자 양으로 표현되는 가족의 움직임은 외부세계의 생존방식으로서의 삶이 궁극적인 승리를 차지한다는 강한 암시라고 할 수 있을 것이다.

다시 말하면 그레고르 잠자가 삶과 죽음의 공존하는 생을 체험하는 순간, 카프카 자신의 일상 역시 되기를 통해서 이미 변화되기 시작한다. 이러한 의미에서 카프카는 스스로를 문학이라는 매개를 통로로 하여 탈주하고 있다.26)

1921년의 카프카의 『일기』에는 이렇게 씌어 있다. "은유는 나로 하여금 문학에 대해 절망하게 만드는 것 중의 하나다."27) 카프카는 모든 지시는

---

26) 이러한 출구 혹은 탈주에 대한 언급은 카프카의 유명한 동물소설 중 하나인 『학술원에 드리는 보고』에서 가장 잘 나타난다. "우리는 언제 출구를 찾으려고 할까? 그것은 페터의 말대로 '출구 없는 상황'에 처하게 되었을 때이다. 이 상황은 '똑바로 일어서기에는 너무 낮고, 주저앉기에는 너무 협소'하며 틈이 하나 나 있었는데, 이 '틈새는 꼬리를 들이밀기에도 전혀 충분치 않았고, 원숭이의 온 힘을 다해도 넓혀질 수가 없는' 그런 상황이다. 페터의 이러한 고백은 우리에게 낯설지 않다. 그것은 황금해안 출신인 우리가 '검은 구멍, 흰 벽'이라 불리는 지방에서 온 한 무리의 사냥꾼들에게 붙잡힌 자의식의 쇠우리에 갇히는 순간, 겪게 되는 고통스런 감정과 전혀 다르지 않다. 자의식의 쇠우리 속에서 성직자들과 그들의 추종자들이 외친다. 하느님, 왜 저희에게 이런 가혹한 시련을 주시는 겁니까? 현명한 페터는 그들에게 이렇게 충고한다. "너의 발가락 사이의 살을 할퀴어보아라. 그래도 너는 그 이유를 알 수는 없을 거다. 쇠창살이 너를 거의 두 동강 낼 때까지, 네 등을 거기에 대고 눌러라. 그래도 너는 그 이유를 알 수는 없을 거다." 고통스런 삶에서 비롯되는 '왜?'라는 온갖 형이상학적 물음들로부터 우리는 항상 알 수는 없지만 초월자가 상정했다고 이야기되는 신성한 목적을 발명해낸다. 그러나 카프카가 말하고 있듯이 "우리가 본디부터 그것으로부터 벗어나 있지 않으면 넘어설 수 없는 물음들이 있는" 법이다." 카프카, 전영애 역, 『집으로 가는 길』, 민음사, 1984, 21쪽. 페터는 인간을 모방하고 카프카는 원숭이를 모방한다. 목적은 하나의 출구를 찾는 것이었지만, 그 출구는 인간이든 동물이든 '모방'하는 데에 있는 것이 아니라 어떻게 '되기'를 수행하는가에 달려 있을 것이다.

27) 들뢰즈/가타리, 이진경 역, 『카프카, 소수적인 문학을 위하여』, 서울: 동문선, 2001, 56쪽에서 인용; Deleuze/Guattari(1987), p.14.

물론 모든 은유, 모든 상징주의, 모든 의미화를 필사적으로 제거한다. 변신이란 은유와 반대되는 것이다. 거기에는 본래적 의미도 형상적 의미도 없으며, 다만 단어 상태들의 분포가 있을 뿐이다. 사물 및 여타의 사물들은 그것의 탈주선에 의해 탈영토화된 소리나 말에 의해 편력되는 강밀도들이 있을 뿐이다. 이는 동물의 행동과 사람의 행동 사이의 유사성에 관한 것이 아니며, 말장난은 더더욱 아니다. 거기에는 동물도 없고 사람도 없다. 왜냐하면 흐름의 통접 속에서, 역전 가능한 강밀도의 연속체 속에서 각자가 다른 하나를 탈영토화하기 때문이다. 그것은 반대로 차이의 최대값을 강밀도의 차이로 포착하는 되기(생성)에 관한 것이다. 그것이 문턱을 넘는 것이든, 상승하든 것이든 하강하는 것이든, 혹은 숙이는 것이든 세우는 것이든, 말의 강세를 붙이는 것이든 간에 말이다. (인간-되기를 하는) 동물은 사람 '처럼' 말하는 게 아니라, 의미를 결(缺)한 채 어조로 인간의 언어를 추출해 낼 뿐이다.[28] 가령 사람의 말소리를 내는 원숭이는 사람처럼 말하는 게 아니라, 의미라곤 전혀 모른 채 특정한 어조와 발음으로 사람의 말을 포착해서 그것을 발화한다. 이 경우 "저 원숭이는 사람 같다"는 말은 사람의 은유나 모방이 아니라, 원숭이의 사람-되기의 지표인 것이다. 이는 『학술원에 드리는 보고』에서 원숭이 '빨간 페터'가 잘 보여주고 있다.

『변신』의 그레고르 잠자도 그렇지만 『소송』의 요제프 K, 『선고』의 게오르크, 『성』의 K 등 모두 공통적으로 존재의 위기 국면에 놓여 있다는 점에서 실존주의와의 관련성이 우세하리란 예측을 가능하게 한다. 그레고르 잠자는 자신에게 부과된 의무에 충실했고, 자신의 삶이 얼마나 외부세계 -직장 혹은 가족-로부터 기만당해 왔는지를 깨우친 순간에도 사자처럼 주인이

---

[28] 들뢰즈/가타리, 이진경 역, 『카프카, 소수적인 문학을 위하여』, 서울: 동문선, 2001, 56-57쪽; Deleuze/Guattari(1987), p.22.

되고자 하지 않았다. 껍데기는 갑충이지만 끝까지 인간적이었던 그레고르 잠자는 마지막 순간에도 가족에 대한 애정을 피력했고 순순히 죽음을 받아들인 점으로 미루어 보아 평범한 일상인의 삶으로 욕망을 좇아 사는 인생을 원했다. 바꾸어 말해 이는 더 이상 삶을 배척하지 않겠다는 예술가의 의지의 표명으로 볼 수 있다. 그레고르 잠자가 직면하고 있는 삶의 모습은 고단한 체험의 현장임이 소설 곳곳에서 드러난다. 그레고르 잠자는 삶을 배척한 적이 없다. 이러한 카프카의 모습은 편지에서도 잘 드러난다. 오히려 누구보다 타자들과 엉켜서 자신의 삶을 적극적으로 살았다.

> 사람들은 자신들의 모든 힘을 긴장시키고 서로 사랑하면서 도울 때만이 지옥과 같은 심연 위에서 자신들이 원하는 어지간한 높이를 유지할 수 있지. 그들은 서로 밧줄에 함께 묶여 있는데, 한 사람 주변의 밧줄이 느슨해지고 그가 다른 사람들보다 조금 낮게 그 텅 빈 공간 어딘가로 내려앉으면, 그것은 벌써 좋지 않은 일이야. 만일 한 사람 주변의 밧줄이 끊기고 이제 그가 추락한다면, 그것은 끔찍한 일이지. 우리가 다른 사람들과 엉켜 있어야만 하는 이유가 거기에 있네.[29]

들뢰즈/가타리에 의하면 카프카의 단편 소설은 본질적으로 동물적이다. 카프카에 따르면 동물은 무엇보다도 단편 소설의 대상과 부합한다. 출구를 찾는 것, 탈주선을 그리는 것이 바로 그것이다. 카프카의 편지는 이러한 대상(목적)에 충분치 못한데, 왜냐하면 스스로 함정으로 돌진하거나 우리를 함정에 빠뜨릴 수 있기 때문이다. 차라리 단편 소설은 편지의 무한한 흐름보다도 더 닫혀 있고 치명적인 것이다. 중요한 것은 편지와는 다른 무엇을 쓰는 것, 따라서 창작을 하는 것이다. 카프카가 자기 방 안에서 한 것, 그것은 동물-되기인데, 그것이 바로 단편 소설의 본질적 대상이다.

---

[29] 카프카, 서용좌 역, 『행복한 불행한 이에게-카프카의 편지』, 솔출판사, 2017. 62쪽.

최초의 창조는 '변신'이다.30) 이것으로 미루어 보아 카프카는 문학을 통해 기존의 관습, 규범적 틀을 벗어나 출구를 찾는 것이며, 문턱을 넘어 동물-되기에 이른다. 그는 이를 통해 '신체(몸)'에 주목하고 있는 것이다.

  유일한 아들이었던 카프카는 어릴 때부터 독선적인 아버지의 명령과 훈계 밑에서 성장했고, 여섯 살에 입학한 독일 소년초등학교, 이후에 진학한 김나지움도 엄격한 규정과 시험만 강요할 뿐 개인의 고유성을 지우려고만 했기에 그에게는 두려움의 대상이었다. 이러한 점은 카프카를 더 소심하게 만들었고, 체코 출신의 유대인이었지만 아버지에 의해 독일어를 사용했으므로 출신과 언어에서 오는 차이와 강압적인 가정환경으로 인해 자신의 정체성에 오래 시달려야 했다. 열세 살 무렵 작가가 되길 꿈꾸었던 소년 카프카는 아버지의 뜻에 따라 법학을 전공했고 보험회사에서 법률 자문으로 일하면서 부당한 현실에 고통 받는 사람들을 보며 사회에 만연한 부조리를 직시하게 된다. 카프카는 탈출의 틈을 들여다볼 수밖에 없었다. 그 틈을 향해 글쓰기라는 도끼를 휘두르며 자신을 쪼개기 시작했고 그렇게 실존적 자아와 마주했다. 그러나 보험회사 직원으로 살면서 유일한 출구가 되었던 소설 쓰기는 그에게 불어 닥친 치명적인 병 폐결핵으로 인해 자유로울 수 없었다. 이러한 내적인 상황과 제1차 세계대전으로 인해 무의미에 대한 의식 등의 절망감 등이 카프카로 하여금 신체에 주목하게 만들었고, 인간생존의 보편적 조건 등에 관심을 갖게 했다. 이는 인간 보편의 생존 조건인 욕망을 폄하하지 않는 것이며, 실존적인 상황에 처한 자신을 발견하는 것을 의미한다. 이는 카프카가 그레고르 잠자를 통해 보여 준 인간의 실존 상황과 매우 유사하다. 이 점에 주목하면 그레고르 잠자의 갑충-되기는 윌버의

---

30) 들뢰즈/가타리, 이진경 역, 『카프카, 소수적인 문학을 위하여』, 서울: 동문선, 2001, 85-86쪽; Deleuze/Guattari(1987), pp.34-35.

의식의 수준에서 '실존적 차원'에 연관되어 있다고 볼 수 있다.

'나'(로렌스)의 거북이-되기

들뢰즈/가타리는 특히 영미계통의 시인과 소설가들을 근대 유럽에서 가장 수준 높은 작가들로 평가하고 있는데 들뢰즈/가타리가 가장 많이 인용하는 작가들 중의 하나가 아마도 로렌스(D. H. Lawrence)일 것이다.

들뢰즈/가타리는 로렌스의 텍스트들이 '생성'의 측면을 지니는 것으로 본다. 그들은 『천 개의 고원』의 중간 부분에 있는 '지각할 수 없는 것-되기'로 대표되는 여성-되기, 어린이-되기, 동물-되기 등의 본보기로 로렌스의 텍스트들을 인용한다.31) "멀리로, 멀리로, 마치 죽은 후에 그럴 수 있는 것처럼 다른 행성 위에 착륙한 듯이.(…)"32) 들뢰즈는 로렌스의 이 구절을 인용하면서 '탈주선은 탈영토화이다라는 주장을 전개시킨다.'33) 로렌스의 주장은 또 다른 삶으로의 이행, 즉 삶의 되기와 관련된다.

들뢰즈/가타리가 사용하는 '생성'이라는 용어는 근대적인 문학비평의 용어들에서 사용되는 은유와 환유, 혹은 상징이나 재현 등등의 언어들을 탈근대적으로 대체하기 위한 철학적 수단의 개념이다. 들뢰즈/가타리에 의하면, 근대적 문학비평으로 표현되는 은유와 환유, 혹은 상징이나 재현 등등은 실제적으로 전혀 존재하지 않는 허구에 지나지 않는다. 은유와 환유는

---

31) 들뢰즈/가타리, 김재인 역, 『천 개의 고원』, 새물결, 2003, 354-361, 377, 391쪽; Deleuze/Guattari(1987), pp.186-189, p.197, p.205.
32) 들뢰즈/가타리, 김재인 역, 『천 개의 고원』, 새물결, 2003, 360쪽; Deleuze/Guattari(1987), p.189.
33) 들뢰즈/가타리, 이진경 역, 『카프카, 소수적인 문학을 위하여』, 서울: 동문선, 2001, 22-23쪽; Deleuze/Guattari(1987), pp.6-7.

서구적 근대 문명의 은유나 환유이고, 상징이나 재현은 서구·백인·남성 중심주의의 상징이나 재현이다. 따라서 은유나 환유 속에 비서구적이거나 여성적이며 생태주의적인 탈근대적 문화는 존재하지 않고, 상징이나 재현 속에 유색인이나 여성, 혹은 동물이나 식물의 생명성은 존재하지 않는다. 그럼에도 불구하고 문학비평가나 교수들이 위와 같은 언어들을 사용하는 것은 그들의 근대적 지식체계 속에 내재하고 있는 근대 자본주의가 만든 정신분석이나 오이디푸스의 이데올로기, 즉 서구·백인·남성 중심주의의 근대성에 그들이 스스로 영토화 되어 있기 때문이다. 이러한 이유 때문에 들뢰즈/가타리는 로렌스의 시와 소설이 지니고 있는 텍스트성은 결코 은유나 환유, 혹은 상징이나 재현을 표현하는 것이 아니라 '지각할 수 없는 것-되기'로 대표되는 여성-되기, 동물-되기, 그리고 어린이-되기의 생성을 표현한다고 이야기한다.34)

들뢰즈/가타리에 따르면 로렌스는 다양한 텍스트들에서 은유나 환유, 혹은 상징이나 재현으로부터 벗어나 스스로 '로렌스-되기'를 달성하고 있다고 본다.35) '로렌스-되기'는 로렌스의 텍스트를 근대적 지식의 개념과 기능으로 이해하고 분석하여 궁극적으로 리얼리즘이나 모더니즘의 비판적 관점에 도달하는 근대적 문학비평의 방법론이 아니라 텍스트를 통한 로렌스의 지각과 감응을 취득하여 오늘날의 새로운 시간과 공간 속에 새로운 로렌스를 끊임없이 생성시켜야 하는 것이다. 특히 「용감한 거북이」 (Tortoise Gallantry)36)에는 로렌스의 생성적인 측면이 잘 드러나 있다고

---

34) 이 지점에서 로렌스의 소수자-되기와의 관련성을 논해야 하나 본 연구가 너무 확대될 것으로 여겨져 여기서는 거론하지 않는다.
35) 들뢰즈/가타리, 김재인 역, 『천 개의 고원』, 새물결, 2003, 464-465쪽 참조; Deleuze/Guattari(1987), p.244.
36) Lawrence, D. H., *The Complete Poems of D.H. Lawrence*, Wordsworth Editions

본다. 시의 이해를 돕기 위해 로렌스 해설서에서 시 전문을 가져오면 다음과 같다.

발걸음 재촉하면서 그는/ 그녀에게 눈길 한번 안 준다, 코 한번 벌름대지 않는다/ 아니, 그녀의 체취를 탐하지도 않는다, 그의 코는 멍텅구리다// 오로지 그는 그녀가 꼴사나운 걸음걸이로/ 기어가는 동안 아래 부위에 씰룩이는 살갗의/ 움푹 주름잡힌 데를 감지할 뿐이다/ 그녀의 흙으로 더렵혀진 오목사발 아래서/ 씰룩이며 나아가는 주름진 그의 살갗// 그래서 그는 그녀의 벽집 아래서 바짝 벼르다/ 부리로 뒷다리를 움켜잡는다/ 갑자기 그녀의 말라빠진 다리를/ 그리하여 야릇하고 거칠게 그녀에게 끌려간다/ 개처럼/ 영원히 침묵하는, 파충류의 지독한 끈기로 뭉친.// 그는 거칠고 으스스한 짝짓기를 할 운명이다./ 영원한 침묵의 격리, 편견, 불완전한 존재에/ 갇힐 운명에서 벗어나/ 고통, 존재의 부재/ 결핍,/ 자기노출, 극한의 굴욕은 그를 그녀와 결합시킨다.// 홀로 걸을 운명이었던/ 선구자/ 순식간에 방향을 틀어 구불구불한 옆길로 빠져들었다/ 이 두렵고 비참한 시도/ 내면에서 분출된 이 거친 핏연.// 느리지만 영원히 걸어가면서/ 그녀는 알까?/ 혹은 아무도 모르게/ 어둠속에서 날다 창문에 부딪힌 새처럼 그가 그녀와 맞닥뜨리게 될까?// 무시무시한 격동/ 또한 지속되고 따라가고 계속될 훨씬 무서운 욕망/ 시원의, 신도 없던 시절 홀로 짝없이 살다 밀려온/ 붉게 달군 신비한 무쇠가 사라질 무렵/ 자신으로부터 내몰려 그녀의 길에 들어선/ 그래서 어쩔 수 없이 그녀에게로 산산이 부서져야 할.// 딱딱하고 용감하며 성마른 다리 휘어진 파충류/ 어린 신사/ 가엾은 처지/ 우리는 달리 보아야 한다.// 그럼에도 이제껏 너와 함께 여기까지 왔기에/ 우리는 끝까지 나아갈 것이다.[37]

다른 일반적인 시들과 달리 「용감한 거북이」에는 사회적 성(gender)으로 구분된 '그'(he)와 '그녀'(she)라는 남성 명사와 여성 명사가 혼합하여 만드는 이미지들의 세계가 시를 가득 메우고 있다. 이것은 남성과 여성이라는 개념의 부재를 통하여 인간적인 사유의 불가능성, 즉 '지각할 수 없는 것-되

Limited, 1987. pp.294-295.
37) 로렌스, D. H., 류점석 역, 『제대로 된 혁명 : 로렌스 詩 선집』, 고양: 아우라, 2008, 201-203쪽 참조.

기'를 야기한다. 시 속에는 전혀 인간적으로 사유할 수 없는 거북이만이 있다. 이것은 사유의 부재를 통한 관습적인 철학적 사유를 파괴한다. 이러한 이미지의 세계에는 또한 관찰하는 행위와 관찰되고 있는 행위에 의하여 구분되는 주체와 객체의 이분법도 존재하지 않는다. 이것은 관찰을 통한 과학의 기능을 파괴한다. 「용감한 거북이」가 보여주는 이러한 철학적 사유와 과학적 기능의 불가능성은 서구적 근대에 의하여 고착된 남성/여성의 이분법을 파괴하는 동시에 다른 동물들과 마찬가지로 인간을 '생산하는 욕망'을 지닌 인간이라는 동물로 탈영토화 하는 행위이다.38) 따라서 「용감한 거북이」에서 보여주고 있는 남성성과 여성성, 그리고 인간과 동물의 혼합된 이미지는 '생산하는 욕망'의 이미지인 동시에 일상적으로 영토화 되어 있는 남성/여성과 인간/동물의 이분법으로 만들어진 남성이나 인간 중심의 영토로부터 탈영토화 하는 과정의 이미지라고 할 수 있다. 이는 하나의 수컷과 하나의 암컷이라는 관계의 세계에 작용하는 바람이 관계의 뿌리 주변에 리좀을 형성하는 것이다. 리좀의 형성은 상호생성이라는 되기의 개념에 의해서만 이해될 수 있는 둘의 개별적 존재가 아닌 다른 세계에서 온 많은 존재들이 지나갈 수 있는 길을 만드는 것이다. 대장간의 '풀무'와 같은 암컷과 수컷의 관계가 만들어내는 작용을 들뢰즈/가타리는 인간이라는 이름으로 명명되는 이름으로부터 벗어나는 '동물-되기'라고 말한다.

   그가 한걸음 다가가면서
   그녀에게 눈길을 주지 않고, 심지어 눈물을 머금지 않았으며,
   그녀 앞에서조차 눈물을 보이지 않았다. 그의 감성은 텅 비어 있었다.

---

38) 장시기, 「들뢰즈의 로렌스-'용감한 거북이'의 생산하는 욕망과 생성의 시간」, 『D. H. 로렌스 연구』, 제12권, 한국로렌스학회, 2004. 1-11쪽 참조. 아래 시에 나타난 특징들은 장시기의 논문을 참조로 함.

Making his advances
He does not look at her, nor sniff at her,
No, not even sniff at her, his nose is blank. (1연, 1-3행)

위의 구절들이 보여주는 것처럼 시의 서두에는 이미 구애를 하는(혹은 구애를 받는) 그와 구애를 받는(혹은 구애를 하는) 그녀의 이미지만이 있을 뿐이다. 이러한 사랑의 이미지는 이미 우리가 알고 있는 시각(쳐다보다)과 청각(비웃다), 그리고 후각(킁킁거리다)의 인간적 감각들로부터 벗어나 있기 때문에 그것은 거북이의 감각이나 정서적 세계로 진입하는 것이다. 따라서 "당신의 거북이들은 실재적이지 않다!"39)라고 말하는 것은 근대적 영토 속에 이성적으로 갇혀 있는 거북이와 인간의 개념적 영토로부터 탈영토화 하지 못하고 이미 거북이 되기를 시도하는 로렌스나 혹은 로렌스의 거북이-되기를 감각적으로 거부하는 것이다. 이러한 이유 때문에 로렌스는 "그러한 동물은 존재하지 않는다고 이야기하는 말을 듣는 것 때문에 나는 진력이 난다. …(중략)… 만일 내가 기린이고 나에 관하여 글을 쓰고 나를 안다고 말하는 일반적인 영국인들이 아주 훌륭하게 행동하는 개들이라면 그런 동물은 있다. 말하자면 동물들은 다양한 것이다. …(중략)… 당신들은 나를 사랑하지 않는다. 나는 당신들이 본능적으로 혐오하는 동물이다"40) 라고 이야기한다.

들뢰즈/가타리가 등장인물들을 익명적이고 되기의 차원에서만 존재하는 감각덩어리로 이해하는 것과 관련해서 로렌스도 남성과 여성 흐름의 관계

---

39) 들뢰즈/가타리, 김재인 역, 『천 개의 고원』, 새물결, 2003, 465쪽; Deleuze/Guattari (1987), p.244.
40) 들뢰즈/가타리, 김재인 역, 『천 개의 고원』, 새물결, 2003, 465쪽 각주에서 인용; Deleuze/Guattari(1987), p.539.

를 긍정하는 것을 살펴볼 수 있다. 남성과 여성의 관계는 현실적인 양태들의 관계들을 통해서 일자이면서 다자적인 잠재적 '신체'의 관계들의 가능성을 실험한다. 현실적인 차원에서 보이는 어떤 모순이나 종속적인 관계 이전에 순수한 차이의 차원을 긍정하면서 새로운 관계의 생성을 긍정하는 것은 비단 남자와 여자의 단순한 이분법적 관계를 넘어서는 것이다.

  로렌스의 사유 속에는 이미 인간/동물이라는 이분법이 존재하지 않는다. 인간은 수많은 다른 동물들과 마찬가지로 생산하는 욕망으로 표현되는 동물의 한 종일 뿐이다. 「용감한 거북이」에서 드러나는 로렌스의 '거북이-되기'는 '우리'라는 동물적 무리를 구성하고자 하는 사랑의 욕망으로 이루어져 있기 때문에 무리를 구성하고자 하는 개체적 욕망에 대하여 더욱 구체적으로 접근하고 있다. 프로이트의 오이디푸스나 죽음의 욕망이 아닌 로렌스의 생명의 욕망은 9연으로 구성되어 있는 시의 한 중앙인 5연에서 가장 두드러지게 드러난다.

> 홀로 걸을 운명이었던,
> 선구자,
> 순식간에 미로의 갓 길로 빠져들어,
> 이 힘들고 고통스러운 추구,
> 내면에서 솟구치는 냉혹한 필연.
> Born to walk alone,
> Fore-runner,
> Now suddenly distracted into this mazy side-track,
> This awkward, harrowing pursuit,
> This grim necessity from within.(5연, 21-25행)

  로렌스에게 사랑과 욕망이야말로 원초적인 생명력의 근원이다. 3연에서 개처럼 그녀에게 거칠게 끌려가 결합할 운명이었던 그는 이제 그도 아니고 그녀도 아니면서 동시에 그도 되고 그녀도 될 수 있는 '선구자'로 묘사되고 있다. 들뢰즈가 인간을 포함한 모든 존재를 '노마드(nomade)'로 규정하는 것처럼 로렌스는 그와 그녀로 구분되는 사랑의 무리가 지니는 근원적 개체를 '선구자'로 묘사하고 있는 것이다. 따라서 선구자가 지니고 있는 동물적 무리가 되고자 하는 생산하는 욕망은 그 무엇으로 규정할 수 없는 각각의 "홀로 걸을 운명이었던", 각각의 삶에서 "선구자"일 수밖에 없는 노마드가 지니고 있는 생성의 욕망이다. 이러한 선구자의 길은 "내면에서 솟구치는 냉혹한 필연"이다. 따라서 거북이-되기로 드러나는 동물-되기는 생존의 필연성인 동시에 인간이라는 동물의 독자성을 더욱 인간적으로 생성되게 만드는 역설을 지닌다. 동물-되기를 통하여 비로소 인간은 인간이라는 독자적인 동물이 된다.

한편 로렌스에게 그가 행한 거북이-되기는 감정적 또는 가족적 관계와는 전혀 무관한 자신의 출구를 찾게 되는 '궁극적인 문'이다. 이것이야말로 모든 생성이 난관에 봉착하고 무로 빠져드는 것을 막아주는 유일한 기준인 것이다. 로렌스의 동물-되기는 동물을 통해 스스로 변하는 것이며 다른 삶 속으로 말려들어가는 것이다. 거북이-되기 속에서 로렌스는 모든 지시작용과 주어질 수 있는 모든 해석을 통과해 기표의 벽을 가로질러 생성의 선들로 탈주한 것이다. 로렌스는 거북이-되기를 기관 없는 신체로까지 밀어붙이는 것이다.[41] 기관 없는 신체에서는 모든 것은 지각불가능하게 되며,

---

[41] 들뢰즈/가타리는 '기관 없는 신체'를 만들어야 하는 이유를 다음과 같이 설명하고 있다. "그것은 삶과 죽음의 문제, 젊음과 늙음, 슬픔과 기쁨의 문제이기 때문이다. 모든 것은 우리 삶의 근본적인 문제와 결부되어 있기 때문이다. 우리는 이미 기관 없는 신체 위에서 잠들고, 깨어나고, 싸우고, 치고받고, 자리를 찾고, 우리의 놀라운 행복과 우리의 엄청난 전략을 인식하고, 침투하고 침투 당하고, 또 사랑한다. 우리는 이미 기관 없는 신체 위에서 사막 여행자나 초원의 유목민처럼 달리고 있는 것이다." 들뢰즈/가타리, 김재인 역, 『천

모든 것은 지각불가능하게-되기이다. 즉 특이자인 거북이를 따라 로렌스는 동물-되기에 이른다. 그것은 선형적이지만 다양체적인 가장자리에서 이 가장자리를 넘어가는 '어떤 것', '충만하고, 끓어오르고, 부풀어 오르고, 거품을 일으키며, 전염병처럼 번져가는 이름 없는 공포' 같은 것이다.

들뢰즈/가타리는 로렌스의 거북이 연작시 중 「거북이 등딱지」(Tortoise Shell)에 나오는 '절단면'(cleavages of division)을 되기의 구도와 연관 짓는다.42)

> 거북이-되기 속에서 로렌스는 가장 완고한 동물적 역동성으로부터 비늘들의 "절단면들"의 추상적인 순수 기하학으로 이행해 가지만, 원래의 역동성은 전혀 잃어버리지 않는다. 로렌스는 거북이-되기를 일관성의 평면으로까지 밀어붙이는 것이다. 일관성의 평면에서 모든 것은 지각불가능하게 되며, 모든 것은 지각불가능하게-되기이다. 그러나 바로 거기에서, 지각불가능한 것이 보이고 들린다. 일관성의 평면은 〈평면태〉 또는 〈리좀권〉, 〈기준〉이다. …(중략)… 이것은 〈기계권〉이라고 불린다. 그것은 〈추상적인 형상〉 또는 차라리 형태를 갖고 있지 않기 때문에 〈추상적인 기계〉이다. 추상적인 기계의 각각의 구체적 배치물은 하나의 다양체이며, 하나의 생성, 하나의 절편, 하나의 진동이다. 또한 추상적인 기계는 전체의 절단면이다.43)

이와 같이 들뢰즈/가타리는 로렌스의 거북이-되기가 실천되는 지대를

개의 고원』, 새물결, 2003, 287쪽, 290쪽 참조; Deleuze/Guattari(1987), pp.150-151.
42) 들뢰즈/가타리는『천 개의 고원』에서 '거북이 등딱지'의 균열을 자신의 몸을 영토화하는 예로 들고 있다. 들뢰즈/가타리, 김재인 역, 『천 개의 고원』, 새물결, 2003, 607-608쪽; Deleuze/Guattari(1987), p.320. 이때 영토화는 균열, 즉 배치에 따르는 되기의 사유이다. 로렌스 시에서 거북이는 연민의 대상도 동일시의 대상도 아니다. "그것은 전혀 다른 개체들 사이에 속도들과 변용태들을 조성하는 일이며, 일종의 공생이다." 탈인간화된 자연은 이러한 되기의 구도이며 배치만을 가능케 한다. "이러한 되기는 유비도 상상도 아니며, 이 일관성의 평면 위에서의 속도들과 변용태들의 조성이다. 그것은 하나의 판, 프로그램 또는 차라리 하나의 다이어그램, 문제, 기계-물음이다." 들뢰즈/가타리, 김재인 역, 『천 개의 고원』, 새물결, 2003, 489쪽; Deleuze/Guattari(1987), p.258.
43) 들뢰즈/가타리, 김재인 역, 『천 개의 고원』, 새물결, 2003, 478쪽; Deleuze/Guattari (1987), pp.251-252. (고른판은 원문을 따라 일관성의 평면으로 번역함.)

'일관성의 평면' – 모든 관계들의 결합만을 긍정하는 차원, 즉 결합의 구도 –이라고 설명한다. 이 구도에서 모든 것이 식별 불가능한 상태인 '리좀권'은 차원이 증가함에 따라 형식이 없는 순수한 추상적 형상을 띤다. 마찬가지로 추상기계는 모든 것이 절단면과 같은 배치와 교차만이 존재하는 지대이다. 요컨대 들뢰즈/가타리는 로렌스의 거북이–되기를 통해서 되기의 차원을 카오스와 같은 결합의 구도 내지 내재성의 장으로 설명하는 것이다.

로렌스에게 동물–되기는 신화 속에 등장하는 호랑이나 곰, 독수리나 말 되기가 아니다. 사람들은 이것들을 통해 신화를 만들고 커다란 서술체계를 만든다. 그리고 이러한 신화적 서술체계를 서로 반복하면서 상징과 은유의 언어를 통하여 자신도 명령하는 법을 배운다. 이와 같은 면에서 신화는 상징과 은유의 언어를 통하여 끊임없이 만들어지고 부활한다. 신화는 상징과 은유를 보여줄 뿐이다. 그러나 문학은 다르다. 문학은 운동과 생성을 보여준다. 이 문학은 로렌스에게 있어서 인간과 모든 살아있는 우주와의 관계를 긍정하는 매개체이다. 따라서 로렌스에게 문학은 기관 없는 신체로 나아가는 과정이다.

들뢰즈/가타리에 따르면 로렌스는 글쓰기에서의 되기를 실천하는데 되기는 연민이나 가족적 관계를 넘어서기 때문에 거북이–되기 역시 가족삼각형의 구속을 넘어선다. 그렇기 때문에 로렌스는 글쓰기를 통해서 전대미문의 실재적 동물–되기를 연결하는 놀라운 작가라는 것이다.[44]

로렌스에게 거북이, 기린 등은 '특이자'로 기능한다. 로렌스가 "나의 거북이–되기는 실재적이다"[45]라는 언표처럼 되기가 실재라고 말할 때, '나'라

---

44) 들뢰즈/가타리, 김재인 역, 『천 개의 고원』, 새물결, 2003, 464쪽; Deleuze/Guattari (1987), p.244.
45) 들뢰즈/가타리, 김재인 역, 『천 개의 고원』, 새물결, 2003, 465쪽; Deleuze/Guattari (1987), p.244.

는 주어는 고정된 주체가 아니라 노마드적 주체를 의미한다. 무리의 선택적 요소인 특이자는 가정적이며 정신분석적인 선호된 개체와는 다르다. 로렌스의 '거북이-되기'는 마주침의 관계, 즉 배치로 구성되기 때문에 가족과는 아무런 관련이 없는 결연관계로 이어진다. 로렌스에게도 되기는 어느 하나의 항이 다른 항을 재현되거나 동일시하는 것이 아니기 때문에, 익명의 지대에 이르기 위해서, 되기는 항상 이중으로만 진행될 수 있다. 이런 의미에서 로렌스의 문학은 횡단과 탈주의 문학이고 다양한 생성의 지대가 펼쳐지는 장이다.

에이허브 선장의 고래-되기

들뢰즈/가타리에 따르면 『모비 딕』 전체는 되기에 대한 최고 걸작의 하나이다. 에이허브(Ahab) 선장은 저항하기 어려운 고래-되기를 갖고 있지만 이 고래-되기는 무리나 떼를 피해 '유일자'인 모비 딕(Moby Dick)과의 괴물 같은 결연으로 직접 나아간다. 모비 딕은 대형 향유고래 무리들 가운데서도 가장 크고 강력하며 지능이 높은 별종으로 에이허브에겐 악마 같은 존재이다. 악마는 때로는 패거리의 우두머리로서, 때로는 패거리의 구석에 있는 '은자'(隱者)로서 또 때로는 무리의 지고한 '역량'으로서 나타난다.

요컨대 모든 '동물'은 자신의 '특이자'(anomalous)를 갖고 있다. 그러면 무리나 다양체 속에서 취해진 동물은 반드시 특이자를 갖는다는 말을 어떻게 이해해야 할까? 또 동물-되기와는 어떤 관계일까?

앞에서 잠깐 언급하였지만 "an-omalie(특이함)은 불균등한 것, 꺼칠꺼

칠한 것, 우툴두툴함, 탈영토화의 첨점을 가리킨다. 비정상적인 것은 종이나 속과 관련된 특성들과 관련해서만 규정될 수 있다. 그러나 특이함은 하나의 다양체와 관련해서 하나의 위치 또는 위치들의 집합이다." "동물-되기를 위해서는 언제나 모비 딕이나 요제피네와 같은 '특이자'와 결연해야 하는 것이다."46) 에이허브는 고래사냥의 규칙에 복종하지 않고, 모비 딕이라는 대상을 선택하여 그의 악마적 요소, 즉 배반자로서 고래-되기에 참여하게 된다. 에이허브는 '고래-되기'를 통해 '특이자'로 기능한다. 이것은 고래와 에이허브의 이질적인 항들이 각각의 '외부'이자 '사이'를 추적하는 운동을 통해서 이루어진다. 이원론을 빠져나가는 유일한 방법은 사이에-존재하기, 사이를 지나가기, 간주곡이다. 특이자는 어떠한 주체도 갖지 않으며 또한 절대로 동일시되는 대상이 아니다. 생명의 에너지, 원초적 에너지를 묘사하며 육체를 부정하지 않는 로렌스의 시적 태도는 삶이란 보이지 않는 추상적인 것이 아니라 눈에 보이고 귀에 들리는 구체적 형상이자 오감으로 전해지는 생생한 감각이다. 규칙과 같은 제도의 외부로 나아가는 반역은 되기임에 틀림없다. 외부로만 나아가는 예외적인 개체인 특이자는 감응들만 갖기 때문에, 모든 규칙에 대한 반역자가 되는 것이며, 반역자가 되는 것은 창조하는 것이다. 이때 감응들은 익명적이기 때문에 무엇으로 규정할 수 없다. 되기가 감응만을 갖는다는 것은 결국 지각불가능하게 되기이며, 지각불가능한 것은 극단적인 빠름과 느림의 공통적인 특징이다. '무리 속의 예외적인 개체'로서 모비 딕이 바로 그런 존재이다. 따라서 특이자는 어떠한 고정된 것으로 환원될 수 없다.

　에이허브는 자신을 넘어서며 다른 곳에서 도래하는 이 선택에서 모비

---

46) 들뢰즈/가타리, 김재인 역, 『천 개의 고원』, 새물결, 2003, 463-465쪽 참조; Deleuze/Guattari(1987), pp.243-245.

딕을 선택하면서 우선 무리를 쫓아가야 한다는 포경선의 법칙과 결별한다. 에이허브에게 모비 딕은 노부인이 특별히 대하면서 소중히 여기는 작은 고양이나 작은 강아지와 같은 것이 아니다. 에이허브에게 그가 행한 고래-되기는 감정적 또는 가족적 관계와는 전혀 무관하다. 무리의 선택적 요소인 특이자는 가정적이며 정신분석적인 선호된 개체와는 무관하다. 하지만 특이자가 가장 순수한 상태로 속과 유의 특성들을 나타내는 종의 운반자인 것도 아니다. 특이자는 개체도 종도 아니며, 그저 변용태들만을 운반할 뿐이며, 친숙하거나 주체화된 감정들도 특수하거나 기표작용적인 특성들도 포함하고 있지 않다. 그러면 특이자는 도대체 무엇이란 말인가? 들뢰즈/가타리에 의하면 특이자는 하나의 현상이지만, 가장자리 현상이다.47) 어떤 공간에서 한 마리의 동물이 선위에 자리잡거나 선을 그리고 있어서 이 선에 따라 무리의 성원 전체가 좌측이나 우측 어느 한쪽에 위치할 때마다 거기에는 무리의 가장자리, 그리고 특이한 위치가 존재하게 된다. 이러한 주변적 위치 때문에 우리는 특이자가 아직 패거리 안에 있는지, 이미 패거리 바깥에 있는지 또는 패거리의 움직이는 경계에 있는지 더 이상 알 수 없는 것이다.48) 어떤 경우에건 각각의 다양체마다 하나의 가장자리가 존재하기 마련인데 그것은 결코 중심이 아니라 포위선 또는 극단의 차원으로, 특정한 순간에 무리를 구성하는 모든 다른 선들이나 차원들을 고려할 수 있도록 해준다. 에이허브 선장은 부관에게 다음과 같이 말한다.

"내게는 모비 딕과의 개인적인 사연 같은 것은 없으며, 이렇다 할 복수심도 없고,

---

47) 들뢰즈/가타리, 김재인 역, 『천 개의 고원』, 새물결, 2003, 465-466쪽; Deleuze/Guattari (1987), pp.244-245.
48) 들뢰즈/가타리, 김재인 역, 『천 개의 고원』, 새물결, 2003, 466-467쪽. Deleuze/Guattari (1987), p.245.

장황하게 늘어놓을 신화도 없다. 단지 내게는 생성이 있다! 모비 딕은 개체도 아니고 유(類)도 아니며, 오히려 가장자리이다. 무리 전체를 붙잡고 무리 전체에 이르러 가로질러 가기 위해서, 난 그 놈을 때려눕혀야만 하는 거야. 무리의 요소들은 단지 상상적인 '모조품들'일 뿐이며, 무리의 특성들은 단지 상징적 존재물들일 뿐이고, 중요한 것은 오직 가장자리, 즉 특이자 뿐이다. 내게 흰 고래는 저 벽이다. 내 곁에 우뚝 솟아 있는, 흰 벽, 저 너머에는 아무 것도 없다고 생각하는 경우도 있다. 그러나 그것으로 충분하다."49)

위에서 알 수 있듯이 에이허브는 고래-되기의 변형 과정으로 들어가고 고래는 모비 딕이라는 흰 실체(white entity)의 규정이 불가능한 고래의 힘이 된다. 들뢰즈의 의미로 '힘'은 특이적 개체로 설명되며, 이러한 개체는 무리나 '다양체'에서 두각을 나타내고, 다른 다양체 속으로 들어간다. 특이자와 같은 예외적 존재는 힘이라는 특이성과 고래임이라는 일반성에서 모두 예외적이기 때문에 항상 탈주선을 통해서 되기만 경험할 뿐 어떤 실체로 환원되지 않는다. 이러한 것은 육지를 벗어난 바다 한가운데서 가장 잘 나타난다.50) 에이허브에게 바다로의 항해는 진정한 탈주이다. 여기서 바닷물은 소용돌이가 되어 매끈한 공간인 바다를 가로질러 퍼져 나가면서 공간을 채우며, 모든 지점에 동시에 작용하는 운동을 창출해 모든 주체를 넘어서 익명의 지대로 들어가는 것이다. 그것은 알 수 없고 무엇이든 될 수 있다는 점에서 '기괴한 것'이다.

에이허브에게 모비 딕은 특이자로서 무리의 경계고 결연의 항일뿐만 아니라 에이허브를 끌고 가는 탈영토화의 선이며, 에이허브가 달려가는 탈주

---

49) 들뢰즈/가타리, 김재인 역, 『천 개의 고원』, 새물결, 2003, 466쪽에서 인용; Deleuze/Guattari(1987), p.245.

50) 김영호, 「D. H. 로렌스의 사유 모험과 들뢰즈의 초월적 경험론 비교연구」, 중앙대학교대학원박사논문, 2010, 127쪽.

선이라고 할 수 있다. 따라서 작살로 모비 딕을 죽일 수 없음을 알면서도 오히려 자신을 모비 딕에 묶기 위해서, 모비 딕과의 공동의 운명을 위해서 작살을 던진다. 그리고 그 작살이 자신을 바다 속으로 데려가게 내버려둔다. 작살은 에이허브와 모비 딕을 연결해주는 결연의 선이었던 셈이다. 에이허브와 모비 딕은 둘의 고유한 항을 넘어서는 선을 그리는 것이다. 되기 속에서 한 항은 또 다른 항이 되지 않는다. 오히려 각각의 항은 다른 모든 것들과 마주치며, 이러한 되기는 두 항 사이, 그 두 항의 외부에 있는 어떤 것이다. 이 '어떤 것'은 들뢰즈가 주체의 지각작용과 감응작용으로 환원될 수 없는 순수한 지각 내지 감응이라고 부르는 것이다.

다시 말해 진정한 동물-되기는 메뚜기떼, 피리새떼, 먼 거리를 떼지어 행군하는 대하처럼 영토들에 직접 작용해 영토를 구석구석 관통하여 서로를 보듬고 매료시키거나 감염시키는 것이다. 떼, 패거리, 개체군 등은 열등한 사회적 형태가 아니라 변용태이고 역량이며 역행이다. 인간이 동물과 더불어 행하는 생성 못지않게 강밀한 생성 안에서 모든 동물을 포착한다. 이러한 무리 속에서 서로가 서로에게 감염되어 헤엄치고 뛰고 날아오르면서 마침내 각각의 개체가 특이성을 잃어버리고 자신을 전혀 인식할 수 없는 하나의 커다란 무리가 되는 것이다. 무리는 동물의 실재인 동시에 인간의 동물-되기의 실재이다. 개별적인 개체는 무리가 되어서 비로소 영토를 지닌 정착민이나 거주지가 황폐해지거나 불모지가 되면 환경을 버리고 떠나는 이주민이 아니라 생성된 무리를 따라 이동하는 유목민[51], 즉 노마드로

---

[51] 들뢰즈/가타리에 의하면 유목민은 오히려 옮겨다니지 않는다. 유목민들은 떠나지 않으며 떠나기를 원하지 않는 자들로서, 숲이 점점 줄어들고 스텝이나 사막이 증가하면 나타나는 매끈한 공간 속에 있으면서 이러한 도전에 대한 응답으로서 유목을 발명해낸다. 물론 유목민도 움직이지만 실제로는 앉아 있는 것이며, 움직이고 있을 때가 가장 진득하게 앉아 있을 때인 것이다. … 유목민은 기다리는 방법을 알고 있으며, 무한한 인내력을 갖고 있다. … 유목민은 이러한 장소에 살고, 거기에 머무르며, 이러한 장소를 증대시켜

존재하게 된다.

들뢰즈/가타리가 말하는 동물-되기란 개나 고양이처럼 사람 되기를 행하거나 호랑이나 곰처럼 신화의 줄거리가 되는 것이 아니라, 서로를 알아보지도 인식하지도 못하는 무리가 되는 것이다. 하나의 커다란 무리가 되었을 때 비로소 그 무리가 지나간 자리에 작은 파도가 일고 폭풍우와 태풍이 불어 마침내 천지가 소용돌이를 치게 되는 것이다. 동물-되기란 다양체의 끊임없는 변주인 것이다.

그런데 이 무리 속에서 특별한 별종의 존재가 생겨난다. 무리 속에서 마치 '군중 속의 고독'처럼 '무리와 고독한 자'를 구별하는 하나의 피리새와 또 다른 피리새, 하나의 물고기와 또 다른 물고기, 하나의 말과 또 다른 말이 등장하여 무리들의 결연관계나 동맹관계를 맺을 준비를 한다. 이러한 결연관계나 동맹관계를 맺는 자가 에이허브이고 곧 예술가 자신이다.

그럼 모비 딕은 대체 에이허브를 어디까지 끌고 가는가? 들뢰즈/가타리에 의하면 에이허브는 모비 딕을 따라 이상한 동물들을 가로질러 마침내는 명명할 수 없는 파동들과 발견될 수 없는 입자들이 서식하는 연속체의 궁극적 영역, 무(無)의 지대로 들어가게 되고, 그 속에서 일종의 우주적인 소리를 듣게 된다. 이 궁극적 지대가 바로 탈영토화의 절대적 극한이란 점에서 '일관성의 평면'이라고 할 수 있다. 결국 모비 딕이 에이허브를 끌고간 곳, 그곳은 내재성의 장이고, 기관 없는 신체이며, 인간의 비인간적 지대인 것이다(아래 그림 참조).

나간다. … 유목민은 탈영토화의 벡터이다. 들뢰즈/가타리, 김재인 역, 『천 개의 고원』, 새물결, 2003, 731-733쪽 참조.

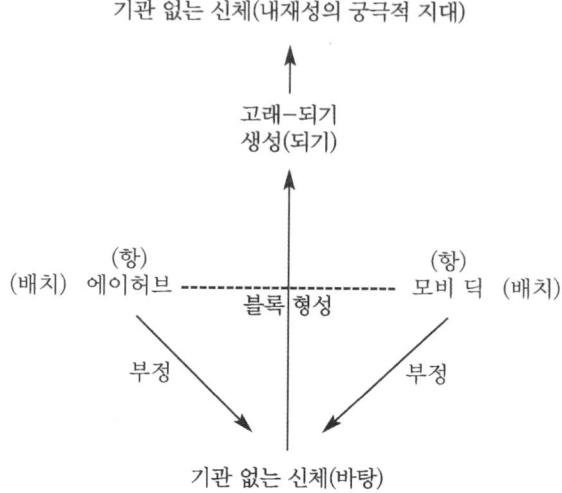

한 문인화가의 물고기-되기

마지막으로 문인화가의 물고기-되기는 『천 개의 고원』에서 길게 언급하고 있지는 않다. 그들에 따르면 문인화가는 유사성을 추구하지 않으며, '기하학적 비례'를 계산하지도 않는다. 문인화가는 자연의 본질을 이루는 선과 운동만을 지니고 있다가 뽑아낸다. 이어지거나 겹쳐진 '선(traits)'만을 가지고 진행하는 것이다. 즉 그들이 보기에 문인화가 그려지는 것은 저 강가의 물고기가 유영하면서 드러내는 선과 강밀도적 힘이 그대로 그 화가에게 전해지고, 감응된 화가는 그 힘과 선의 율동을 화선지에 옮겨 놓는 것이다. 그 과정에서 어떤 개념이나 합리적 소통으로써는 해명할 수 없는 비합리적인 소통 방식이 작동하고 문인화가는 그 물고기와 모방이나 형사(形寫)가 아닌 진정한 합일의 단계에 놓인다. 이것은 문인화가가 물고기가 되고, 물고기가 문인화가가 되는 일방향의 동일시가 아니라 그 양자 사이에 신비로운 근본적 소통, 곧 감염이나 감응이 일어나고, 교감이 일어난다는 말이다. 그 과정에서 문인화가에게는 어떤 사회적 구조나 개인적 선택에 의해 이미 구성된 자아의 체계들은 사라지고 그 물고기는 어떤 규정된 개념 틀에서 벗어나게 된다. 말하자면 동아시아 회화론이 언제나 강조해 온 '물아양망(物我兩忘)', '신여죽화(身與竹化)'의 경지에 다름 아니다.[52]

바로 이런 의미에서 세상 모든 사람 되기, 세계를 생성으로 만들기란 곧 세계 만들기, 하나의 세계 또는 여러 세계를 만들기이며, 다시 말해 자신의 근접성의 지대와 식별 불가능성의 지대를 찾기이다. 이 세계에서는 세계 그 자체가 생성되고 우리는 세상 모든 사람이 된다. 이는 문인화의 선이고, 그 이전에 버지니아 울프의 꿈이었다. 울프는 다음과 같이 말한다. "각각의 원자를 흠뻑 적셔야만" 하며, 그것을 없애버리려면 모든 유사성과 유비를 없애버려야만 하지만 동시에 "모든 것을 놔둬야만" 한다. 즉 순간을 뛰어넘는 모든 것을 없애버리되 그 순간이 포함하고 있는 모든 것을 놔둘 것 – 그리고 순간은 일순간이 아니라 '이것임'이다. 사람들은 이 안으로 미끄러져 들어가며, 이것은 투명함을 통해 다른 '이것임' 안으로 미끄러져 들어간다. 그 때 우리는 풀과 같다. 즉 우리는 세계를, 세상 모든 사람을 하나의 생성으로 만드는 것이다. 왜냐하면 우리는 필연적으로 소통하는 세계를 만들었기 때문이며, 우리가 사물들 사이로 미끄러져 들어가 사물들 한가운데서 자라나지 못하도록 방해하는 모든 것을 우리 자신으로부터 하나도 남김없이 제거했기 때문이다.[53] 흠뻑 적시고, 없애버리며, 모든 것을 놔두기! 즉

---

52) 최병식, 『동양회화미학 : 수목미학의 형성과 전개』, 서울: 동문선, 1994, 226-240쪽 참조.

53) 들뢰즈/가타리, 김재인 역, 『천 개의 고원』, 새물결, 2003, 531-532쪽; Deleuze/Guattari (1987), p.280. 버지니아 울프가 각각의 원자들을 충족시킨다는 것은 지각작용에 선행하

텅 비어 있지만 기운이 사그라지지 않고, 움직여서는 끊임없이 생성하고 또 생성한다.

다시 말하면 '모든 사람, 모든 것-되기'는 우선 참된 단절을 경험한 후에, 마치 옛 중국의 문인화가가 이 물고기 혹은 저 산 되기를 통해, 혹은 자연과의 합일을 통해 그 본질적 요소인 선과 운동만을 가지고 우주적 기운을 화선지에 뿜어내듯 하나의 세계를 만들고 무매개적으로 직접 하나의 세계를 생산하거나 창조하는 것이라고 정리할 수 있다.54)

는 미세한 요소들인 각각의 지각들을 충족시킨다는 의미이다. 지각이 도달하기 위해서는 일상적이고 체험된 우리의 지각작용 속에 배어있는 잉여적이고 불필요한 것들을 버리고, 부조리함 같은 주어진 순간 속에 실제로 존재하는 모든 것들을 충족시켜야 한다는 것이다. 지각작용은 사물을 이미 이루어진 것, 즉 나의 의식에 주어진 그대로의 불변적인 대상이라는 관점에서 파악할 뿐이기 때문이다. 지각이 지각작용에 비해 우월하다면, 그것은 지각만이 세계의 생성 혹은 사물들의 합성과 해체를 파악해주는 '힘'들에 도달하기 때문이다. 다시 말해 지각은 세계를 가득 채우며, 또 우리들을 감동시키고 생성 가능하게 해주는 감지불가능한 힘들을 감지할 수 있도록 하는 것이다. "몬드리안은 사각형의 모서리들의 단순한 차이들을 통하여, 칸딘스키는 선조적 긴장들을 통하여, 쿠프카(F. Kupka)는 한 점을 에워싸는 휘어진 구도들을 통하여 거기(지각)에 이른다." 또한 베이컨에게서는 "반쯤 열려 있거나 닫힌 문을 통해 어떤 우주적인 힘들이 한 얼굴의 분할색들 안에서 그 얼굴을 후려치고 할퀴고 온갖 방향으로 뭉그러뜨림으로써 구별 불가능함의 지대들을 불러일으키며, 또 이러한 구별 불가능함의 지대들이 단색의 평탄함(aplat) 속에 웅크리고 있는 힘들을 드러내준다." 즉 회화의 영원한 대상은 힘들을 그려내는 일이다. 들뢰즈/가타리, 이정임·윤정임 옮김, 『철학이란 무엇인가』, 현대미학사, 1999, 263-264쪽; Deleuze, G/Guattari, F., *What Is Philosophy?*, trans. H. Tomlinson & G. Burchell, Columbia University Press, 1994. pp.182-183.

54) 『천 개의 고원』에서 인용하면 모든 사람 되기는 다음과 같다. "가령 영국식 우아함, 영국식 직물, 벽과 잘 어울리기, 너무 잘 지각되는 것과 누구나 쉽게 간파할 수 있는 것을 없애버리기, '소진되고 죽고 남아도는 모든 것을 없애버리기.' 불평과 불만, 충족되지 않은 욕망, 방어나 변호, 각자(세상 모든 사람)를 자기 자신 속에, 자신의 그램분자성 속에 뿌리박게 하는 모든 것을 없애버리기, 왜냐하면 세상 모든 사람이 그램분자적 집합인 반면, 세상 모든 사람 되기는 이와 전혀 다른 문제, 즉 분자적 성분들을 가지고 우주와 놀이를 하는 것이기 때문이다. 세상 모든 사람 되기는 세계 만들기이며(faire monde), 하나의 세계 만들기(faire un monde)이다.…(중략)… 동물적인 우아함, 위장하는 물고기, 잠행자. …(중략)… 그 물고기는 중국의 문인화가와도 같다. 모방적이지도 않고 구조적이지도 않으며, 우주적이라는 점에서.…(중략)… 추상적인 기계인 〈우주〉, 그리고 이를 실행하는 구체적인 배치물인 각각의 세계, 다른 선들과 연속되고 결합되는 하나나 여러 개의 추상적인 선으로 환원되고, 그리하여 마침내 무매개적으로, 직접 하나의 세계를 생산하기. 이 세계에서는 세계 그 자체가 생성되고 우리는 세상 모든 사람이 된다." 들뢰즈/가타리, 김재인 역, 『천 개의 고원』, 새물결, 2003, 530-531쪽; Deleuze/Guattari(1987), pp.279-280.

동물-되기의 다양성과 윌버의 의식발달이론

　인간은 누구나 더 나은 삶을 살아가기 위해 탈주를 찾는다. 이러한 욕망을 채우기 위해 내 주변 사람, 내 주변 나라를 비교하며, 현재 내가 어느 정도의 위치에 있는지 되돌아보기도 한다. 인간의 욕망은 초월적인 법 내지 아버지의 이름이 제어할 수 없는 힘으로 드러나는 것이다. 초월적 원리에 지배 받지 않고 유목민처럼 '탈주'하는 이 욕망의 긍정성을 잘 표현하고 있는 말이 되기(생성)이다.

　앞에서 다양한 동물-되기의 사례들을 통해 동물-되기의 주체들이 도달해있는 특정 되기 순간의 심리적 의식 상태들을 살펴보았다. 윌라드는 자신이 처해 있는 상황들이 고달픈 나머지 자살을 시도하게 되지만 한 마리의 쥐가 그를 구해준 이후에 쥐들과 독특한 감응을 갖게 되고 쥐-되기에 성공한다. 그러나 쥐-되기 이후의 그의 심리 상태는 기괴하다. 다섯 살의 꼬마 한스 또한 거리에서 수레를 끌고 있는 말, 무거운 짐을 싣고 있는 말, 두 눈이 눈가리개로 가려져 있고 고삐와 재갈이 물려져 있는 말의 배치 상태에 감응된 후 말의 고통에 말려들어가게 된다. 한스는 말-되기 속으로 말려들어가 말과 동화되고 있는 듯하다. 『변신』에서의 그레고르 잠자에게는 실재적인 갑충-되기가 일어난다. 삶의 무게에 짓눌려있는 샐러리맨인 그레고르 잠자, 그의 갑충-되기는 직장 혹은 가족으로부터 탈주로 보이지만 끝내 그는 가족에의 애정을 버리지 못하고 탈주에 실패하고 만다. 거북이-되기 속에서 로렌스는 이분법적인 요소들을 제거하고 기표의 벽을 가로질러 생성의 선들로 탈주하고 있다. 그리고 에이허브 선장은 드넓은 대양 속에서 자신을 넘어서며 다른 곳에서 도래하는 악마적 존재 모비 딕을 선택하면서 고래-되기 속으로 말려들어가게 된다. 에이허브는 모비 딕을 따라 궁극적 영역, 무의 지대로 들어가게 되지만 그 곳이 어디인지 알지 못한 채 돌파하고 있는 것으로 보인다. 한 문인화가의 물고기-되기 또한 이와는 다른 심리 상태들을 나타낸다. 문인화가는 어떤 사회적 구조나 개인적 선택에 의해 이미 구성된 자아의 체계들을 벗어버리고 물고기-되기에 다다른다.

동물-되기는 감응들의 횡단적 소통을 경유해서, 리좀적 관계들의 수립을 통해서 이루어진다. 이것은 자연에서 발견되는 경향, 즉 유기체들과 종들의 층위에서의 차이와 발산의 물화된 형식들을 통해 나아가는 경향과 대결하는 방식이다. 그러나 피어슨의 지적대로 우리는 생물학적 개체군들의 진화로부터, 그리고 행동학적 배치들에 함축되어 있는 동물-되기들로부터 '인간적인 것의 비인간적 되기들'의 장으로 나아가면서 획득된 통찰들을 단순하게 또는 직선적으로 적용하려는 모든 시도에 주목할 필요가 있다.[55] 동물-되기는 위에서 살펴본 바와 같이 '상위의' 그리고 '하위의' 인간적 되기 -인간 '이상'과 인간 '이하'를 둘 다 포함하는 되기-에 대한 우리의 개념화의 지평들을 넓혀준다. 하지만 그것이 모두 생성에 있어서 긍정적이지만은 않아 보인다.

동물-되기의 사례들에서 살펴볼 수 있듯이 동물-되기의 주체들에게서 그 순간 드러나는 의식의 수준들은 차이가 있다. 이러한 의식의 수준들의 차이점을 살펴보기 위해서는 윌버의 의식이론을 배경으로 하는 것이 적절해 보인다. 곧 살펴보겠지만 인간 의식에 대해 통합적 관점을 취하고 있는 윌버는 인간의 모든 심리적 상태가 의식 상에서 드러나는 전 차원을 10개의 수준으로 나누어 구분하고 있다. 또한 윌버의 발달이론 의식이 갖는 포괄성

---

[55] 피어슨, K. A., 이정우 역, 『싹트는 생명-들뢰즈의 차이와 반복』, 산해, 2005, 296쪽.

과 전체성은 인간이 존재와의 모든 관계에서 드러낼 수 있는 의식 상의 특성을 가늠할 수 있다고 판단하기에 들뢰즈/가타리의 동물-되기가 보여주는 생성의 의식적 차원을 조망하는데 적절하다고 생각한다. 가령 로렌스의 거북이-되기와 한 문인화가의 물고기-되기는 의식의 고차원적 수준을 나타내지만 윌라드의 쥐-되기나 한스의 말-되기는 의식의 저차원적 수준을 지시하기에 이들을 모두 아우르는(포괄하는) 의식이론이 요구되는 바 윌버는 이를 주요 주제로 삼은 철학자이기 때문이다. 따라서 그의 이론을 배경으로 앞의 다양한 동물-되기의 사례들에서 드러나는 주체의 심리상태들의 차이를 부각시켜 볼 수 있을 것이라고 판단했다. 그리고 인간이 성장한다는 것의 진정한 의미나 인간을 이해한다는 것은 무엇을 의미하는지, 우리가 진정으로 추구해야 할 삶의 방향은 무엇인지 탐색해 볼 수 있을 것이라고 생각했다.

  이와 관련된 자세한 논의에 앞서 다음 장에서는 윌버의 의식의 스펙트럼에서 각 주체들에게서 드러나는 의식 상태들이 어느 수준에 있는가를 살펴보기 전에 의식의 스펙트럼이란 무엇이고, 각 의식의 발달단계 및 각 단계에 상응하는 기본 구조의 특성과 관련된 병리 등을 살펴볼 것이다.

Ⅲ장

윌버(K. Wilber)의 의식발달이론

의식의 스펙트럼 : 정의와 특성

　발달심리학을 연구하는 목적은 인간의 성장 과정에서 어떠한 심리적, 신체적 발달이 일어나는가를 규명하고자 하는 것이다. 피아제(J. Piaget), 콜버그(L. Kohlberg), 말러(M. Mahler) 등의 발달심리학자들은 인간의 발달을 인지, 정서, 도덕 등의 다양한 주제로 연구했다. 그러나 그들의 연구는 심리적, 신체적 영역에 국한되었기 때문에 의식의 전 차원까지 확대되지 못했다. 자아초월 심리학의 대표적 발달 이론가인 윌버는 인간의 의식이 전자파의 스펙트럼처럼 다차원적 계층으로 구성되어 있다고 보았다. 인간의 존재를 계층적으로 파악한 점은 '영원의 철학'(perennial philosophy) 혹은 세계의 위대한 영적 전통에서도 찾아볼 수 있다. 스미스(H. Smith), 러브조이(A. Lovejoy) 등에 따르면 영원의 철학의 핵심은 '실재는 다양한 존재의 층으로 구성되어 있다'라는 점이다. 이 존재의 층은 물질, 몸, 마음, 혼, 영에 이르는 존재와 앎의 층을 말한다. 이는 '각각의 상위수준은 하위수준을 포함하는 동시에 초월한다'는 기본 개념에 기초하고 있다.

　윌버는 근대 이전의 전통적 지혜의 계층론과 근대 이후의 서구 발달심리학의 연구 성과를 토대로 인간 성장과 발달의 통합적 모델을 제시하고 있다. 그는 '의식의 스펙트럼' 이론에서 다양한 종교 사상이나 심리학의 학파가 각각 부분적 진리만을 말해주고 있는 것으로 파악하고, 각 이론과 방법의 적용 범위와 영역을 명확하게만 정의한다면 각 부분을 절충적으로 통합하여 인간 의식의 계층 구조적 전체상을 부각시킬 수 있다고 보았다.[1]

인간 개개인은 태어나서 죽을 때까지 어떤 성장과 발달 과정을 거치는가? 그리고 그 과정에서 심리 내적 혹은 외적인 문제가 발생하면 어떤 정신적 장애나 병리를 일으키는가? 또한 그러한 장애나 병리를 치료하는 기법에는 어떤 것들이 있는가?

이 장에서는 위에서 제기한 기본적인 물음들에 대한 확장된 이해를 위해 윌버가 제시한 견해, 다시 말해서 인간 발달의 보편적 스펙트럼과 그 발달 과정에서 발생하는 고착이나 지체, 왜곡 등으로 인해 야기되는 병리들의 스펙트럼, 그리고 각 병리들에 적합한 치료 양식들에 관한 입장을 개괄적으로 소개하고자 한다.

개인 발달의 스펙트럼은 의식의 기본 구조를 따른다. 인간 의식은 일련의 수준, 단계 혹은 구조를 거쳐 발달하며, 이 과정에서 발생할 수 있는 장애나 병리 역시 의식의 발달 단계와 상응하는 특수한 유형을 드러낸다. 따라서 우리는 발달상의 특성들을 제대로 이해한다면 특정한 병리들에 대한 진단과 치료 역시 올바르게 할 수 있을 것이다.

의식의 기본 구조 혹은 수준에 관한 가장 두드러진 특성은 일단 하나의 수준이나 단계가 인간 발달에서 출현하면 이후의 발달 동안에도 개인의 삶에 계속해서 현존하는 경향이 있다는 점이다. 비록 그 수준이 궁극적으로

---

[1] 정인석, 『트렌스퍼스널 심리학: 동서의 지혜와 자기초월의 의식』, 서울: 대왕사, 2009, 200쪽.

더 높은 기본 구조나 수준에 의해 초월된다 하더라도 그것은 상대적으로 자율적이며 독립적으로 기능한다. 또한 이 기본 구조는 범문화적으로 혹은 보편적으로 타당한 것으로 여겨진다.

(도표 1)은 인간 의식의 기본 구조이자 발달의 스펙트럼이다. 물론 모든 인간이 필연적으로 이러한 발달을 거치며 성숙해 간다는 말은 아니다. 윌버는 코완(Ch. Kowan) 등의 연구에 의거하여 지구상의 대부분의 사람들은 전체 10개의 수준 혹은 차원에서 4~5차원에 머물러 있다고 주장한다. 그러나 모든 인간은 그 발달 단계의 전 단계를 거쳐 최종적인 수준에 이를 수 있는 잠재력을 가지고 태어난다고 본다.

윌버는 인간의 의식이 전자파의 스펙트럼처럼 다차원적인 계층을 이루고 있다고 보고 이를 의식의 스펙트럼이라 했다. 윌버는 서로 상충하고 대립하는 것처럼 보이는 서양의 심리학과 심리요법 및 동서양의 종교·철학이 진리의 부분성을 보여주고 있는 바, 이들을 통합하고자 했다. 이를 스펙트럼에 비유하여 적절히 배치하여 진리의 전체성을 시각화하여 통합적인 인간 의식발달 지도를 제시했다.[2]

윌버는 의식의 구조를 의식상태의 관점에서, 전개인 상태, 개인적 상태 및 초개인적 상태의 3단계로 분류하고 발달은 일정한 방향성이 있다고 보았다. 즉, 인간의 의식발달은 전개인·개인·초개인 영역의 방향으로 이루어지고, 의식의 궁극적 상태를 초개인 영역과 구별하였다.[3]

다음 장에서는 의식의 스펙트럼 모델의 주요한 개념들인 상태/구조

---

2) 윌버, K, 박정숙 역, 『의식의 스펙트럼』, 고양: 범양사, 2006, 176-249쪽 참조.
3) 윌버, K, 조효남 역, 『모든 것의 역사』, 서울: 대원출판, 2004, 10~13장으로 표기함; Wilber, K., *The Collected Works of Ken Wilber, Volume 7-A Brief History of Everything*, Shambhala Publication, 2000. pp.195-269(이하 wilber(2000)로 표기함).

(state/structure), 수준/파동(level/wave)에 대한 정의를 살펴보고 10단계에 대해 자세히 살펴볼 것이다.

의식의 상태와 수준(단계)

윌버의 의식이론을 개관하기 전 먼저 의식의 '상태'(state)와 '구조'(structure) 혹은 '수준'(level) 개념을 검토할 필요가 있다. 의식의 상태(state)는 현재 인간의 의식이 드러내고 있는 특정한 현상을 의미한다. 가령 앞서 들뢰즈/가타리의 동물-되기에서 윌라드가 쥐 벤과 감응하여 쥐-되기가 된 다음 윌라드가 드러내는 다양한 행동의 표상들이 함축하는 의식의 현재 상태를 말한다. 윌버는 기본적으로 깨어있는 것, 꿈꾸는 것, 깊이 잠드는 것 등으로 구분한다. 의식의 구조(structure)는 의식의 층(sheath) 혹은 수준(level)을 의미하는데 베단타에서는 이를 가장 주요한 5가지의 층으로 구분하고 있다. 물질적 수준(matter), 신체적 수준(body), 마음의 수준(mind), 상위 마음(higher mind), 영(spirit)의 수준이 그것이다.[4] 나중에 살펴보겠지만 윌버는 의식을 10개의 수준 또는 차원으로 나눈다. 물론 베단타에서처럼 5단계로 나눌 수도 있고 나아가 40가지가 넘는 단계로 나눌 수도 있지만 윌버는 10가지 수준으로 구분하고 그 특징을 제시한다.

의식의 주요한 상태는 또한 두 가지 일반적인 유형, 자연(natural) 상태와 변성(altered) 상태로 구분되는데 이에 대해 윌버는 다음과 같이 설명하

---

[4] 윌버, K, 조옥경 역, 『통합심리학』, 서울: 학지사, 2008, 40-41쪽 참조로 표기함; Wilber, K., *The Collected Works of Ken Wilber, Volume 4-Integral Psychology: Transformations of Consciousness: Selected Essays*, Shambhala, 1999, pp. 444-445(이하 Wilber(1999)로 표기함).

고 있다.

　　의식의 자연 상태에는 영원의 철학자가 밝힌 깨어있는/거친, 꿈꾸는/미묘한, 깊은 수면의/원인적(causal) 것들이 포함된다. 영원의 철학에 따르면, 깨어있는 상태는 우리의 일상적 자아의 고향이다. 그러나 꿈 상태는 우리의 정신(mind)으로만 창조되는 세계이기 때문에 혼의 상태에 접근하는 한 형태다. 깊은 수면 상태는 순수한 무형의 영역이기 때문에 무형의(또는 원인적인) 영에 접근하는 한 가지 형태가 된다. …… 변성 의식 상태는 '비정상적' 혹은 '비일상적' 의식 상태로서 약물로 유도된 상태부터 임사 경험, 명상 상태까지 모든 것을 포함한다.5)

　　윌버에 의하면 절정 경험(일시적인 변성 상태)에서 개인은 초개인 영역의 심령(psychic) 의식, 정묘(subtle) 의식, 원인(causal) 의식 혹은 비이원(nondual) 의식의 모든 자연스러운 상태를 잠시 깨어 있는 상태에서 경험할 수 있으며, 이는 종종 직접적인 영적 경험(자연신비주의, 신성신비주의, 무형신비주의)으로 이끌어 준다. 발달의 모든 단계에서 절정 경험이 일어날 수 있다. 그러므로 영적, 초개인적인 상태가 발달의 높은 단계에서만 가능하다는 생각은 매우 잘못된 것이다. 또한 윌버는 상태와 구조는 서로 밀접한 관련성이 있으며 향후 많은 연구가 필요한 분야라고 지적한다. 예를 들어 깨어있는 상태, 수면 상태 등 특정 의식상태는 의식의 여러 상이한 구조나 수준을 담고 있을 수 있다. 그는 의식의 상태가 중요할지라도 의식의 구조는 인간의 성장과 발달의 실제 상태에 대한 더 상세한 정보들을 알려준다는 점을 강조했다.

　　윌버는 본질적으로 동일한 의식 홀론들을 지칭하기 위해 수준(level), 구조(structure), 파동(wave) 세 가지 용어를 혼용하면서 사용하고 있으나

---

5) 윌버, 조옥경 역, 『통합심리학』, 서울: 하지사, 2008, 41-42쪽 참조; Wilber(1999), pp.445-446.

각 용어에는 중요한 정보를 제공하는 약간 다른 함축적 의미가 있다. '수준'은 점점 더 전체적으로 포섭하는 홀라키 속에 위치한 질적으로 서로 구별되는 조직임을 강조한다. '구조'는 이 수준들이 존재와 의식의 영속적인 전일적 패턴(holistic pattern)이라는 사실을 강조한다. '파동'은 의식의 기본적인 수준을 의미하는데, 이러한 수준들이 서로 경직되고 분리되고 고립된 것이 아니라 무지개의 빛깔과 같이 각각 서로 무한히 겹치면서도 구별된다는 사실을 강조한 개념이다.[6]

각 의식 수준의 특성

윌버의 기본 구조에 해당하는 의식의 발달단계는 의식의 스펙트럼 모델로 전개인(prepersonal) 수준, 개인(personal) 수준, 초개인(transpersonal) 수준의 10단계이며, 다음과 같다. ①감각-물리적(sensoriphysical) 수준, ②환상-정동적(phantasmic-emortional) 수준, ③표상적 마음(represen-tation mind) 수준, ④규칙-역할심(rule-role mind) 수준, ⑤형식-반성심(formal-reflexive) 수준, ⑥비전-논리적(vision-logic) 수준, ⑦심혼적(psychic) 수준, ⑧정묘적(subtle) 수준, ⑨원인적(causal) 수준, ⑩비이원적(non-dual) 수준이다.[7] (도표 1 참조)

---

[6] 윌버, 조옥경 역, 『통합심리학』, 서울: 학지사, 2008, 34쪽 참조; Wilber(1999), p.439.
[7] 윌버는 단계를 분기점(fulerum)이라고도 한다. 분기점이란 용어는 마가렛 말러(M. Mahler), 오토 컨버그(O. Kernberg), 하인즈 코헛(H. Kohut), 게르트루드 블랭크(G. Black)와 로버트 블랭크(R. Blanck)와 같은 이론가와 임상전문가들에 의한 연구의 매우 중요한 발달이론적 노선에 바탕을 두고 있다. '분기점'이란 단순히 인간의 성장과 발달과정에서 차별화와 통합이 일어나는 순간적 과정을 기술하는 개념이다. 윌버(2004), 243-4쪽 참조. 이하 의식의 기본 구조 및 자아초월적 영역 혹은 인간의 비인간적 지대의 영적 차원들에 관한 요약은 윌버, 조효남 역, 『모든 것의 역사』, 서울: 대원출판, 2004, 10-13

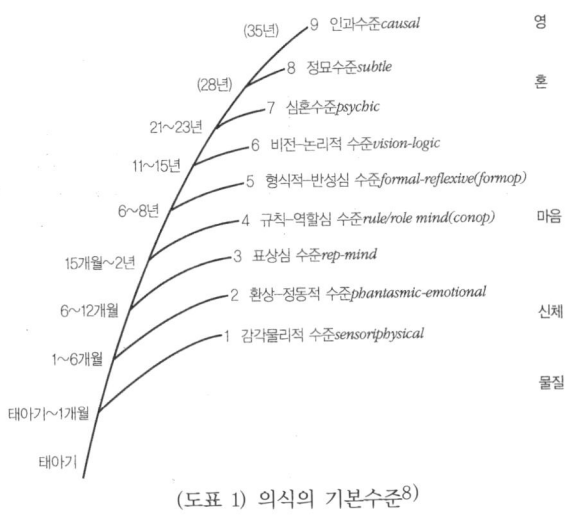

〈도표 1〉 의식의 기본수준[8]

　의식의 이러한 기본 수준은 모든 개인의 존재 안에 이미 내정되어 있는 구조적인 잠재능력이다. 따라서 누구든지 개인은 본래적으로 이 10가지 단계를 거쳐 성장 발달해 갈 수 있다. 그런데 통상 개인은 그 성장 과정에서 순조롭게 각각의 단계를 거쳐 가지는 못한다. 말하자면 ③표상적 마음 수준은 ②환상-정동적 수준을 초월하여 나아가는 단계인데 그렇다고 ②환상-정동적 수준을 억압하여 분리하거나 배제하면 문제가 발생한다. 제대로 ③표상적 마음 수준에 이르기 위해서는 ②환상-정동적 수준을 포함하면서 초월하는 과정을 거쳐야 한다. 만약 그렇지 못하고 ③표상적 마음 수준에 이르게 되면 그로 인한 특정 병리가 발생한다. '정신신경증'이 그것이다. 윌버에 따르면 지구상에 ⑦심혼적 단계를 넘어서는 사람은 극소수(인구의 0.1%)에 지나지 않는다. 거의 대부분의 사람은 성장의 하위 단계에서 분열

장; Wilber(2000), pp.195-269. 그리고 Wilber(1986), pp.67-74 참조.
[8] 윌버, 조효남 역, 『모든 것의 역사』, 서울: 대원출판, 2004, 236쪽; Wilber(2000), p.179.

되어 급기야 발달이 정지하게 되거나, 혹은 다음 단계로 나아가더라도 깊은 분열의 상처를 안게 된다. 그래서 발달과 성장의 ⑤형식-반성심 수준 내지 ⑥비전-논리적 단계에 이르는 사람도 많지 않은 편이다.9)

가. 전개인 수준

(1) 0단계(분기점-0) : 미분화적인 일차적 모체

출생 이전의 자궁 내 상태와 출생외상의 단계로 0~1개월에 해당된다. 태어나는 순간의 유아는 기본적으로 감각 운동적 유기체이다. 이 단계의 자기(self)는 물질적이다. 또한 이 자기는 감각 운동적 세계와 동일시되어 있다 보니 내부와 외부조차도 분간할 수 없고, 물리적 자기와 물리적 세계가 미분화된 융합 상태에 있다. 즉 영아는 내부와 외부 사이의 차이를 식별할 수 없다. 말하자면 의자와 손가락은 같은 것이다. 영아는 프로이트의 '원초적 자기애'에 빠진 채 감각 운동적 차원의 즉각적 인상에만 달라붙어 있다.

이 초기의 융합 상태는 그 후에 이어지는 발달에서 차별화되어질 것의 근본적인 모체가 되기 때문에 흔히 '일차적 모체'(primary matrix)라고 일컬어진다. 자기는 제일 먼저 일차적 모체와 동일시하거나 융합 속에 있다. 그리고 나서 모체인 발판과 차별화하거나 그것을 초월한다. 그 후 그것을 통합하고 포함한다. 자궁과의 초기융합, 분화(현실적 출생외상)의 고통스러운 과정, 분화된 유기체로서의 통합의 시기가 그것이다. 자기는 여기서 분기점-1을 시작한다. 이처럼 융합→분화→통합의 절차를 거치며 자기는 발달해 가는데 윌버는 이를 1-2-3 과정이라 칭한다.10)

윌버는 출생외상뿐 아니라 어느 분기점에서의 외상도 계속 이어지는 모

---

9) 윌버, 조옥경 역, 『통합심리학』, 서울: 학지사, 2008, 83-9쪽; Wilber(1999), pp.480-485.
10) 윌버, 조효남 역, 『모든 것의 역사』, 서울: 대원출판, 2004, 265쪽; Wilber(2000), p.196.

든 발달을 오염시키는 병리적 콤플렉스를 형성할 수 있다고 했다. 각 발판에서 1-2-3과정에 직면했을 때 소단계-1이나 소단계-2, 소단계-3에서 일이 잘못되면 자기는 바로 그 단계와 융합되거나 달라붙어 남아 있게 되는데 바로 고착이다. 소단계-1의 실패는 2, 3의 소단계로 가는 것을 방해하기 때문에 이전 수준을 통합하고 내포하는 것이 아니라 그것을 소외시키고 분열시키고 억압하게 된다. 어느 수준에서나 이러한 '소단계의 기형'을 갖게 되면 그 뒤에 이어지는 모든 발달을 오염시키고 왜곡시키는 경향이 있는 의식의 장애를 형성한다. 진주 속에 박힌 모래알 하나처럼 그 뒤에 이어지는 모든 층들을 주름이 가게 만들고, 그래서 그들을 기울어지게 하고 비틀리게 하고 일그러지게 만든다. 그런 다음 자기는 그러한 자신을 은폐하는 일에 착수하게 되어 거짓 자기를 만들고 부인되거나 왜곡되거나 억압되는 자기를 넘어서 자라나게 된다. 그리하여 개인적 무의식이 그 생애를 시작한다. 무의식은 곧 '자기'의 허위 저장소이다. 그래서 작은 자기들이 억압당했던 그 수준과 함께 융합된 채로 남아 있어서 무의식 저장소 속에 숨어버리고 그 입구는 거짓말이 지키고 있다. 그렇게 되면 분열에 의해 봉쇄되어 버린 자기의 잠재능력의 제반 국면들은 발달의 에너지와 자각의식을 잠식해 나가기 시작한다. 따라서 치료법은 거짓말이나 부정직함을 다룬다.[11]

(2) 1단계(분기점-1) : 감각-물리적 수준(Sensoriphysical level)

의식의 기분 수준 첫 번째는 감각물리적 단계로 신체적 자기의 부화단계이다. 생후 4개월 전후가 되면 영아는 감각을 통해 신체와 물질이 다르다는 것을 인지하기 시작한다. 윌버는 이 분야의 선구자인 말러(M. Mahler)를

---

11) 윌버, 조효남 역, 『모든 것의 역사』, 서울: 대원출판, 2004, 265-270쪽; Wilber(2000), pp.196-199.

따라 원용하고 있는데, 이는 최초의 1년, 통상은 5-9개월 내외에서 완료되며, 부화하는 단계로서 진정한 신체적 자기의 탄생이다.12)

생후 4개월 전후가 되면 신체 내의 물리적 감각과 주위 환경 속의 물리적 감각 사이에 차별화를 시작하게 된다. 예를 들어 담요를 물면 아프지 않고 손가락을 물면 아프다는 것을 알게 되는 것이다. 이는 진정한 신체적 자기의 탄생으로 만약 자기가 물리적 환경에서 제대로 분화되지 못하거나 그 환경의 이미지를 통합하지 못하면 결국 정신병이 일어날 수 있다. 이것을 무이원성이라 일컫는데, 정신병의 주요 특징 중 하나이다. 정신병은 현실 왜곡이 있거나, 자기의 신체적 경계를 확정지을 능력의 결핍이 나타나고 환각적 이미지와 상념들, 자기애적 관계망상, 물리적 신체 내의 의식의 안주 실패, 자기와 타인의 사고 사이의 혼동이 나타난다. 이 단계의 세계관은 원형적이며, 이런 원형적 의식이 분화되고(초월되고) 통합되지(해결되지) 않으면, 원형적 병리가 될 수 있으며, 자아를 향한 여행은 첫 단계에서 방해를 받고 그 영향이 심각해진다. 자폐적 정신병, 공생적 유아 정신병, 우울증적 정신병, 대부분의 성인 정신분열증 등이 이에 해당된다.13)

(3) 2단계(분기점-2) : 환상-정동적 수준(Phantasmic-emotional level)

두 번째는 환상-정서적 단계로 '감성적 자기'의 탄생/분리-개별화의 단계이다. 이 단계에서는 물질계로부터 자신을 분화한다. 하지만 영아는 신체적 자기의 경계를 확립했지만 감성적(정서적) 자기의 경계는 아직 확립하지 못했다. 그리하여 영아는 물리적 환경으로부터 자신의 신체적 '자기'는 차별

---

12) 윌버, 조효남 역, 『모든 것의 역사』, 서울: 대원출판, 2004, 271쪽; Wilber(2000), p.199.
13) 윌버, 조효남 역, 『모든 것의 역사』, 서울: 대원출판, 2004, 273쪽; Wilber(2000), p.202. 윌버, 조옥경 역, 『통합심리학』, 서울: 학지사, 2008, 148쪽; Wilber(1999), pp.534-535.

화시켰지만 아직 감성적 환경으로부터 자신의 감성적 '자기'를 차별화시킬 수는 없다. 감성적 자기는 자신의 주변에 있는 것들, 특히 자신의 엄마와 융합되거나 동일시된다. 물리적 융합 상태에서는 아무런 '깊이'나 '심원함'이 없다. 하지만 이 상태도 여전히 자아 에고 중심적이거나 자기애적이다. 세계를 마치 자신의 마음대로 할 수 있는 것처럼 취급한다. 영아는 그를 둘러싸는 감성적이고 활력이 넘치는 세계로부터 그 자신을 차별화시킬 수 없다는 바로 그 사실 때문에 세계를 차별화시키지 못하고, 세계를 자신의 연장으로, 즉 '자기애'로 취급한다. 이것은 그 자신이 이기적으로 생각한다는 의미가 아니라 그 자신에 대해 생각할 능력이 결여되어 있다는 것을 의미한다. 그는 자기 자신을 세계, 즉 감성적 세계로부터 차별화 할 능력이 없고, 그래서 그는 자신이 느끼는 것이 곧 세계가 느끼는 것이고, 그가 원하는 것이 곧 세계가 원하는 것이고, 그가 보는 것이 곧 세계가 보는 것이라고 생각한다. 즉 자신의 관점이 존재하는 유일한 관점이다.[14]

이 단계에서는 분기점-1에서처럼 수평적 확장을 가질 수는 있지만 수직적인 깊이는 가지기가 힘들다. 그래서 그는 자신이 느끼는 것이 곧 세계가 느끼는 것이고, 그가 원하는 것이 곧 세계가 원하는 것이고, 그가 보는 것이 곧 세계가 보는 것이라고 생각한다. 즉 자신의 관점이 존재하는 유일한 관점이다. 그러나 15~24개월 전후의 어느 시점에 오면 감성적(정서적) 자기는 감성적 환경과 자기 자신을 차별화하기 시작하고 새로운 심리적 탄생을 맞이한다. 정신분석학에서 말하는 구강기(oral stage)와 에릭슨(E. Erickson)의 기본적 신뢰감과 기본적 불신감의 갈등과도 관련이 있다.[15]

---

14) 윌버, 조효남 역, 『모든 것의 역사』, 서울: 대원출판, 2004, 273-274쪽; Wilber(2000), pp. 200-202.
15) 정인석, 『트렌스퍼스널 심리학: 동서의 지혜와 자기초월의 의식』, 서울: 대왕사, 2009, 225쪽.

이 단계에서 정서적 신체 자기가 스스로를 타인과 분리하는 데 어려움을 겪으면 결국 타인을 자기의 연장으로 취급하는 자기애적 징후가 생기거나, 자기의 취약한 경계를 타인이 끊임없이 침범하고 파괴하는 경계선 장애가 생긴다. 이 두 가지는 세계와 자기가 안정되게 분화되지 않았기 때문에 일어난다. 이 단계의 세계관은 마술적이다. 즉, 자기는 전능 환상 속에서 세계를 마술적으로 지시할 수 있으며, 환경은 물활론적 치환으로 가득 차고 '주문'이 지배한다. 마술적 수준에 고착하면 인지적 레퍼토리의 상당 부분은 경계선적 장애와 자기애적 조건으로 되어 있다.16)

나. 개인 수준

(1) 3단계(분기점-3) : 표상적 마음 수준(Representational mind level)

세 번째는 표상적 마음 단계로 개념적 자기가 탄생하는 단계이다. 여기서의 자기는 더 이상 감성적 수준과 동일시하지 않고, 그러한 수준을 초월하기 시작하고 개념적 자기와 동일시하기 시작한다. 윌버는 이 단계에서 피아제의 인지발달이론을 원용했다. 이 단계는 이미지, 상징, 개념으로 구성되어 있다. 발달이 순조롭게 잘 되어 가면, 자기는 감성적 수준에서 탈동일시되어 이지적(심적, mental)이거나 개념적 자기와 동일시하기 시작한다. 이는 표상적 마음(rep-mind)의 시작으로 피아제의 전조작적 단계와 유사하다. 이 수준의 가장 현저한 특징 중의 하나는 아직 타인의 역할을 쉽게 맡을 수 없다는 것이며 피아제가 말했듯이 아직까지도 매우 자기중심적이다. 발달이 잘 진행되는 경우(약 3세 정도) 유아는 안정적이고 일관된 신체적 자기와 정서적 자기를 가지게 된다. 윌버는 이 시기를 '마술적(magic)' 단계

---

16) 윌버, 조옥경 역, 『통합심리학』, 서울: 학지사, 2008, 136, 148쪽; Wilber(1999), p.526, p.535.

라고 일컬었으며 피아제는 이러한 마술적 인식이 상징단계 전반에 걸쳐 지속된다고 했다. 전조작기 후반의 중요한 한 가지 변화는 주체가 대상을 마술적으로 변화시킬 것이라는 환상이 빠르게 사라지기 시작하는 것이다. 이러한 전능감은 다른 대상으로 옮겨간다.[17] 이미지는 생후 7개월 전후로 생기고, 우리가 눈을 감고 그리는 개와 실제 개가 꽤 흡사하게 보인다. 하지만 상징은 대상을 표상하지만 전혀 그 대상 같아 보이지 않으며 더 어려운 인지적 과업이다. 상징은 '엄마' 혹은 '아빠'와 같은 단어와 함께 생겨나 2살에서 4살 사이의 인식을 지배한다. 이러한 개념적 마음들과 동일시되기 시작할 때 분기점-3을 갖게 되고 자기는 이제 단지 지각과 충동과 감성의 어떤 덩어리가 아니다. 이제 언어적 세계, 정신권(noosphere)의 세계로 들어가기 시작하는 것이다.[18]

"초기의 정신적 자기(초기 에고 혹은 페르소나)가 최초로 출현하여 신체와 그 충동, 느낌 및 정서에서 분리되기 시작하고, 이런 느낌을 새롭게 출현한 개념적 자기 안으로 통합하려고 시도한다. 이 중요한 분기점에서 실패하면 고전적 신경증, 즉 불안, 우울, 공포, 강박행동 장애, 새롭게 내면화된 초자아의 지배 아래 과도한 죄책감이 생길 수 있다. 개념적 자기의 신체의 느낌(특히, 성과 공격성)을 두려워하고 이에 압도되며, 이런 느낌에 대항해서 스스로를 방어하려는 그릇된 노력을 하면서 이들을 지하로 보내는 것으로 끝을 맺는다. 그렇지만 지하에서는 자각에 직면할 때보다 더 고통스럽고 공포스럽다."[19]

---

17) Wilber, K., *Sex, Ecology, Spirituality*, Shambhala Publications, Inc. 2000, p.225 (이하 Wilber(2000a)로 표기함).
18) 윌버, 조효남 역, 『모든 것의 역사』, 서울: 대원출판, 2004, 280쪽; Wilber(2000), p.205.
19) 윌버, 조옥경 역, 『통합심리학』, 서울: 학지사, 2008, 148-149쪽 참조; Wilber(1999),

(2) 4단계(분기점-4) : 규칙-역할심 수준(Rule/role mind level)

윌버는 이 단계가 피아제의 구체적 조작기(concrete operational phase)에 해당되며, 평균 6~7세에 출현하고 대략 11~14세까지의 인식을 지배하며, 아동이 타인의 역할을 담당하는(타인의 입장에 서는) 법을 배우게 된다고 했다. 이 단계는 가감승제, 게임의 논리, 위계화 같은 이지적 규칙을 형성하고 역할을 담당할 수 있는 능력을 수반한다.[20] 이것은 세계중심적 조망을 할 수 있는 중요한 시작이 된다. 자신의 견해가 세상에서 유일한 견해가 아니라는 것을 알기 시작하며, 이 어린이의 전체 도덕적 자세는 자아중심적이거나 전관습적 자세로부터 관습적이며 고도의 순응자적 자세로 전환된다. 이 단계에서 결정적으로 중요하게 되는 것은 '내가 나의 충동에 어떻게 적응하는가'가 아니고 '내가 어떻게 나의 역할, 나의 집단, 나의 감시집단, 나아가 국가와 민족에 어울리는가'이다. 이제 나는 타인의 역할을 취하고 있고 내가 어떻게 타인과 어울리는가 하는 것이 결정적으로 중요하다. 즉 나는 다시 한 번 탈중심화되고 차별화되고 초월하게 된다. 그래서 이러한 사회 중심적 자세는 처음 세 수준의 자아중심적 자세로부터의 주요 변용(變容) 혹은 패러다임 이동이다.[21]

이 수준에서는 배려와 관심이 나로부터 집단으로(거기까지만) 확대된 것으로서, 만약 집단의 일원(예컨대 나의 종족, 나의 신화, 나의 이데올로기의 일원)이면 '구원'까지도 되지만, 만약 다른 문화, 집단, 사회에 속한다면 저주를 받게 된다. 그러므로 이러한 자세는 매우 민족중심적으로 되기 쉬운

---

pp.535-536.

20) Wilber, K., *Transformation of Consciousness*, Shambhala Publications, Inc, 1986, p.71(이하 Wilber(1986)으로 표기함).

21) 윌버, 조효남 역, 『모든 것의 역사』, 서울: 대원출판, 2004, 300-301쪽; Wilber(2000), p.218.

경향이 있다. 바꾸어 말하면 나는 나의 자아로부터 나의 집단 쪽으로 탈중심화할 수 있지만, 아직도 나의 집단을 탈중심화할 수 없다. 또한 아직 진실로 탈중심화된 보편적인 다원주의적 자세로 이동할 수 없지만 천천히 옮겨가는 단계이기도 하다. 즉 이 수준은 정체성이 자아중심적에서 사회중심적으로 전환하여 자신의 정체성을 정립하는 단계이다. 이제 우리는 세상을 타인의 눈을 통해 보게 되고, 그럼으로써 나와 나의 것이라는 속박을 넘어 있는 더 넓은 의식에 이르게 된다.

윌버는 4단계에서 자기가 타인의 역할을 취할 수 있게 됨에 따라, 사회 중심적인 인습적 단계로 진입하게 된다고 했다. "자기는 타인의 역할을 취하면서 자기 중심/전인습적 단계에서 사회 중심/인습적 단계로 이동하기 시작한다." 이 지점에서 "무언가가 잘못되면 '각본병리'(script pathlolgy)가 일어나는데, 이는 자기가 습득하는 잘못되고 오도하며 때로는 해를 끼치는 모든 각본, 이야기를 말한다." 윌버는 이러한 각본을 구성하는 자동적 사고를 인지치료를 통해서 개인이 스스로에 대한 잘못된 개념을 수정하고, 보다 정확하고 건강한 각본으로 바꾸도록 돕는 것이라고 했다.[22]

인지적 심리치료법 분야의 선구자인 벡(A. Beck)은 일련의 가짜 대본들이나 신념들을 마치 진실인 것처럼 사람들이 계속 반복하고 있다는 사실을 찾아냈는데, 예를 들면 이런 것이다. '만일 어느 한 사람이 나를 좋아하지 않는다면 그것은 아무도 나를 좋아하지 않는다는 것을 의미한다. 만일 내가 일자리를 얻지 못한다면 나의 인생은 끝나고 말 것이다' 등으로 표현된다. 윌버는 분기점-4의 대본분석과 분기점-3의 폭로분석의 혼합형태가 통상적인 치료법이라고 했다.[23]

---

[22] 윌버, 조옥경 역, 『통합심리학』, 서울: 학지사, 2008, 140, 149-150쪽 참조; Wilber(1999), p.528. pp.536-537.

(3) 5단계(분기점-5) : 형식적 반성적 마음 수준(Formal-reflexive mind level)

윌버는 5단계를 피아제의 형식적 조작기(formal operational)와 같고 11~15세경에 출현한다고 했다. 이 단계에 이르러 세계에 대한 생각을 할 수 있어서 다원론적이며 보편적인 관점을 취할 수 있을 뿐만 아니라, 사고(thought) 그 자체에 대해 가설-조작적인 연역적 사고, 추리적 사고를 할 수 있다.24) 그것은 단지 세계에 대해 생각하는 것이 아니라 사고하는 것에 대해 사고하는 것이다. 이것은 개인이 다른 가능한 세계들을 상상하기 시작할 수 있다는 것을 의미한다.

나아가 생각에 대하여 생각하는 것은 진정한 내성(內省)이 가능하게 된다는 것을 의미한다. 이것은 지금까지 단계 4에서 비성찰적으로 받아들였던 규칙과 역할을 판단하는 데 착수할 수 있으며, 도덕적 자세는 관습적 단계로부터 탈관습적 단계로 이동한다. 우리는 자신의 관습적 사회를 비판할 수 있고, 생각에 대해 생각할 수 있기 때문에 규범을 규범화할 수 있다. 말하자면 규범에 동의할 수도 하지 않을 수도 있고, 더 이상 규범들에 동일시되지 않고, 그리하여 그들로부터 어떤 일정한 거리를 두게 되고, 어느 정도까지는 그들을 초월해 버린 것이다.25)

이제 우리는 사회중심적으로부터 세계중심적으로 옮겨간 것이다. 그리하여 우리는 탈관습적이거나 글로벌하거나 세계중심적 자세를 갖는다. 그

---

23) 윌버, 조효남 역, 『모든 것의 역사』, 서울: 대원출판, 2004, 303-304쪽; Wilber(2000), pp.219-220.
24) 윌버, 조효남 역, 『모든 것의 역사』, 서울: 대원출판, 2004, 305쪽; Wilber(2000), p.221. 그리고 Wilber(1986), p.71.
25) 윌버, 조효남 역, 『모든 것의 역사』, 서울: 대원출판, 2004, 307쪽; Wilber(2000), p.222.

리하여 사회중심적에서 세계중심적으로의 이러한 변용에서 자기는 다시 한 번 탈중심화한다. 나는 나의 자아를 집단 쪽으로 탈중심화함으로써 자아 중심적에서 민족중심적으로 나아갔고, 이제는 나의 집단을 세계 쪽으로 탈중심화함으로써 민족중심적에서 세계중심적으로 나아가는 것이다. 한 조사에 따르면 미국 인구의 4%만이 이 고도의 단계에 이르렀다고 보고되었다. 이것은 매우 어려운 변용이지만 이것이 성공할 경우 의식의 발달과 진화의 모든 단계에서 진정 처음으로 우리는 세계중심적이고 글로벌한 조망을 지니게 된다.[26]

"분기점-5에서 자기반성적 에고(self-reflexive ego)가 출현하면서 인습/순응주의자에서 후인습/개인주의 단계로 무게중심이 이동함에 따라 자기는 '정체감 대 역할 혼동'에 직면한다." 이 단계에서 "장애는 종종 순응주의자 역할과 전각본적인 도덕성에서 양심이라는 보편적 원리와 후인습적 정체성으로 향하는 대단히 어려운 과도기에 집중된다. 어머니, 아버지, 사회 혹은 성경을 따르는 것이 아니라 나 자신의 가장 깊은 양심에 따를 때 나는 누구인가? 에릭슨의 '정체성 위기'(identity crisis)는 이 시기의 많은 문제를 고전적으로 요약한 것이다." 윌버는 형식 반성심이 발달 과정상의 병리로 나타나는 것이 정체성 신경증(identity neurosis)이라고 했다.[27]

(4) 6단계(분기점-6) : 비전-논리적 수준(Vision-logic level)

윌버는 기존의 발달심리학에서 보여주는 발달의 최고 단계가 비전-논리적 수준이라고 했다. 이 단계는 통합적인 자각인식의 한 형식으로, 시스템

---

26) 윌버, 조효남 역, 『모든 것의 역사』, 서울: 대원출판, 2004, 310쪽 참조; Wilber(2000), pp.223-224.
27) 윌버, 조옥경 역, 『통합심리학』, 서울: 학지사, 2008, 140, 150-151쪽 참조; Wilber(1999), p.528. p.537.

이론을 가능하게 한다. 이것은 고립된 자기나 원자론적 자기나 자아중심적 자기를 의미하는 것이 아니라 오히려 자신의 책임과 봉사의 회로망 내에서 통합된 자기를 의미하는 것이다. 이 단계는 '심신이 모두 통합된 자기의 체험'이라고도 할 수 있다. 이 단계에서의 자기는 첫째로 마음과 신체 양쪽 다 체험으로 인식하고 있다. 말하자면 주시하고 있는 자기가 출현하여 마음과 신체 양쪽을 다 초월하기 시작하고, 그리하여 그것들을 자각인식의 대상으로, 즉 체험으로 인식할 수 있다. 그것은 단지 세계만을 바라보고 있는 마음이 아니라 마음과 세계 양쪽을 다 바라보고 주시하고 있는 자기이며 강력한 초월이다. 둘째로, 주시하고 있는 자기가 마음과 신체를 초월하기 시작하고 있다는 바로 그 사실 때문에 마음과 신체를 통합하기 시작할 수 있다.28)

이 단계의 실제적 자기의 특징 중의 하나는 관습적이고 마음을 마비시키는 위안들 모두를 이제 더 이상은 높이 생각하지 않는다는 것이다. 즉 보다 더 진정한 혹은 실존적인 자기의 창발이 이 단계의 일차적인 과제이다. 유한한 자기는 죽게 되어 있고, 그래서 이러한 사실을 직면하는 것이 진정한 자기로 되는 것의 일부이다.29) 우리들 한 사람 한 사람은 현존재이다. 우리는 사실 우리 자신을 잘 모르기 때문에 끊임없이 욕망을 추구한다. 그런데 욕망은 환영에 불과하기 때문에 우리는 불안을 경험하고 죽음을 보게 된다. 그리고 자기의 유한성을 깨닫는다. 그 사실을 그대로 받아들이는 것, 이것이야말로 하이데거가 의미하는 자기 자신의 진정한 '세계-내-존재'를 발견하는 것의 일부이다. 즉 현존재, 우리의 존재 이해는 '세계 이해'와 함께

---

28) 윌버, 조효남 역, 『모든 것의 역사』, 서울: 대원출판, 2004, 314-315쪽 참조; Wilber(2000), pp.225-226.
29) 윌버, 조효남 역, 『모든 것의 역사』, 서울: 대원출판, 2004, 318-322쪽 참조; Wilber(2000), pp.228-230.

간다. 진정한 해체는 과거의 전통과 부정적 관계 속에 있는 것이 아니라 비판적 고찰을 통해 거기로부터 긍정적 가능성을 끄집어내는 것이다.

그렇지만 실존적 수준의 전체 핵심은 우리는 아직 자아초월적 수준에 있지 않다는 것이고, 개인적 수준에서도 더 이상은 총체적으로 정착되어 있지 않다는 것이다. 즉 전체 개인적 영역은 심각하게 무의미해지기 시작하며, 이 의미의 결핍성이 이 수준의 병리의 중심적 특색이 된다. 이처럼 모든 욕구가 희박해지고 개인성이 총체적으로 무미건조해져 버린 영혼, 이것이 바로 초개인적 자아초월 영역의 가장자리에 와 있는 영혼이다.

여기서 자기는 마음과 신체 양쪽 모두 체험으로 인식한다. 말하자면 주시하고 있는 자기가 마음과 신체 양쪽을 다 초월하기 시작하고 있고, 그리하여 그것들을 자각인식의 대상으로, 즉 체험으로 인식할 수 있다. 또한 주시하고 있는 '자기'가 마음과 신체를 초월하기 시작하고 있다는 바로 그 사실만으로도 마음과 신체를 통합하기 시작할 수 있다. 이 분기점에서도 1-2-3과정을 거친다. 형식적 마음과의 초기의 동일시가 있고, 자기는 마음으로부터 차별화하고 나서 하나의 대상으로 보기 시작한다. 이제 자기는 더 이상 마음과 전적으로 동일시되지 않게 되므로 마음을 인식에서의 다른 요소들과, 즉 신체 및 그 충동과 통합할 수 있다.[30]

윌버는 6단계에서 "충분히 통합된 심신체의 가능성과 함께 주마등 같은 비전-논리의 관점이 생기며 인간의 삶이 유한하다는 사실을 스스로 자각하는 실존적 쟁점과 문제가 전면에 부각된다." "비전-논리가 출현함에 따라 후인습적 자각은 충분히 보편적인 실존적 관심, 즉 삶과 죽음, 확실성, 심신체의 완전한 통합, 자기실현, 전 지구적 자각, 전일적 포용으로 심화되는데,

---

[30] 윌버, 조효남 역, 『모든 것의 역사』, 서울: 대원출판, 2004, 315쪽; Wilber(2000), p.225.

이 모두를 켄타우로스의 출현으로 요약할 수 있다. 진아로 향하는 고고학적 여정에서 개인 영역의 독점적 지배가 끝나고 빛나는 영의 껍질이 벗겨지며 그 보편적인 광채가 점점 빛나기 시작하면서 자기는 더욱 투명해진다."[31]

윌버는 이 단계에서 실존적 병리(existential pathology)가 나타난다고 했다. 실존적 우울(existential depression), 거짓됨(inauthenticity), 실존적 고립감(existential isolation)과 섬뜩함(uncanniness), 유산된 자기-실현(aborted self-actualization)과 실존적 불안(existential anxiety) 등의 다섯 가지 징후를 말한다. 실존주의자들은 이보다 더 상위적인 의식의 영역을 인정하지 않기 때문에 그들은 실존적 세계관에 고착되어 있게 된다. 그러다보니 누군가가 실존적 고뇌를 넘어서 나아가는 각성인식의 어떤 양태들이 있다고 주장하거나 고뇌를 드러내 보이는 대신 미소를 짓게 되면, 냉소적 눈초리와 만나게 되고 가증스러운 비난이 머리에 내리꽂히게 된다. 그 이유는 실존주의자들이 끝없이 음산한 것의 성역을 침범했기 때문이다. 그러므로 실존적 수준은 아직 트랜스퍼스널 수준에 있지 않으며 개인적 수준에도 총체적으로 정착되어 있지 않다. 즉 이러한 난제들을 적절히 다루지 못하는 경우, 무상함 속에서 느끼는 실존적 우울함, 자신의 유한성에 대한 심오한 인식이 부족한 상태, 실존적 고독감, 자아상실 혹은 죽음의 공포로 인한 실존적 불안 등의 증후가 나타날 수 있다.[32]

다. 초개인 수준

(1) 7단계(분기점-7) : 심혼적 수준(Psychic level)

---

31) 윌버, 조옥경 역, 『통합심리학』, 서울: 학지사, 2008, 140, 151쪽 참조; Wilber(1999), p.528, pp.537-538.
32) Wilber(1986), pp.117-118.

일곱 번째는 심혼적 단계로 자연신비주의 단계이다. 이 수준은 감각 운동적이고 합리적이고 실존적인 실재로부터 적절한 초개인적(자아초월)영역으로의 현격한 전환단계를 의미한다. 이 수준의 의식의 심층 구조는 더 이상은 전적으로 개체적인 자아나 실존적 자기에 한정되지 않는다는 자각인식이다.

윌버는 이 단계에서 초월적, 명상적인 발달이 시작된다고 보았다. 분기점 –6을 지나게 되면서 이제는 마음과 신체 양쪽을 다 알아차리게 되는, 주시하고 있는 자기로 기술될 수 있다. 세계의 위대한 신비가와 현인들에 의하면 주시하고 있는 자기는 더욱더 깊은 심층과 높이, 즉 신이나, 영에게, 절대 신성에게 다가간다. 깊이는 바로 의식이고 무한정 내려간다. 깊이가 증가되면서 의식은 더욱더 눈에 띄게 정면으로 비추어진다. 비전–논리 과정을 거치게 되면서 이제 자기는 마음 자체와도 탈동일시하기 시작한다. 의식이 마음을 주시할 수 있고, 마음을 볼 수 있고 마음을 체험할 수 있다.[33] 마음은 더 이상 그저 하나의 주체가 아니라 이제 객체가 되기 시작하는 것이다. 자기가 마음으로부터 탈동일시 되기 시작할 때 자기는 자아초월적으로 되어 가기 시작한다고 말할 수 있다.

심혼적 수준에서 개인은 분리된 자기–감각(실존적 자기조차도)을 해체하고 일시적으로 전체 조대(粗大, gross) 세계나 감각 운동적 세계와의 동일성을 발견할 수도 있다. 윌버의 말을 그대로 인용하면, "당신의 각성 의식 속에 이완되고 해방된 채로 당신은 멋지게 자연과의 소요 속에 있으면서 아름다운 산을 바라보고 있는데, 느닷없이 어느 순간에!–갑작스레 바라보는 자는 없고 오직 산만–그래서 당신이 곧 산입니다. 당신이 여기서 저기

---

33) 윌버, 조효남 역, 『모든 것의 역사』, 서울: 대원출판, 2004, 331–334쪽 참조; Wilber(2000), pp.235–238.

밖에 있는 산을 바라보고 있는 것이 아닙니다. 단지 산만 있고 그것이 그 스스로를 보고 있는 것 같아 보이거나, 아니면 당신이 내부로부터 그것을 보고 있는 것 같아 보입니다. 산은 당신 자신의 피부보다 당신에게 더 가까이 있는 것입니다."34) 말하자면 주체와 객체 사이에, 즉 나와 저기 밖에 있는 전체 자연의 세계 사이에는 분리가 없다.

심혼적 수준에서 자기는 생태-지성적 자기라고 일컬어질 수 있는 상위적인 참자기(Self) 혹은 에머슨의 대혼(the Over Soul) 혹은 세계혼(the World Soul)이라고 한다. 세계혼을 체험하는 자기는 전인류라는 존재권 내에서의 정체성, 곧 인간 중심의 세계중심적 자기의 한계를 벗어나서는 스스로를, 곧 모든 유정(有精)의 존재[일체 중생]라고 선언하는 것이다.35)

심혼적 수준의 모든 발달이 공통으로 갖고 있는 점은 그들은 한 발은 조대의 평범한 개인적 영역에 담고 있으면서 다른 한 발은 초개인적 영역에 담고 있는 것이다. 이것은 보통의 몸, 마음, 문화의 초월을 수반하며, 이러한 초월적 현상의 일부로는, 예비 단계의 명상적 상태, 무속적 환상과 여행, 자동적인 영적 각성, 더 나아가서는 자연의 여러 모습들과의 동일시(식물과의 동일시, 동물과의 동일시)로부터 모든 자연(우주의식, 자연신비주의, 세계혼)과의 동일시에 이르는 모든 것이 포함된다.36)

"분기점-7에서는 그저 스쳐가는 절정 경험이 아니라 새롭고 높은 구조로서 초개인 영역이 초점의 대상이 되기 시작하는데, 새롭고 높은 병리가

---

34) 윌버, 조효남 역, 『모든 것의 역사』, 서울: 대원출판, 2004, 331쪽; Wilber(2000), p.235.
35) 윌버, 조효남 역, 『모든 것의 역사』, 서울: 대원출판, 2004, 333-334쪽 참조; Wilber(2000), p.238.
36) 윌버, 조효남 역, 『모든 것의 역사』, 서울: 대원출판, 2004, 339-340쪽 참조; Wilber(2000), p.240.

일어날 가능성도 함께 일어난다." 윌버는 이 단계에서 발생하는 병리를 심혼적 장애(psychic disorder)라고 했다. 병리의 종류는 세 가지-자연발생적 각성(the spontaneous and usually unsought awakening), 유사-정신병적 삽화(psychotic-like episodes), 초보수행자 견습 기간에 나타나는 병리-이다.37)

(2) 8단계(분기점-8) : 정묘적 수준(Subtle level)

여덟 번째는 정묘적 단계로 신성신비주의 단계이다. 윌버는 정묘적 수준은 비언어적이고 초언어적이며 순수하고 정묘한 직관이라고 했다. 정묘란 단순히 조대적인 보통의 깨어있는 의식보다 더 정묘한 과정이라는 것을 의미한다. 이러한 것들에는 내면적 빛과 소리, 원형적 형상과 패턴들, 지극히 정묘한 지복의식의 조류와 내면의 인지능력, 사랑과 자비가 확대되는 감동적 상태뿐만 아니라 더 정묘한 병리적 상태까지도 포함된다. 이 수준은 포괄적인 유형의 신비주의이며, 유신론적[신성](deity)신비주의라고도 일컫는다. 다시 말해서 그 이름이 무엇이든 간에 우리가 예배하는 초월적 존재로서의 '신'(God)과의 합일의 단계이다. 즉 무한히 위에 존재하는 빛과 지복을 그 자체로 직접 체험하게 되는 것으로 신성의 본래적 형태이자 자신의 가장 깊은 구조이다.38)

이러한 상위수준들의 심층구조는 모든 인간들에게 잠재능력으로 이미 주어져 있지만, 그 표층구조는 의지적, 행동적, 문화적, 사회적 패턴에 의해 만들어지고 형성되며, 게다가 체험자체도 해석적 요소를 수반하고, 이는

---

37) 윌버, 조옥경 역, 『통합심리학』, 서울: 학지사, 2008, 140쪽 참조; Wilber(1999), p.528.
38) 윌버, 조효남 역, 『모든 것의 역사』, 서울: 대원출판, 2004, 344-345쪽; Wilber(2000), pp.243-244.

다양한 배경 없이는 도저히 나아갈 수 없다. 그러나 내면적 조명에 대한 이러한 정묘한 체험은 문화 횡단적으로 일어나고 있고 또 더 나아가서는 많은 경우에 문화적 배경은 이러한 체험들을 공식적으로 부정하거나 금지하고 있지만, 그 체험들은 계속해서 생겨나고 있기 때문에, 이 정묘한 체험의 기본적인 실재성은 문화에 의해 단순히 혹은 자의적으로 구성된 것은 아니다. 이러한 것들은 존재론적으로 실재하는 사건들이며, 실제로 엄연히 존재한다. 그러나 이러한 언급대상들은 감각 운동적 세계 공간 내에 존재하지 않고 합리적 세계 공간 내에도 존재하지 않고 실존적 세계 공간 내에도 존재하지 않는다. 그것은 정묘적 세계 공간 내에 존재하고 그들에 대한 증거는 거기에서 찾아질 수 있는 것이다.[39]

여기서 윌버가 말하는 원형은 융적인 의미의 원형이 아니다. 전형적인 융적 원형은 인간 의식의 마법적이고 신화적인 차원에 놓여 있으며 집합적으로 유전된 기본적인 이미지나 형상들로 기본적이거나 원초적 이미지들은 모든 곳에 있는 인간들이 접하게 되어 있는 매우 공통적이고 전형적인 체험을 나타낸다. 이러한 것들에는 출생체험, 어머니, 아버지, 자아심리학에서의 그림자, 에고, 아니무스(animus)와 아니마(anima) 등등의 체험이 포함된다. 이러한 전형적인 기본 이미지들은 인류의 집합적 정신 속으로 스며들게 해온 것이다. 그래서 가령 자신의 어머니와 조우하게 되는 경우 자신의 특정한 어머니와 조우하고 있는 것이 아니라 세상의 '어머니'와도 '태모'(太母)와도 상관하고 있는 것이다.[40]

윌버는 이러한 융적 원형들은 일반적으로 인류의 기본적이고 집합적이며

---

[39] 윌버, 조효남 역, 『모든 것의 역사』, 서울: 대원출판, 2004, 346-347쪽; Wilber(2000), pp. 244-245.
[40] 윌버, 조효남 역, 『모든 것의 역사』, 서울: 대원출판, 2004, 347-348쪽; Wilber(2000), p. 245.

전형적인 조우들의 보고가 될 성향이 농후하다고 말한다. 융적 원형들은 실재적이고 중요하기는 하지만 전개인적·개인적·초개인적 구성요소로 신중하게 차별화하는 것에 실패를 했고, 그 자체만으로는 초개인적이거나 순수하게 영적인 인식의 근원이 아니라고 했다. 오히려 윌버는 그것을 전개인적·전인습적·전합리적 범주에 넣는다. 어떤 것이 집합적이라고 해서 반드시 초개인적(자아초월)은 아니다. 사실상 그 원형들은 대개의 경우 자각인식에서의 퇴행적인 인력, 즉 더 상위적인 발달을 역균형 시키는 납덩이 추와 같은 것이기 때문에 포용할 대상이 아니라 반드시 극복되어야 할 대상일 뿐이다.[41]

　윌버가 언급하는 진정한 원형은 서양의 신플라톤주의적 전통으로부터 동양의 베단타·대승불교·삼신(三身)사상 전통에 이르기까지 현현하는 모든 것들이 의존하고 있는 정묘한 형상이다. 이러한 '형상'은 원초의 패턴 혹은 일차적인 주형을 의미하는 용어인 실제적인 원형이다. 하위적인 모든 빛들이 그것의 희미한 그림자에 지나지 않는 참 광명(light)이 있고, 하위적인 모든 인지가 단지 그것의 반사에 지나지 않는 궁극의 '의식'이 있고, 더 하위적인 모든 소리가 그것의 얕팍한 메아리에 지나지 않는 원초적 '소리'가 있다. 이러한 것들이 진정한 원형이라고 윌버는 말한다. 이는 또한 명상적 수행이나 교의나 패러다임을 받아들인 다음 스스로 그 실험을 실행해야만 이해할 수 있다고 했다. 그러지 않고서는 이러한 원형들을 이해할 수가 없다. 가장 일반적으로 받아들여지고 있는 해석에 의하면 '현현하는 전 세계의 기본 형상과 바탕을 들여다보고 있는 것'이다. 에머슨(Emerson)이 말했듯이 그 내면은 바로 '신성한 신'이 거주하는 성소이다.[42]

---

[41] 윌버, 조효남 역, 『모든 것의 역사』, 서울: 대원출판, 2004, 349-350쪽; Wilber(2000), p.246.

테레사 수녀는 '내면의 성'(Interior Castle)이라는 저서에서 '일곱 개의 저택'(seven mansions)이라는 메타포를 사용하여 일곱 단계의 의식발달에 대해 설명하고 있다. 그 중 여섯 번째 저택은 내면의 통찰, 환희, 정묘한 음색과 비전, 고요함과 회상의 유형, 창조적 패턴으로서의 진정한 원형적 형태 등 정묘 수준의 발달에 대해 매우 적절하고 표현하고 있다.43) 또한 이 수준은 상좌부 계통 불교에서의 집중명상 단계 중 '원형적 광명' 혹은 '브라만의 영역'과도 관련이 깊다고 볼 수 있다. 위빠사나 명상에서 가짜 열반의 단계, 광명과 환희, 최초의 초월적 통찰단계로 보았으며 오로빈도의 '직관적 마음'(intuitive mind)에 해당한다.44)

윌버는 정묘적 병리로서 이 단계에서 통합-동일시의 실패(integration-identification failure)한 경우와 유사-열반(pseudo-nirvana), 유사-깨달음(pseudo-realization)을 들고 있다.

(3) 9단계(분기점-9) : 원인적 수준(Causal level)

윌버에 따르면 정묘적 형상은 공(空)의 영역으로부터 직접 솟아나는 것인데, 이 영역이 바로 원인적 수준이다. 어느 한 특정한 종류의 명상으로 우리가 순수한 공 속에서 주시하고 있는 자기, 즉 주시자(the Witness)를 바로 그 근원으로 밀고 들어갈 때 전혀 아무런 대상도 의식 속에 생겨나지 않는다. 이것이 원인적 상태이고, 이러한 상태는 단순한 공백이 아니라 오히려 완전한 충만성이 있다는 것을 제외하고는 흔히 꿈이 없는 깊은 수면의 상태

---

42) 윌버, 조효남 역, 『모든 것의 역사』, 서울: 대원출판, 2004, 355-357쪽; Wilber(2000), pp.248-249.
43) Wilber(2000a), pp.303-303.
44) Wilber(2000a), pp.301-307.

와 같은 것으로 간주된다. 그것은 여여(如如)한 것으로-말하자면 너무나 충만하여 그 어떤 현현도 그것을 포함하려고 엄두조차 낼 수 없을 정도로 궁극의 존재의 충만함 속에 무한정 흠뻑 젖어 있는 것으로-체험되는 경지이다. 이러한 순수한 자기가 바로 결코 하나의 대상으로 보여질 수 없기 때문에 순수한 '공'이다.[45]

누군가가 '당신은 누구입니까?'라고 묻는다면 당신은 자신에 관해 아는 모든 것들을 열거할 것이다. 하지만 당신이 알고 있는 이미지, 관념, 욕망이나 감정들 등 그러한 것들 모두는 당신의 인식 속에 있는 대상들이다. 그 인식 속에 있는 그러한 대상들 모두는 정확히 말해 '주시하고 있는 자기', '참자기'(Self)가 아니다. 단순히 보여지는 자기인 것이다. 순수한 '보는 자'는 어떤 대상이 아니다. 그래서 우리가 자각인식 속으로 '되밀고 들어가서' 보거나 볼 수 있는 여하한 것이라도 개개의 모든 대상을 다 탈동일시 해야 한다.[46]

그렇다면 참 '보는 자'는 누구인가? 주시하고 있는 '자기'는 누구이고 무엇입니까? 마하리쉬(R. Maharishi)는 이 주시자를 '나의 나'(the I-I)라고 일컬었는데, 왜냐하면 그것은 개인적 나 혹은 자기를 알아차리고 있지만 그 자신은 보여질 수 없기 때문이다. 그렇다면 이 '나의 나', 이 원인적 '주시자', 이 순수한 주시하고 있는 '자기'는 무엇인가?[47]

윌버에 따르면 '자기'나 '보는 자', '주시자'는 어떤 독특한 상념이나 지각

---

45) 윌버, 조효남 역, 『모든 것의 역사』, 서울: 대원출판, 2004, 360-361쪽; Wilber(2000), p.251.
46) 윌버, 조효남 역, 『모든 것의 역사』, 서울: 대원출판, 2004, 362-363쪽; Wilber(2000), pp.251-252.
47) 윌버, 조효남 역, 『모든 것의 역사』, 서울: 대원출판, 2004, 363쪽; Wilber(2000), p.252.

들이 아니다. 신체도 마음도 자아도 아니다. 보는 자는 어느 특정한 지각이 아니다. 그렇다면 당신 속의 무엇이 그러한 모든 대상들을 바라보고 있는 가? 우리는 보거나 볼 수 있는 여하한 것이라도 개개의 모든 대상을 탈동일시하여 이 순수한 주체성, 이 순수한 보는 자 속으로 계속 밀고 들어갈 때 그것은 더 이상 하나의 대상으로 보이지는 않는다. 그것은 하나의 대상이 아니기 때문에 당신은 그것을 하나의 대상으로 볼 수 없다. 오히려 이 주시적 각성 인식 속에서 조용히 안식을 취하고 있을 때 우리가 실제로 느끼고 있는 것은 단순히 자유감, 해방감이고, 우리가 조용히 주시하고 있는 어느 대상들에 대한 광활함이다.[48]

  이 순수한 주시자는 결코 보여질 수 있는 어떤 것이 아니며, 이 주시하고 있는 것 안에서 안식할 때 지각하는 모든 것은 광대한 공, 광대한 자유, 광대한 팽창이다. 이 속에서 우리는 대상들로부터의 완전한 해방, 그리고 그들의 소란, 그들의 욕망, 그들의 공포, 그들의 희망에 사로잡히지 않은 완전한 '자유' 속에 있게 된다.

  사물은 인식 속에서 생겨나고, 그들은 잠깐 머물다가 떠나가고, 그들은 오고 간다. 그들은 공간 속에서 생겨나고, 그들은 시간 속에서 움직인다. 그러나 순수한 주시자는 오가지 않는다. 그것은 공간 속에서 생겨나지도 않고, 시간 속에서 움직이지도 않는다. 그것은 항존하고 불변한다. 따라서 주시자는 스스로 공간에 자유롭고, 시간에 자유롭다. 그것은 무시간이고 무공간이다. 그것은 '시간의, 공간의, 출생의, 죽음의 조류' 속으로 결코 들어가지 않는다. 그것은 곧 무시간이고 무공간이다. 즉 시공이 행진하며 지나가게 하는 가장 순수한 '공'이다. 또한 이는 시간성의 흐름 속으로 들어

---

48) 윌버, 조효남 역, 『모든 것의 역사』, 서울: 대원출판, 2004, 363-366쪽; Wilber(2000), pp.252-254.

가지 않기에 불생(不生, Unborn)이자 불사(不死, Undying)이다. 그리고 삶과 죽음으로부터, 공간과 시간과 대상이 주는 고통으로부터, 그 속에 내재된 공포의 기제로부터, 윤회로부터의 해방을 의미한다.49)

이러한 주시자 자체가 원인적 비현현이다. 우리가 명상(혹은 요가) 수련을 통해 실제적으로 그 근원 속으로, 즉 '보는 자'의 순수한 주체성 속으로 계속 강도 높게 탐구해 들어간다면, 모든 객체와 주체들은 생겨나는 것을 전적으로 단순히 멈추게 된다. 이것은 순수한 무형상 신비주의이다. 말하자면 모든 대상들, 지각되는 형태로서의 '신'마저도 지멸 속으로 사라지고 그리하여 유신론적 신비주의는 무신론적(무형상) 신비주의에 길을 양보한다.50)

모든 가능한 대상들은 아직은 생겨나지 않고 있기 때문에 이것은 순수한 '공'의 완전한 비현현적인 상태이다. 주시자 자체, 순수의식 자체는 사물도 아니고 과정도 아니고 질(속성)도 아니고 존재도 아닌 궁극적으로 순수한 공이다. 그리고 이것은 모든 하위적인 차원에 대한 토대이거나 원인이거나 창조적 기반이기 때문에 원인적이라고 한다.

원인적 수준은 영지주의에서 말하는 천지창조 이전의 혼돈, 대승불교의 공, 베단타의 무정형과 진지(眞知), 힌두교의 이미지 없는 자각, 선의 십우도(十牛圖)의 인우구망(鱗羽句芒)으로 묘사되었다. 오로빈도는 이를 '초월적 마음'(overmind)이라고 불렀다.51)

앞에서 윌버가 제시한 의식의 기본 구조와 병리에 따른 치료 양식은 어느

---

49) 윌버, 조효남 역, 『모든 것의 역사』, 서울: 대원출판, 2004, 366-368쪽; Wilber(2000), pp. 254-255.
50) 윌버, 조효남 역, 『모든 것의 역사』, 서울: 대원출판, 2004, 369-370쪽; Wilber(2000), pp. 255-256.
51) Wilber(2000a), pp. 309-316.

한 수준에만 적용되는 것이 아니라 한두 개 수준에 초점을 맞춘다. 만약 더 멀리 떨어진 영역에 적용될 때는 그 효과가 점차 떨어진다고 보았다. 그럼에도 불구하고, 모든 치료 수준에 있어서 공통적인 것은 '자각'임을 지적하였다. 즉 자각 그 자체가 치료적임을 의미한다. 이는 각 단계를 의식적으로 충분히 경험함으로써, 그 자체로 수용될 수 있게 되므로, 그 의식을 떠날 수 있게 하기 때문이고, 이에 따라 다음 단계로 초월, 통합과 포함이 가능하게 되는 것이라고 했다.

윌버는 의식의 기본 구조와 병리/치료에 관한 자신의 견해를 다음과 같이 정리하고 있다(도표 2 참조). 물질, 신체, 마음, 혼, 영에 이르는 거대한 형태 형상적 이동의 모든 파동에서 의식의 양상이 분열되고 왜곡되며 무시될 수 있다. 신체의 측면이 억압되거나, 마음의 요소가 왜곡되거나, 혼의 측면이 부정되거나, 영의 외침이 무시될 수 있다. 각각의 경우 소외된 이런 측면은 '고착 지점(stick point)' 혹은 자각의 상처로 남아 있거나 분열의 유형이 결정된다. 이런 측면을 접촉하고(혹은 재접촉하고) 자각하고 충분히 경험함으로써 의식은 진화적 전개의 흐름 절반에서 중요하게 드러나는 그들의 목소리를 분리시키고(초월하고) 통합시킬(포함시킬) 수 있다.

라. 궁극의 수준

(1) 10단계(분기점-10) : 궁극의 수준(Ultimate level)

윌버는 궁극의 해탈, 순수한 열반을 의미하는 인과적 수준에서 '공'과의 합일을 이루지만, 비이원적 궁극의 수준이 있다고 보았다. '주시자'를 향해 탐구해 들어가면, 주시자의 존재를 인식하게 되고, 주시자가 존재한다는 느낌 그 자체가 사라지고 대상이 사라지는 경험을 하게 되고, 더 나아가 주시자는 주시되어지고 있는 모든 것임을 알게 되어 비이원적인 것(the Nondual)으로 나아가게 된다. 바로 이 경지가 "색즉시공(色卽是空), 공즉시색(空卽是色)"이다. 전반적으로 어느 종류의 '보는 자'라거나 '주시자'라거나 '진아'라거나 하는 느낌이 모두 함께 사라진다. 왜냐하면 자각인식은 이 안에서 보고 있는 주체와 저 밖에서 보여지는 객체로 더 이상 분열되지 않기 때문이다. 오직 순수하게 보는 것만이 있으며, 의식과 그것의 표출은 불이(不二)이다. 현실 세계는 우리에게 이중으로 주어져 있는 것이 아니다. 현실 세계는 즉각적으로 한 번 주어져 있는 것이고, 하나의 느낌이고, 일미(一味)이다. 즉 현실 체험은 우리가 그것을 분할하기 전에는 원래 이원성을 포함하고 있지 않다. 실재적 현실 체험 자체는 본래 비이원적이다.[52]

불이는 일체 존재는 하나도 아니고 둘도 아니라는 불일불이의 그 불이를 의미한다. 우리는 본래 없는 것에 대한 한 생각을 일으키는 순간, 둘이 아닌 것을 둘이라고 생각한다. 그렇게 생각한 두 개의 항에 대해 언어로 표현한다. 언표된 언어들이 사람들 사이에 부단히 사용되다 보면 그 언어가 지시하는 대상이 실제로 있는 것이라고 확고하게 암묵적으로 전제하게 된다.[53] 이 있는 것을 우리들은 집착하게 되는 것이다. 둘이 아닌데 둘이라고 하는 인간의 집착을 공으로 혁파하고, 해탈을 얻게 되는 것이 비이원 수준이다.

즉각적 현실 체험에는 두 번이란 것도 없고, 두 개란 것도 없다. 안쪽도 없고 바깥쪽도 없고, 주체도 없고, 객체도 없다. 즉 '내가 종이 울리는 소리를 들었을 때, 거기에는 나도 종도 없고 다만 종소리만 있었다'는 것이다.

---

52) 윌버, 조효남 역, 『모든 것의 역사』, 서울: 대원출판, 2004, 372-375쪽; Wilber(2000), pp.257-260.
53) 권서용, 「유마경」 도서출판 메타노이아, 2016, 10쪽.

세계는 결코 우리에게 두 번 주어지지 않고 다만 언제나 오직 한 번만 주어진다. 그래서 우리는 일미이다. 이러한 비이원 상태, 일미의 상태는 노력을 통해 초래할 수 있는 어떤 체험이 아니라, 오히려 그것은 우리가 그것을 분할하기 전의 모든 체험의 진정한 본성이다.54)

다시 말해서 주체와 객체가 하나인 상태가 비이원 수준이며, 비이원 수준은 궁극의 수준이다. 우리가 깨닫든 그렇지 못하든 간에 우리가 겪는 모든 체험은 이미 비이원적이다. 그러므로 우리는 이러한 비이원성을 발견하기 위해 우리의 의식 상태를 변화시킬 필요가 없다. 비이원성은 모든 상태에 완전하게 존재하기 때문에 우리가 지닌 어떠한 의식 상태도 그대로 괜찮다. 그래서 특정한 상태로의 변화가 비이원적 전통에서의 요점이 아니라는 것을 인정하는 것이 곧 핵심이다. 모든 것은 지금 이 순간 우리의 인식 속에 있다. 우리가 단지 그것을 분간해 내지 못할 뿐이다. 즉각적인 인식을 밀착하여 바라보게 되면, 주체와 객체는 실로 하나이고, 사실 이미 하나이기 때문에 인정할 필요만 있다.55)

그러므로 비이원적 전통에서 요구하는 바는, 공으로 상주하라, 모든 형상(色)을 포용하라는 것이다. 해방(해탈)은 공 속에 있지 결코 색 속에 있지는 않지만, 공은 그 모든 대상들의 거울로서 모든 색을 포섭한다. 형상은 계속하여 생겨나고, 우리가 곧 형상들이다. 우리가 바로 현시(顯示)이고, 우리와 우주는 곧 '일미'이다. 우리의 '본래면목'은 순수한 '공'이고, 그래서 우리가 그 공의 거울 속을 들여다볼 때마다 우리는 오직 전체 '온우주'만을 보게 된다.56)

---

54) 윌버, 조효남 역, 『모든 것의 역사』, 서울: 대원출판, 2004, 378-379쪽; Wilber(2000), pp. 260-261.
55) 윌버, 조효남 역, 『모든 것의 역사』, 서울: 대원출판, 2004, 388쪽; Wilber(2000), pp. 266-267.

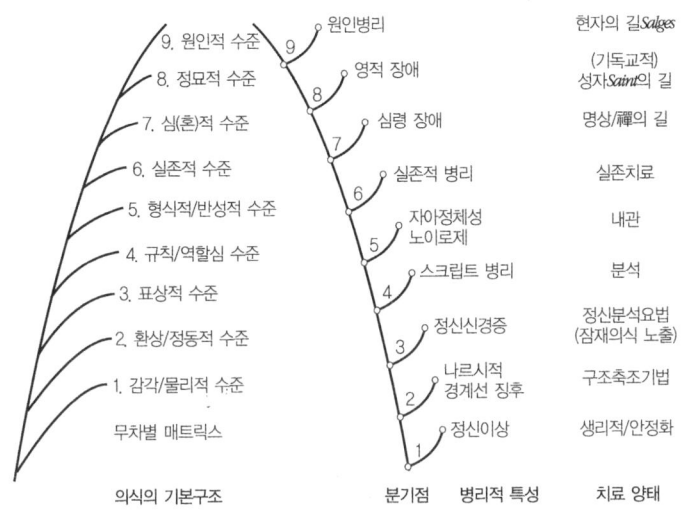

〈도표 2〉 의식의 기본 구조와 병증, 그리고 치료양태[57]

월버는 의식의 광범위한 전 영역을 하나의 큰 그림으로 그려내는데 있어 포괄적이고 통합적인 개념을 중시하였는데 이 과정에서 방대한 양의 자료들이 다소 일반화되고 경우에 따라서는 과도하게 단순화된 경향이 있음을 스스로 인정하고 있다. 이것이 현재까지 의식 스펙트럼 모델이 여러 단계에 걸쳐 지속적으로 보완 및 확장되어 온 하나의 이유라고 볼 수 있을 것이다.

---

56) 윌버, 조효남 역, 『모든 것의 역사』, 서울: 대원출판, 2004, 393쪽; Wilber(2000), p.269.
57) 윌버, 조효남 역, 『모든 것의 역사』, 서울: 대원출판, 2004, 566쪽, Wilber, K., *Transformations of Consciousness*, The Collected Works of Ken Wilber, Vo.l 4, Shambhala Publication, Boston, 1999, p.145

Ⅳ장

동물-되기 이후 주체의 의식 상태와 수준

다음 논의로 넘어가기 전에 앞에서 논의한 동물-되기를 정리하면 다음과 같다. 들뢰즈/가타리에 따르면 동물-되기는 무엇보다도 우선 동물의 신체적 감응을 만들어 낼 수 있는 속도와 힘을 나의 신체에 부여할 수 있어야 한다. 이는 어떤 특정한 동물이 되는 방식으로 자신의 신체적 힘과 에너지 분포를 바꾸어 새롭게 만들어내 그 동물과의 감응을 생산하는 것이다. 그런데 힘의 새로운 분포는 우리가 되고자 하는 관계 항으로서의 특정한 동물이 놓여있는 특수한 조건 속에 우리가 관여할 경우 이루어진다. 이 조건은 동물-되기의 한 방법인 '배치(assemblage)'와 연관된다.[1] 가령 한스의 말-되기는 특정한 배치 속의 한스가 역시 특정한 배치 속에 놓여 있는 말과 관계하여 새로운 배치를 형성함으로써 한스의 물질적 신체의 운동과 정지의 상태들, 그리고 이 상태들이 내포하는 힘과 강밀도에 의해 형성되는 감응들을 한스 자신에게 부여할 경우에 실현된다.

또한 들뢰즈와 가타리가 누누이 강조하듯이 동물-되기는 전적으로 실재적인(real) 것이다. 즉 되기는 되기를 행하는 바로 그 존재를 실재적으로

---

1) 들뢰즈/가타리, 김재인 역, 『천 개의 고원』, 새물결, 2003, 488-489쪽; Deleuze/Guattari (1987), pp.257-258. 배치란 되기에 관여하는 두 항, 가령 한스와 말이 처해 있는 각각의 특수한 조건을 나타내며, 생성은 이 두 항이 결합하여 형성된 새로운 배치와 연관된다. 이는 본문에서 자세히 다루고 있다.

변화시킨다는 의미가 된다. 여기에서 '되기의 블록' 개념은 중요하다. 되기는 되기의 블록으로부터 시작된다. 학춤을 추는 사람은 자신과 학 사이에 되기의 블록을 만든다. 그러나 학-되기가 학을 단지 흉내내는 것은 아니다. 그것은 누구나 할 수 있다. 되기가 이런 흉내를 내는 거라면 영화배우가 가장 되기를 잘 한다고 해야 할 것이다. 그러나 이런 흉내내기는 실재적 되기와는 아무 상관이 없다. 즉 동물-되기는 되기를 하려는 사람이 되고자 하는 그 동물이 실재적이지 않은 경우에도 실제적이다. 에이허브 선장의 고래-되기는 고래를 흉내내는 것이 아니다. 그것은 차라리 두 영역 사이에서, 짧은 순환, 각각이 탈영토화되는 코드의 포착하기와 마주치는 것이다.

그렇다면 되기란 도대체 무엇을 실재적으로 변화시키는 것일까? 들뢰즈/가타리는 이에 대해 여러 각도에서 다양한 답변들을 준비하고 있지만, 그것들 중 가장 중요한 것은 '감응'(affect)이다. 이 개념은 스피노자의 핵심 개념이며, 여기에서 우리는 들뢰즈/가타리가 스피노자의 사유를 독특하게 활용하고 있음을 눈치챌 수 있다. 그렇다면 한 존재가 자신의 감응을 변화시킨다는 것은 도대체 무엇을 뜻하는가? 이 물음에 대해 그것은 바로 기(氣)를 변화시키는 것이다.

되기란 한 존재가 자신의 기를 변화시키는 것이다. 이진경에 따르면 동물-되기란 기와 기세, 감응과 촉발을 표현하기 위해 비슷한 감응을 갖는 동물들을 쉽게 이용하는 동양적 사유에서 훨씬 더 이해하기 쉽다.[2] 동양에서는 무수한 권법들을 통해 기 수련을 하고 기를 변화시켜 자신을 변용시키고 있기 때문이다. 이진경의 말처럼 학춤을 추면서 학-되기를 하는 사람은

---

[2] 이진경, 『노마디즘 2』, 서울: 휴머니스트, 2003, 66-67쪽.

학을 상상하는 것, 흉내내는 것이 아니라 자신의 기를 학의 기로 변화시키고 있는 것이다. 뱀-되기, 고양이-되기를 하는 사람도 뱀의 기, 고양이의 기로 자신을 실제 변화시키는 것이며, 뱀처럼 감응하고 고양이처럼 감응하는 것이다. 그래서 용-되기와 같이 되기의 블록을 이루는 동물이 실재하지 않는 경우에라도 되기는 성립한다. 용은 존재하지 않지만, 용의 감응, 용의 기를 함양해서 용-되기를 할 수 있는 것이다. 동물-되기는 되기를 하려는 사람이 되고자 하는 그 동물이 실재하지 않을 경우에도 실제로 일어난다.

앞에서 윌버의 의식이론에 대해 개괄적으로 살펴보았다. 윌버의 의식이론은 인간의 의식 수준을 여러 영역에서 다양하게 바라볼 수 있다는 점에서 들뢰즈/가타리의 다양한 동물-되기의 사례들의 주체들에게서 일어나는 심리상태들의 차이를 살펴보는 데 배경이 될 수 있을 것이다.

인간 의식의 이해에 있어 최근의 가장 주요한 진보 중 하나는 의식의 변성 상태에 대한 다양한 다문화적 접근방식을 비교, 대조하여 통합하고자 하는 시도이다. 이러한 시도는 발달의 구조, 수준, 상태에 대한 기본 틀 형태로 만들어지고 엄격한 실험과 합의된 타당화 작업을 통해 검증되고 있다. 또한 인간 성장과 발달을 전(全) 스펙트럼적 관점으로 확대한 의식 발달에 대한 지속적인 연구는 오늘날 인간 의식의 다양하고 차별적인 관점을 이해하는 데도 도움이 될 것이다.

인간 의식의 총체적 발달 모델을 수립함에 있어 윌버는 대부분의 자료들을 동서양의 이론과 연구 성과에서 끌어오고 있으나 그만의 고유한 개념 및 공통 매커니즘 등의 주요한 특징들은 윌버의 스펙트럼 모델이 단지 포괄적, 통합적일 뿐만 아니라 매우 독창적인 체계를 가지고 있음을 입증한다고 볼 수 있다. 따라서 『천 개의 고원』에 등장하는 동물-되기의 다양한 사례들의 주체들에게서 일어나는 되기의 순간 드러나는 의식 상태들을 살펴보는 데 유용할 뿐만 아니라 동물-되기 이후 그들의 의식 상태는 어떠한 수준에 위치하고 있는지 고찰해 볼 수 있을 것이다.

윌라드의 분열성 성격장애와 퇴행

영화 〈윌라드〉에서 주인공 윌라드는 아버지가 돌아가신 후 회사를 아버지의 동업자 마틴에게 빼앗기고 그의 부하 직원이 되었다. 설상가상으로 그는 병든 노모를 모시고 있다. 윌라드는 다른 사람들로부터 고립되어 있고, 유일한 친구라고는 지하실에 모여드는 쥐밖에 없다. 소크라테스라고 이름을 붙여 준 쥐 한 마리가 자살을 시도하던 그를 구해 준 이후부터 그는 쥐들과 언어를 동반하지 않은 감응으로 자신의 의사를 표현하며 상대방의 의사를 감지한다. 윌라드는 벤과 소크라테스라는 특별한 능력을 가진 유별난 쥐들과의 독특한 감응으로 쥐-되기에 성공한다. 윌라드가 쥐-되기에 이른 것은 윌라드가 처해 있는 상황들에서 비롯된다. 그 상황을 타개하기 위한 윌라드의 변환, 그것이 그를 쥐-되기에 이르도록 이끈 것이다. 그에게 유일한 친구는 쥐들뿐이다. 그는 사람들과 보다 더 거리를 두면서 복수를 위해 쥐들을 불러 모은다. 그러나 쥐-되기 이후 그의 심리적 의식 상태는 어떠하며 어떤 수준에 있는가? 그리고 무엇이 문제인가? 그는 쥐-되기 이후 오히려 미성숙한 어린아이로 퇴행한 수준에 있다. 윌라드는 자신의 노모뿐만 아니라 쥐들조차 분리시키지 못하고 자신의 상사인 마틴을 죽여 버린다.

윌버는 생후 4개월 전후 정도에, 신체 내의 물리적 감각과 주위 환경 속의 물리적 감각 사이에 차별화가 시작되어 신체적 자기가 탄생한다고 했다. 그리고 윌라드는 환경과 자신의 신체적 감각을 어느 정도 분리하는 데는 성공하지만 정서적 자기의 탄생에는 실패하여, 모체에 고착되거나 융합되는 상태에 있다. 즉 대상과의 정서적 분리를 달성하는 데는 실패한 것이다. 2003년 영화의 에필로그가 이를 더욱 잘 보여준다. 윌라드는 긴장 상태로 퇴각하고 정신 병원에 수감된다. 그는 그의 유일한 친구였던 소크라테스와 유사한 새로운 흰 쥐를 찾는다. 결국 그는 쥐를 유혹하며 다음과 같이 말한다.

"Hi! I know you're hungry. But we have to wait. Our time will come. Let's not let them know you've come back. We have to sit here and wait. Wait⋯ ⋯quietly quiet as a mouse." (안녕! 배 고픈 거 안다. 하지만 기다려야만 해. 우리 시간이 올 거야. 네가 돌아온 걸 알리지 마. 여기 앉아서 기다리자. 조용히. 한 마리 쥐처럼)[3]

이상심리학(abnormal psychology)이나 정신병리학의 관점에서 볼 때 윌라드는 분열성(schizoid) 성격장애 환자로 추정된다. 웨딩(D. Wedding), 보이드(M. Boyd)와 니믹(L. Niemiec)은 『영화와 심리학』에서 성격장애의 유형에 따라 나타나는 특징들을 현대영화 속의 등장인물들을 통해 자세히 논의하고 있다. 그들은 성격장애를 별개의 세 집단으로 분류한 개념적 모델에 기초하여 10개의 성격장애로 분류하고 있다. '기괴하고 별난' 행동을 하는 A군은 편집성·분열성·분열형 성격장애, '극적이고 정서적이며 변화무쌍함'에 해당하는 B군은 반사회성·경계성·연극성·자기애성 성격장

---

3) Mogan, G., 감독, 〈Willard〉, warnerbros, film, 2003.

애, '불안하고 두려워하는' 행동을 하는 C군에는 회피성 · 의존성 · 강박성 성격장애가 포함된다.

  우리 각자에게는 고유의 독특한 개성과 성격 특성이 있다. 때에 따라서는 이러한 성격 특성이 우리를 곤경에 빠뜨리기도 한다. 어떤 사람들은 그들의 성격 때문에 대인관계에서 끊임없이 곤란을 겪게 된다. 경직되고 부적응적이며 계속해서 문제를 일으키고 심한 내적 고통을 유발하는 행동양식이 지속적으로 나타날 때 이를 성격장애로 진단하는 것이다. 성격장애를 갖고 있는 사람들은 윌라드처럼 사회적 기대에서 현저히 벗어나는 경직된 행동양식을 지속적으로 나타낸다. 그들의 행동은 다른 대부분의 사람들에게 기이하거나 독특하게 비쳐진다. 그러나 개인에게 이러한 경험은 자아동조적(ego-syntonic)이어서 너무나 뿌리 깊게 내재되어 있기 때문에 주관적으로는 불편함을 느끼지 못한다. 즉, 이들은 자신의 병리에 너무나도 익숙해져 있다.

  그들이 구분하고 있는 성격장애 유형을 보면 윌라드는 경계선 성격장애 징후를 보이기보다는 분열성 성격장애 징후를 보인다. 분열성 성격장애를 지닌 사람은 친밀한 대인관계에 거의 관심이 없고 이러한 관계를 회피한다. 그들은 가족과 사회, 또는 가치관에 있어서 유대가 결여된 외로운 사람으로 일컬어진다. 이러한 사람들은 타인에게 강렬한 감정이나 다정함을 표현하지 않는다. 그들은 냉담하고, 수줍어하며, 무관심하다. 그들은 대부분 성적 욕구가 낮거나 아예 없고, 결혼도 거의 하지 않는다. 또한 그들이 왜 분열적인 방식으로 행동하는지에 대한 구체적인 이유는 알 수 없다. 윌라드는 다른 사람들로부터 고립되어 있고, 유일한 친구라고는 쥐밖에 없다. 윌라드는 사람들과 거리를 두면서 쥐들을 불러 모아 복수를 한다.[4)]

반면 경계선(borderline) 성격장애5)는 불안정하지만 강렬한 대인관계와 쉽게 변하는 기분, 충동적 행동, 변화무쌍한 정서로 특징지을 수 있다. 이들은 쉽게 화를 내지만 이러한 분노는 별다른 흔적을 남기지 않고 여름날의 폭풍처럼 빨리 지나간다. 유기(버려짐) 공포는 경계선 성격장애의 병질적 특징이다. 이들 대부분은 자신의 모든 관계들에 강하게 집착하여, 처음 사랑에 빠질 때 이들이 추구하는 강렬한 관계와 사랑과 분노를 오가는 특성은 상대방을 숨 막히게 할 정도다. 치료에 들어가게 되면 치료자는 그들의 과도한 의존과 부적절한 아첨 때문에 곧 신경이 곤두서게 된다. 이들은 한밤중에 전화하여 사무실을 방문하겠다고 고집 피우면서 긴급 상담 요청을 할 가능성이 가장 높은 사람들이다. 특히 환자가 고립되거나 혼자라는 느낌이 들 때 이런 일이 쉽게 일어나곤 한다. 경계선 성격장애를 가진 사람들은 흔히 자살시도와 자해행동을 나타낸다. 자살성공 확률이 10%가량 되기 때문에, 그들의 이런 행동을 무시해서는 안 되며, 이러한 행위는 실제로 생명을 위협한다기보다 주변의 관심과 주의를 끌기 위한 경우가 더 흔하다. 경계선 성격장애는 남성보다 여성에게 훨씬 많이 나타나는데 우울증과 양극성 장애의 증상과 중첩되며, 어떤 경계선 성격장애 환자는 항우울제나 기분 안정제 치료에 반응을 보인다.6)

그러면 윌라드는 쥐-되기에 성공한 이후 왜 이러한 심리적 상태를 드러내고 있는가? 이 물음에 답하기 위해서는 대상관계이론을 참조할 필요가

---

4) 대니 웨딩 외2, 곽호완 역, 『영화와 심리학』, 서울:학지사, 2012, 191-192쪽 참조. 여기서 윌라드는 분열성 성격장애 환자로 진단되고 있다.
5) 웨딩은 우디 앨런의 영화 〈내 남자의 아내도 좋아(2008)〉에서 페넬로페 크루즈가 연기한 마리아 엘레나, 〈원초적 본능(1992)〉에서 샤론 스톤이 연기한 캐서린 트라멜 등을 경계선 성격장애 환자로 보고 있다. 대니 웨딩 외 2, 곽호완 역, 『영화와 심리학』, 2012, 205-209쪽 참조.
6) 대니 웨딩 외2, 곽호완 역, 『영화와 심리학』, 서울:학지사, 2012, 205-206쪽 참조.

있다. 윌버는 말러와 컨버그(O. Kernberg)의 대상관계이론을 참조한다. 여기서는 말러의 유아 발달 단계를 중심으로 그 과정에서 발생할 수 있는 장애나 병리들을 검토한다. 말러에 의하면 유아는 태어나서 3세에 이르기까지 특정한 발달의 시기를 갖는다.

타인과의 관계 속에서 우리가 어떤 사람인가에 대한 느낌은 유아기에 시작되며, 주요 타자에게 가까이 다가갔다 멀어졌다 하는 방식으로 발전된다. 우리는 분화(differentiation)와 통합(integration)을 통해 자기이미지와 대상이미지를 형성한다. 유아의 정상 발달은 정상적인 자폐적 단계로 시작되고, 유아는 내부에 집중하며 많은 자극들을 피한 다음 정상적인 공생단계로 나아간다. 뒤에서 다루겠지만 윌라드는 공생단계에서 문제가 생긴 것으로 보인다. 말러는 자폐증의 경우 아동이 정상적 자폐단계에서 벗어나 앞으로 많이 나아가지 못한 것이라고 했다. 공생적 정신병의 경우는 아동이 공생적 단계를 통과하면서 관계로부터 근본적인 편안함과 지지의 느낌을 얻어내지 못한다. 그때 당황하여 엄마와의 공생적 결합의 완성을 다시 얻기 위해 필사적으로 애를 쓴다. 말러는 자폐증보다 공생적 정신병은 더 다양하며 공생적 정신병이 있는 아동은 때때로 자폐적 상태로 퇴행한다고 했다(도표 3 참조).

말러와 그의 동료는 심각한 문제를 가진 유아를 연구한 후, 38명의 정상 유아와 22명의 어머니를 10년간 관찰했다. 그들은 유아가 만 3세가 될 때까지 혼자 있을 때와 어머니와 상호 작용할 때를 관찰하여 일련의 상세하고 공감적인 결과를 이끌어냈다. 그들이 '유아의 심리적 탄생'이라고 부른 것이다. 이 성장 과정의 단계와 하위단계는 다음과 같다.

발달단계	진 단	성격구성 수준
자폐단계(0~2 개월)	자폐적 정신병	정신병적 구조
공생단계(2~6 개월)	정신분열증	
분화단계(6~10 개월)		
연습단계(10~16 개월)	양극성 정서장애	
재접근단계 (16~24 개월)	반사회성 성격장애 정신분열형 성격장애 정신분열성 성격장애 경계선 성격장애 자기애성 성격장애	경계선적 구조
온전한 대상관계 (24~36+ 개월)	강박성 성격장애 히스테리 정상-신경증	신경증적 구조

(도표 3) 아동의 성장 과정의 단계와 하위 단계 그리고 병리 현상[7]

말러에 따르면 분리-개별화 단계 앞에는 '전 단계'가 있는데, 비교적 외부 자극에 덜 반응하는 정상적 자폐단계(0~2개월)와 어머니와의 특별한 정서적 애착을 확립하는 정상적 공생단계(2~6개월)이다. 이 단계는 커다란 중요성을 갖는다. 먼저 자폐단계의 특징은 다음과 같다. 이 단계에서 신생아는 어느 정도 폐쇄된 심리적 체계를 형성하고, 수면상태와 같은 공상에 잠겨 있다. 신생아의 심리적 철회는 격리된 태내에서의 삶과 유사하다. 이런 망각상태는 태내와 태내외 삶의 중간지대를 제공한다. 대상관계를 유지하려면 신생아는 외적인 것과 내적인 것을 구별할 수 있어야 한다. 또한 지각을 일관된 내적인 상으로 조직할 수 있어야 하는데, 신생아는 아직 그런 능력이 없다. 신생아는 어머니와 완전한 융합상태에 머물러 있으므로,

---

[7] 해밀턴, G, 김진숙 외 역, 『대상관계 이론과 실제』, 서울: 학지사, 2011, 173쪽.

'모체로부터의 분화에 대한 어떤 생각도 품지 않으며, 여기서 모체는 신생아의 환경 전체와 신생아의 경험 세계 전체'를 이룬다.8)

신생아는 외부 세계에 대한 아무런 관심도 보이지 않는 정상적 자폐단계에 있다가 생후 2개월부터 욕구충족 대상에 대한 희미한 의식을 갖게 되는데, 이는 정상적 공생단계의 시작을 나타낸다. 공생은 어머니로부터 분화되지 않고 융합된 상태, 즉 '나'가 '나 아닌 것'으로부터 아직 구분되지 않고 단지 내부와 외부가 다르다는 것이 점차적으로 의식되는 상태를 말한다. 말러는 이와 같은 공생경험을 삶의 중추적인 부분으로 기술했다. 유아는 공생단계 초기에 '필요를 충족시켜 주는 대상에 대한 희미한 인식'을 발전시킨다. 유아는 마치 어머니와 자신이 동일한 '전능한 시스템', 즉 같은 하나의 경계선 안에 있는 '이중적 합일체'의 일부인 것처럼 행동하기 시작한다. 이러한 공생 안에서는 자기와 대상이 거의 정서적으로 구별되지 않아서 자기애에 대한 인식을 싹트게 한다. 유아는 자폐라는 일인 시스템(one person monadic system)에서 공생이라는 양 극의 자기-타자 시스템(a bipolar self-other system)으로 이동한다. 하지만 진정한 양자관계로 발전하기에는 분화가 아직 완전하지 못하다. 사랑하는 부모와의 관계가 자아기능의 발달을 촉진시키는데 만일 그렇지 못하면 유아의 자아기능이 제대로 발달하지 못한다. 어머니와의 공생관계는 어머니에 대한 특정 미소 반응으로 나타난다. 말러는 사회적 미소의 중요성을 인정하면서, 어머니가 유아를 안아주는 것이 좀 더 중요한 '심리적 탄생의 공생적 조직자' 중 하나라고 강조했다. 또한 공생단계에서 유아는 수많은 힘든 사태, 즉 복통, 넘어짐, 추위, 배고픔 등을 경험하며, 자기-타자 분화 능력이 아직 미흡한 탓에

---

8) 해밀턴, G, 김진숙 외 역, 『대상관계 이론과 실제』, 서울: 학지사, 2011, 60-61쪽 참조.

이런 불쾌한 사건이 자기 전체와 자기 세계를 온통 에워싸고 있는 것으로 경험한다. 그리고 유아는 외부의 어떤 것, 즉 자신을 소홀히 하거나 홀로 내버려 두는 대신 자신을 안아주고 어루만져 주며 먹여 주는 어떤 존재에 대한 인식을 서서히 갖게 된다. 공생단계에서 어머니가 유아와 충분히 심리적으로 함께하면, 유아는 마치 소망과 성취가 하나인 것처럼 자신의 요구와 바람, 배고픔이 어머니의 존재로 충족된다고 연결 지을 수 있다. 전능감이 유아의 공생적 세계를 가득 채운다. 유아가 움직이면 세상도 움직이고, 유아가 느끼면 세상도 느끼고, 유아가 숨 쉬면 세상도 숨 쉰다. 공생의 본질적인 특징은 어머니 표상과의 환각적 혹은 망상적 신체 심리적, 전능적 융합이며, 특히 신체적으로 분리된 두 개체 간의 공통 경계를 갖는다는 망상이다. 이것은 말러가 공생적 아동정신병이라고 부른 개별화의 심각한 장애와 정신병적 해체에서 드러나는 퇴행적 기제이다. 그리고 생후 4, 5개월이 되어서야 차츰 유아는 어머니에게서 분리-개별화(separation-individuation) 과정을 시작한다. 분리와 개별화는 상호보완적 발달로 간주된다. 분리는 어머니와의 공생적 융합으로부터 아동이 벗어나는 것, 즉 분화, 거리두기, 경계형성이다. 어머니로부터의 분리를 의미하고, 개별화는 아동이 자신의 개인적 특성들을 갖춰가는 것, 즉 심리내적 자율성, 지각, 기억, 인식, 현실검증 능력 등을 뜻한다.[9] 분리-개별화 단계의 시작(6~24개월)은 공생이 절정에 이른 시기인 생후 5, 6개월에 일어난다. 다시 말해 분리는 아동이 어머니와의 공생적 이중 단일체로부터 벗어나는 심리내적 과정을 말한다. 이 과정은 자기로부터 독립된 어머니의 정신적 표상을 형성하는 것과 함께 대상관계 발달을 포함한다. 개별화는 아동이 자신의 개별적 특성을 구별하

---

[9] 해밀턴, G, 김진숙 외 역, 『대상관계 이론과 실제』, 서울: 학지사, 2011, 63-67쪽 참조.

고, 그래서 자기가 대상으로부터 구별된 일련의 자기 표상들로서 드러나는 심리내적 과정을 말한다. 말러는 분리-개별화를 4개의 하위 단계로 나누었다.[10]

분리-개별화 과정의 첫 번째 단계는 분화(differentiation, 5, 6~10개월) 단계이다. 이 단계 동안에 유아는 점차적으로 세상에 대해 커다란 관심을 가지며 더 많은 인식을 갖는다. 그리고 마치 공생적 단위로부터 '부화'하는 것과 같은 행동을 보인다. 그래서 말러는 이 단계를 '부화'라고도 부른다.[11] 이 시기에 유아의 감각-물리적 신체 자기는 부화한다. 혹은 이전에 어머니 및 감각-물리적 환경과의 공생적이고 융합된, 혹은 이중적 단일체로부터 깨어난다. 유아는 이 시기에 어머니 몸에서 떨어지려고 애쓰는 것처럼 보인다. 이런 분화의 신호는 어머니 품에 몸을 맡기던 이전 모습과는 대조적이다. 이 단계에서 모든 정상적 유아들은 신체적 의미에서 지금까지 완전히 수동적으로 무릎에서 양육되던 아기시절로부터 벗어나기 위한 최초의 시험적인 단계를 시작한다. 아기가 자신의 신체를 어머니의 신체로부터 분화하기 시작한다는 명확한 신호들이 존재한다. 이 특수한 분화는 기본적으로 감각-물리적 신체 자기로부터 그것의 환경과의 구분임을 주목하여야 한다. 왜냐하면 유아의 마음과 느낌들은 아직 그 환경과 분화되어 있지 않기 때문이다. 유아는 차별적인 감각-물리적 신체 자기로서 존재하지만 환영적-정서적 자기로 구분되어 존재하지는 않는다. 왜냐하면 유아의 정서적 자기-이미지와 정서적 대상-이미지는 아직 융합되어 있기 때문이다. 그리고 여기까지의 발달이 윌버의 1단계에 해당된다.

---

10) 이하 하위단계 정리 해밀턴, G, 김진숙 외 역, 『대상관계 이론과 실제』, 서울: 학지사, 2011, 67-90쪽 참조.
11) 해밀턴, G, 김진숙 외 역, 『대상관계 이론과 실제』, 서울: 학지사, 2011, 67쪽.

두 번째, 연습(practicing, 10~16개월) 단계이다. 유아는 마치 새로운 기술을 익히려는 듯 자율적인 자아기능을 반복해서 실행하기를 즐기는 것처럼 보이기 때문에 연습 하위단계라고 한다. 유아가 심리적으로 부화하면서 생긴 어머니에 대한 관심은 어머니가 제공하는 대상으로 확산된다. 담요와 잠옷, 우유병, 장난감을 좋아하고 탐색하는데 이런 물건 가운데 하나인 담요나 곰인형 같은 것이 유아에게 특별한 대상, 즉 중간 대상이 될 수 있다. 이 시기에 점차 발달하는 운동기능은 아기가 세상의 모든 측면을 탐색하도록 하는 원동력이 된다. 그러나 유아는 '정서적 재충전'(emotional refueling)을 하려는 듯 때때로 어머니에게 되돌아온다. 가까이 다가갔다 멀어졌다 하는 연습 게임은 까꿍놀이 혹은 잡기놀이로 발전된다. 유아는 이렇게 함으로써 의기양양해진다. 걸음마 아기는 자신의 전능함에 대한 믿음이 절정에 달하는데 이것은 모성적 전능함에 대한 믿음의 정도와 비례한다. 즉 이 시기 유아의 리비도 집중은 빠르게 성장하는 자율적인 자아와 그 기능들을 돕는 것으로 실질적으로 전환되고, 아동은 자신의 능력과 자신의 세계의 위대함에 도취되는 것처럼 보인다. 이때 아동의 자기애는 절정에 이른다. 아동은 자신의 능력에 대해 매우 기뻐하고, 더 넓어진 자신의 세계에서 발견하는 것들로 인하여 즐거워하며, 세계와 자신의 전능함과 위대함에 매혹된다.

세 번째, 재접근(rapprochement, 16~24개월) 단계로 아동이 어머니(공생적 결합)와 머무르고 싶은 소망과, 분리된 개인으로서의 자율성에 대한 소망 간의 심리내적 위기를 해결하는 단계이다. 유아는 운동기술이 증가함에 따라 인지적 능력이 역시 발달한다. 유아는 연습기가 끝나고 재접근단계가 시작하는 시점에서 자신의 분리를 점차 인식할 수 있게 된다. 이 시기에는 연습기 때 유아가 보였던 좌절에 대한 둔감성과 어머니 존재에 대한 무관심이 줄어든다. 재접근단계 유아는 자신의 취약성과 어머니에 대한 의존을 새롭게 인식한다. 유아는 이제 대상과의 가까움이나 거리두기는 갈등을 불러일으키게 된다. 유아는 '싫어!'(no!)라고 말하는 것을 배우게 되는데 이런 부정적인 태도는 신체적으로 밀어내는 행동에 대한 언어적 대응이다. 유아는 언어라는 새롭고 좀 더 조율된 기술을 갖게 되고 '싫어'라고 말함으로써 분리를 유지할 수 있다. 유아는 또한 어머니의 환심을 사려고 말과 표정을 이용한다. 상실하는 것에 대한 유아의 두려움이 점점 더 분명하게 나타난다. 어머니에게 영향을 미치고 어머니를 찾고 어머니의 관심을 끌고 어머니의 환심을 얻고 어머니를 떠나는 능력이 증가하는 가운데, 유아는 자기능력의 한계를 분명하게 인식하게 된다. 분리 불안을 다시 경험하고 자신이 전능하지 않다는 것을 인식하는 걸음마 아기는 자존감을 상실하고, 연습단계의 전능감을 상실한다. 이 시기에 아동이 보이는 양가감정과 서로 상반되는 경향은 보다 현실적인 자기감을 발달시키고 자신의 자율성에 대한 믿음을 개발시킴에 따라 천천히 가라앉는다.

이 단계는 미래의 발달에 결정적이다. 왜냐하면 자기표상과 대상표상의 주요한 분화가 처음으로 일어나는 단계이기 때문이다. 이것은 분리되고 차별적인 환영적-정서적 자기가 마침내 출현하였고 그 자신을 정서적-리비도적 대상 표상과 분명하게 분화하였음을 의미한다. 달리 말해서 이것은 '유아의 심리적 탄생'이다. 기본 구조의 맥락에서 이 탄생을 구분하자면, 먼저 단순한 생물학적 탄생이 일어나고, 다음으로 '부화', 곧 별개의 감각지각적 신체자기의 탄생이 일어나고, 그 다음으로 재접근 위기, 즉 별개의 환영적-정서적 혹은 '심리적' 자기의 탄생이 일어난다. 그리고 윌버의 두 번째 수준은 유아의 심리적 탄생의 시기와 겹친다.

이 탄생과 함께 이전 연습단계의, 자기애적으로 융합된 자기-대상 단위의 위대함-전능함이 현격히 상실하게 되며, 고양된 분리불안 및 유기 우울과 연관된 취약함이 나타난다. 연습 하위국면의 자기애적 팽창은 환영적-정서적 분리와 취약함이 천천히 증가함에 따라 대체된다. 그것은 때로는 위대한 발달적 중요성을 갖는 다소 일시적인 재접근 위기 속에서 정점에 이른다. 왜냐하면 유아는 점차적으로 그리고 고통스럽게 그 자신의 위대함이라는 망상을 포기해야만 하기 때문이다. 왜냐하면 이제는 분리된 자기, 분리된 타자가 존재하기 때문이다. 그러나 유아의 환영적-정서적 몸-마음이 이제 타자의 그것과 분화되었다 하더라도 유아의 몸과 마음 그 자체는 아직 분화되지 않았다. 몸-마음은 여전히 융합되어 있다. 몸과 마음이 마침내 분리된 유기체 내부에서 분화되는 것은 오직 오이디푸스 단계에서다.

네 번째, 대상 항상성(object constancy, 24~36개월과 이후) 단계로 재접근단계의 분리와 다가갔다 멀어졌다 하는 움직임이 줄어들면서 개별성(individuality)과 대상 항상성(object constancy)의 단서가 나타난다. 개별성은 다양한 상황과 기분상태에서 자신이 어떤 사람인지에 대한 더욱더 안정된 감각을 수반한다. 대상 항상성은 대상, 특히 어머니가 곁에 있거나 부재하거나 간에, 또 욕구를 충족시키거나 좌절시키거나 간에 어머니에 대한 일관된 상을 유지할 수 있는 능력을 의미한다. 리비도적 대상 항상성을 확립한다는 것은 어머니의 정신 표상이 확고해짐으로 인해 어머니가 실제로 없더라도 어머니가 실제로 있는 것처럼 위안을 줄 수 있음을 의미한다. 어머니의 심리내적 표상은 심지어 아동이 어머니에게 화가 났거나 얼마 동안 떨어져 있더라도 긍정적인 특성이 쉽게 변화되지 않는다. 어떤 기억과

정신적 표상도 대상 사랑의 현실감을 완전히 대체할 수 없듯이, 대상 항상성의 시기는 아마도 일생 동안 계속 되는 완성될 수 없는 과정으로 남을 것이다.12)

말러의 발달 단계에서 분화 하위국면은 윌버의 기본 구조에서 수준 ①에서 ②로의 변화의 과정에 해당한다. 그리고 그 과정의 첫 번째 분기점은 부화 단계이다. 이 단계 동안 자기-체계는 물리적이고 감각지각적인 기본 수준의 출현과 교섭하여야 한다. 이 교섭 과정에서 부화가 실패하면 자폐적-공생적 궤도에 머물게 되고, 심지어는 자신의 감각-물리적 자기를 감각-물리적 환경과 구분할 수 없게 된다. 결국 자기는 두 번째 주요한 분기점, 환영적-정서적 분리-개별화의 분기점으로 전진할 수 없다.

그러나 자기가 이 첫 번째 분기점과 적절하게 교섭한다면 감각-물리적 유기체는 감각-물리적 환경과 적절히 분화된다. 이 지점에서 자기는 발달의 두 번째 분기점에 들어서게 되고, 여기에서 자기는 다음의 주요 기본 구조의 출현과 교섭하여야 한다. 여기에서는 유기체와 환영 사이가 아니라 유기체 자체 내에서, 즉 내적 자기 이미지와 내적 대상 이미지 사이의 분화를 포함한다. 이 분화를 거치면서 정서적 자기가 탄생한다.

그러면 다시 윌라드의 의식 상태로 돌아가보면 다음과 같다. 윌라드는 물리적 환경으로부터 자신의 신체적 '자기'를 차별화시켰지만 아직 감성적 환경으로부터 자신의 감성적 '자기'를 차별화시키지 못한다. 이는 윌라드가 아직 공생단계에 머물러 있음을 뜻한다. 윌라드는 자신의 주변에 있는 것들, 특히 자신의 노모뿐만 아니라 쥐들조차 분리시키지 못한 듯이 보이며, 심지어 쥐들과 융합되어 간다. 따라서 윌버의 의식의 단계에서 보면 ①감각

---

12) 말러, 이재훈 역, 『유아의 심리적 탄생』, 서울: 한국심리치료연구소, 1997, 72-73쪽 참조.

-물리적 수준에서 ②환상-정동적 수준으로 넘어가는 단계인 공생단계에 머물러 있다. 윌라드는 수평적 변환으로 쥐-되기에 성공하나 쥐들과 자신을 분리시키지 못하고 기이한 행동을 일삼는다. 윌라드는 자신의 집을 빼앗으려는 상사를 냉혹하게 제거해 버린다. 윌라드는 세계는 냉혹한 곳이라 깨닫게 되고 자신에게 고통을 주는 이에게 자신과 같은 고통을 주고 있다. 윌라드는 쥐와의 새로운 관계가 자신의 욕구를 충족시켜 준다고 믿게 된 것이고, 그것에 열중해 쥐와의 공생적 애착을 맺고 강렬한 흥분을 표출하고 있는 것이다.

해밀턴(G. Hamilton)에 따르면 분열성 성격장애의 주된 병리 증상으로 보이는 분열성은 자기-대상 융합과 파편화를 수반한다. 환각은 환상이 마치 대상에서 오는 것이라고 지각하는 것이다. 이런 자기-대상 혼동은 항상 파편화를 동반하는데, 그 이유는 자기에게 속한 환각이 분열되어 나가 자기가 아닌 것으로 경험되기 때문이다. 망상도 같은 방식으로 기능한다. 망상에서는 사고가 외부 사건과 혼동된다. 이것은 자기와 대상 간 경계의 불분명함을 초래하고, 또한 자기로 경험되는 측면과 대상세계로 투사되는 다른 측면으로 자기를 분열시키는 과정을 초래한다. 기괴한 말과 행동 또한 일차적 사고 과정의 융합과 파편화를 포함하고 있다. 또한 이러한 증상은 공생과 부화단계 유아와 유사한 자기-타자의 혼동과 파편화에서 비롯되는 것으로 생각될 수 있기 때문에, 이런 장애를 발달적 연속선의 그 단계에 놓는다. 말러는 이것을 공생적 정신병이라고 기술했다. 이들이 통합적인 자아기능을 저해하는 뇌질환에 걸리게 되면 이전에 가지고 있던 자기와 대상을 구별할 수 있는 적절한 능력이 박탈됨으로써, 그들은 퇴행하고 공생단계와 같은 수준에서 재조직화하면서 융합과 분리의 원시적인 문제에 직면하게 될 수

있다.13)

　분열성 성격장애를 훌륭하게 묘사하고 있는 다른 영화 〈바틀바이(Bartleby)〉14)에서 주인공 바틀바이의 행동을 통해 분열성 성격장애를 좀 더 이해할 수 있을 것이다. 바틀바이의 행동은 매우 이해하기 힘들다. 그는 기이한 문장을 반복하며 추가적인 업무를 거부하고, 에어컨 통풍구를 몇 시간째 응시하고, 직장 동료들에게 관심을 보이지 않는 등 그의 이상한 변덕은 계속된다. 분열성 성격장애를 가진 사람들은 종종 사회로부터 고립되는데, 이런 모습은 생산을 중심으로 바쁘게 돌아가는 사회를 표현하는 고속도로와 고가도로에 둘러싸여 갇혀 있는 장면에서 볼 수 있다. 이 장면은 바틀바이의 고립을 잘 나타내 준다.15) 바틀바이 또한 윌라드처럼 사회로부터 이탈되고 정서적 표현이 제한된다. 다시 정리하자면 윌라드는 쥐-되기에는 성공하나 그가 처한 상황으로부터 탈주하는 데 성공적으로 보이지 않는다. 윌라드의 의식 상태 또한 윌버의 의식의 단계에서 ①감각-물리적 수준에서 ②환상-정동적 수준으로 넘어가는 단계인 공생단계에 머물러 있으며 분열성 성격장애 같은 병리적 현상들을 드러내 보인다. 윌버는 이 단계를 '불행한' 수준으로 보고 있다.16) 이 단계에서 자기가 다치게 되면 감성적 자기애의 단계에 융합된 채로 남아 자기가 분열된다.

　윌라드처럼 자신이 혼자라고 느끼거나 사랑받지 못한다고 느끼면 다른 사람을 조종하여 자신의 감정을 바꾸려고 시도한다. 윌라드는 노모와 서로

---

13) 해밀턴, G, 김진숙 외 역, 『대상관계 이론과 실제』, 서울: 학지사, 2011, 190-194쪽 참조.
14) 멜빌(H. Melville)의 단편소설, 『공증인 바틀바이(Bartleby the Scrivener)』를 영화화한 것임.
15) 대니 웨딩 외2, 곽호완 역, 『영화와 심리학』, 서울:학지사, 2012, 191쪽 참조.
16) 윌버, 조효남 역, 『모든 것의 역사』, 서울: 대원출판, 2004, 278쪽; Wilber(2000), p.205.

너무 밀착되어 있어 관심과 지지와 보호를 받을 수 없었다. 이런 가족에서는 분열성 환자의 내적인 공허함과 혼자 있다는 느낌은 의미 있는 부모의 관여가 실제로 부족했던 현실의 반영일 수 있다. 윌라드는 노모에게 너무 애착한 나머지 보살펴 주는 관계를 받아들일 수 있는 능력의 결여가 사회적으로 부적응하게 만들었고 급기야 복수를 위해 쥐들로 하여금 상사를 죽이게 되는 결과를 초래한 것으로 여겨진다. 이렇게 볼 때 윌라드가 쥐들과 관계 맺는 방식 또한 정동적이다.

윌버는 이 단계에서의 치료는 무의식적 욕구나 충동을 노출시키기 보다는 구조를 구축하는 것이 치료적이라고 했다. 윌라드는 처음부터 강한 자기가 충분히 구축되지 않았기 때문에 병리적인 현상들을 보이고 있다.

꼬마 한스의 소아공포증과 발달 과정

앞에서 논의했듯이 한스의 말-되기는 한스가 처한 배치와 관계한다. 한스는 거리와 인접한 집, 건너편의 창고와 넓은 마당, 거리를 건너고자 함, 거리의 위험들, 엄마의 포근한 침대와 부계적 요소라는 배치 속에 놓여 있으며, 한스의 말은 단순히 그 종의 한 성원으로서 말-되기에 관여하는 것이 아니라 거리에서 수레를 끔, 두 눈이 눈가리개로 가려져 있음, 고삐와 재갈이 물려져 있음, 무거운 짐을 싣고 있음 등의 배치와 연관되어 있다. 한스의 말-되기는 이러한 각자의 배치 상태, 곧 조건과 상황에 놓여 있는 되기의 두 항 사이에서 구성된다. 한스의 말-되기는 그 구성 과정에서 새로운 배치 속에 놓인다.

네 살의 한스는 어느 날 거리에서 무거운 짐이나 승합차를 끄는 말과 그 말이 힘에 겨워 쓰러져 다리를 버둥거리거나 채찍질을 당하여 고통스러워하는 것을 보게 된다. 한스는 새롭게 편입된 이러한 배치 속에서 말의 고통에 대면하게 되고 두려움에 휩싸인다. 새로운 배치 속에 놓인 말이 발산하는 운동과 힘의 상태에 감응되어 한스 자신의 신체와 감각에 어떤 변화가 일어나게 되고, 한스는 말이 되어 재갈과 짐수레에 대한 말의 감응을 갖게 된 것이다. 한스의 말-되기에서 한스는 새롭게 조성된 배치 속에서 특이한 감응 상태들을 드러내는데 불안과 공포, 말에 대한 애정 등이다.17) 그렇다면 전과는 변별적으로 한스에게 형성된 새로운 심리적 의식 상태는 어떤 성격의 것인가? 승합차나 짐차를 끄는 말과의 감응 상태에서 표출되는 한스의 의식 상태는 말과 구분불가능한 특성을 내포하고, 이것은 그 다음 수준으로의 발달 이전에 나타나는 비분화적 감응 단계로 보인다. 한스는 말과의 분화 상태를 충분히 벗어나지 못하여 아직 마법적인 동화 상태에 부분적으로 머물러 있다. 프로이트의 〈다섯 살배기 꼬마 한스의 공포증 분석〉은 그 분화의 과정을 보여주는 보고서이기도 하다.

  한스는 말이 자기를 물 것이라며 무서워하지만 모든 말을 무서워하는 것은 아니다. 승합마차나 짐마차는 무서워하지만 사람이나 짐이 실려 있을 때 무섭고, 그렇지 않을 때에는 무섭지 않다고 말한다. 또한 한 마리 말이 끄는 마차에 사람들이 잔뜩 타고 있으면 무서워하지만 두 마리 말이 끄는 마차에 사람들이 가득 타고 있으면 무섭지 않다고 말한다. 프로이트는 아버지에 대한 두려움이 말에게서 느끼는 두려움으로 나타난 것으로 보고 있지만 한스는 재갈과 무거운 짐, 채찍질에 대해 말로써 느끼는 두려움으로

---

17) 프로이트, 김재혁, 권세훈 옮김, 『꼬마한스와 도라』, 파주:열린책들, 2004, 35쪽, 40쪽.

볼 수 있다. 한스는 그 말이 발산하는 운동과 힘의 상태에 감응되어 한스 자신의 신체와 감각에 변화가 일어난 것이고, 한스는 새로운 배치 속에 놓인 말에게 말려들어감으로써 말-되기에 이르게 되고 말의 고통을 자신의 고통으로 느끼게 된 것이다.

한스에게 보이는 소아 공포증은 소아가 특정한 물건, 환경 또는 상황에 대해서 지나치게 두려워하고 피하려는 공포증을 말한다. 프로이트에 의하면 어린이 불안 히스테리인 소아 공포증은 엄마에 대한 사랑과 아버지에 대한 미움으로 갈등하는 것이다. 한스의 말 공포증은 말이 물 것 같은 두려움과 말이 방안으로 들어올 것 같은 두려움, 그리고 짐을 잔뜩 실은 승합마차를 끄는 말이 쓰러져서 두 발을 버둥거릴 때의 두려움이다. 다시 말해 한스는 말이 되어 재갈과 짐수레에 대해 말이 갖는 고통스런 상태에 대한 감응을 갖게 된 것이다. 따라서 한스의 말 공포증은 자신이 말이 되어 느끼는 고통이며 그것이 공포심으로 나타난 것으로 이해되어야 한다.

다시 말해 되기가 일어나는 방식은 쥐-되기와 말-되기에서 동일한 방식을 따르지만, 한스의 말-되기는 한스에게 새롭게 조성된 배치 속에서 특이한 감응 상태들을 드러낸다. 불안과 공포, 애정 등이 그것이다. 승합차나 짐차를 무서워하는 것은 말과의 감응 상태에서 표출되는 한스의 의식 상태가 말과 구분불가능한 특성을 내포하고, 이것은 그 다음 수준으로의 발달 이전에 나타나는 비분화적 감응 단계로 보인다. 한스는 말과의 분화 상태를 충분히 벗어나지 못하여 아직 마법적인 동화 상태에 부분적으로 머물러 있다. 따라서 한스의 말-되기는 ②환상-정동적 수준의 의식 상태에 놓여 있다고 볼 수 있다.

환상-정동적 수준에서 아이는 물리적 환경으로부터 자신의 신체적 자기는 차별화시켰지만 아직 감성적 환경으로부터 자신의 감성적 자기를 차별화시킬 수는 없다. 즉 아이의 감성적 자기는 자신의 주변에 있는 것들, 특히 자신의 엄마와 융합되거나 동일시된다는 것이다. 월라드와 한스는 특히 자신의 주변에 있는 것들, 노모, 쥐, 말 등과 자신을 분리시키지 못하고 동일시하고 있는 것이다. 그러나 한스는 아직 말과의 분화 상태를 벗어나지 못하고 있지만 이성적인 사고 혹은 개념적이고 추상적인 사고를 시작하고 있기에 점차 말-되기의 두려움으로부터 벗어날 것이다. 한스가 공포를 느끼는 대상은 보다 확장되고 구체화되어 마차들, 특히 무거운 짐을 싣고 있는 마차들, 그리고 그것을 끌고 있는 육중한 말들이다. 즉 한스는 승합마차나 짐마차를 무서워하지만 다른 종류의 마차일 경우에는 무서워하지 않는다. 또 두 마리 말이 끄는 마차는 사람들이 가득 타고 있어도 무서워하지 않는다. 이것으로 미루어 보아 한스는 이미 추상적이고 이성적인 사고를 하고 있다. 반면 월라드는 오히려 쥐-되기에 이른 후 더 퇴행하여 타인에게 강렬한 감정을 표출하고 있으며, 사회적으로도 부적응하는 모습을 보인다.

　한스와 월라드는 ②환상-정동적 수준으로 같은 의식 수준에 속하지만 성인인 월라드보다 한스가 조금 더 높은 의식 수준을 보인다. ②환상-정동적 수준에서 나타나는 병리 현상도 월라드는 분열성 성격장애 환자의 모습을 보이지만 한스는 ②환상-정동적 수준에서 ③표상심 수준으로 나아가는 과정에 발생하는 소아 신경증으로 볼 수 있다. 한스와 같은 어린이들은 자신의 발달 단계상의 문제로 인해 공포증에 취약할 수 있으며 현실 감각이 왜곡될 수 있다. 공포증은 자신의 힘으로 통제할 수 없는 외부 세계의 그 무엇을 두려워하는 듯하지만, 실은 자신의 마음 속 깊은 곳에서 넘실대고 출렁이는 정서적인 내면세계와 관련된다. 윌버에 의하면 신경증은 꽤 안정적이고 정합적이고 정신적인 자기가 창발했음을 뜻하고, 이 정신적 · 개념적 자기는 자신의 육체적인 추동이나 충동의 제반 측면들을 억압하거나 분열시킬 수 있고, 그래서 이러한 억압되거나 일그러진 충동들은 신경증적 징후라고 알려진 위장되고 고통스러운 형태로 나타난다. 한스는 말-되기에 이른 후 말이 느끼는 고통을 자신의 고통으로 느끼고 있지만 이성적인 사고를 하고 있으므로 정상적인 아동으로 성장해 나갈 것이다. 왜냐하면 한스는 승합마차나 짐마차를 무서워하지만 그렇지 않을 때에는 무서워하지 않는다. 또 두 마리 말이 끄는 마차는 사람들이 가득 타고 있어도 무섭지 않다고 말한다.18) 이것으로 미루어 보아 한스에게는 이미 개념적인 자기가 탄생하고 있다.

그레고르 잠자의 실존적 불안과 존재의 관성

우선 실재적인 동물-되기가 일어나는 『변신』에서 세일즈맨 그레고르 잠자는 어느 날 아침 눈을 뜨자 자신의 몸이 흉측한 갑충으로 변해 있는 것을 발견한다. 자신의 몸이 어느 사이에 무수한 다리를 지닌 한 마리 커다란 갑충으로 바뀐 것이 꿈인가도 생각했지만 분명한 현실이었다. 그가 출근하지 않았기 때문에 사정을 알고자 찾아온 가게 지배인은 갑충으로 변해버린 그를 보고 놀라 도망가고, 가족들은 방안으로 쫓아 버리고 문을 닫는다. 사랑하는 누이동생이 켜는 바이올린 소리에 끌려 거실로 기어나가지만 그 결과 흉측한 그의 존재가 하숙인에게 알려져 그는 방안에 유폐된다. 가족들

---

18) 프로이트, 김재혁, 권세훈 옮김, 『꼬마한스와 도라』, 파주:열린책들, 2004, 119쪽.

을 끔찍이 사랑했던 그레고르 잠자였으나 이제는 가족들로부터 소외되고, 아버지가 던진 사과에 등을 맞아 그 상처 때문에 죽어가고 있다.

잠에서 깨어날 때 그레고르 잠자에게 떠오른 생각은 그의 문제점을 드러낸다. 그는 자신이 유능한 사원임을 끊임없이 확인시켜야 하는 압박감에 시달리면서도 가족의 생계를 책임져야만 한다. 변신(갑충-되기)은 바로 그의 억압으로부터의 탈주를 표현한다. 그는 자신을 멋대로 다루는 고용주와 아버지에게 반항하며 그의 반항은 갑충이 됨으로써 나타난 것으로 여겨진다. 그레고르 잠자는 노동의 상태에서 벗어나고 식객의 역할이 바뀐다. 그러나 가족들은 그를 제거해야 할 기생충으로 여기며 누이동생이 내린 결정에 의하여 그레고르 잠자는 최후를 맞는다. 그레고르 잠자의 불행한 실존에 대해 가족의 책임이 없는 것은 아니다. 비인간적인 공포의 형상 속에서 가족 자체의 비인간성이 드러난다. 이것은 변신한 아들에 맞서는 아버지의 모습에서 찾아볼 수 있다. 이 소설의 감상적인 결말은 가족의 참모습을 분명하게 보여준다.

다시 말해서 그레고르 잠자는 어느 날 거대 갑충이 되어버린 자신을 발견하고는 자신의 방안에 갇혀 하루하루를 힘들게 보낼 수밖에 없는 처지에 놓여 있게 된다. 그레고르 잠자의 동물-되기는 알 수 없는 외부의 힘에 의해서 빚어진 악몽이 아니라 주체의 탈주에 대한 무의식적 욕망, 즉 무의식에서 일어난 자발성의 산물일지도 모른다. 그의 동물-되기는 역설적으로 가족 부양의 의무로부터의 해방, 노동의 면제라는 효과를 발생시킨다. 그런 점에서 동물-되기는 그 주체에겐 역설적으로 무엇인가를 팔아야 하는 영업-노동에서의 해방이며 구원이다. 그러나 그레고르 잠자가 자발적이건 비자발적이건 간에 폐쇄된 가족질서에서 자신을 탈영토화하려는 기획은 실패하고 만다. 그레고르 잠자는 아버지가 집어던진 사과를 맞고 옆구리에 큰 상처를 입는다. 결국 그레고르 잠자는 그 상처 때문에 죽음을 맞는다. 그레고르 잠자의 상처는 자신의 존재를 엿보는 틈이다. 이 틈으로 타자의 시선이 틈입한다. '나'는 타자에게 보여지고 있는 존재며, '나'는 상처 입을 수 있는 존재라는 것이다. "내가 직접적으로 포착하는 것은 …(중략)… 나는 상처받을 수 있는 자라는 것, 나는 상처 입을 수 있는 육체를 가졌다는 것, 나는 어떤 경우라도 도망칠 수 없다는 것, 즉 나는 보여지고 있다는 것이다."19)

카프카가 가족에서 탈주하다 실패하여 희생되는 자의 배역을 맡긴 그레고르 잠자는 오늘날 홀로 가족의 생계를 책임지고 있는 샐러리맨들의 모습과 비슷하다. 『변신』은 가족이라는 영역에서 일어난 한 주체의 내부에 잠복해 있던 이질성이 갑충-되기의 모습으로 화한 것이다. 『변신』은 갑충-되기를 통해 드러난 가족 간의 관계의 분열과 관계의 재정립이란 주제를 추구한다. 아울러 주체성이 타자의 차이성에 의해 탄생한다는 사실을 보여주는 최초의 서사물이다. 그레고르 잠자의 동물-되기는 어쩌면 우리가 거울을 통해서 마주치게 될 진짜 '나'의 얼굴일지도 모른다. 예기치 않은 순간에 나타난 이방인, 괴물, 모든 드러남은 드러나지 않음의 가시화다. 그레고르 잠자의 출현은 가족들 내면에 숨어 있던 욕망과 공포를 자극하고 그것의 질료적 흐름을 겉으로 흐르게 한다.

그러면 갑충-되기 이후 그레고르 잠자의 의식은 어떤 상태일까? 그레고르 잠자는 갑충이 되어 무의식적 욕망의 실현에 이르게 되었지만 오히려 되기 이전의 상태에 여전히 머물고 있는 모습을 보인다.

---

19) 장석주, 『들뢰즈, 카프카, 김훈』, 파주: 작가정신, 2006, 153쪽에서 인용.

"부모님 때문에 꾹 참고 있으나 그렇지 않았더라면, 벌써 사표를 냈을 것이고 사장 앞으로 걸어가 내가 생각하고 있는 바를 남김없이 털어놓았을 것이다. 그러면 사장은 틀림없이 책상에서 떨어졌을 거다! … 그런데 희망이 아주 없는 것은 아니니, 내가 언젠가 돈을 모아 부모가 그 자에게 진 빚을 갚으면—그게 아직 5, 6년은 걸리겠지만—내가 그 일을 꼭 해내면, 그러면 내 인생에 있어서 커다란 전기가 이루어질 것이다. 아무려나 우선은 일어나야겠다, 타야 할 기차가 다섯 시에 떠나니까."[20]

그레고르 잠자는 처음 갑충이 된 자신을 발견한 후 외판사원으로서 자신의 힘든 직업에 대한 성찰을 시작하는데, 날이면 날마다 여행을 해야 하고 기차 접속에 대해 늘 걱정해야 하며 불규칙적이고 나쁜 식사, 늘 바뀌며 진실하지 못한 인간관계에 대한 내면의 불평을 늘어놓는다. "(이 모든 걸) 마귀나 와서 쓸어가라지"[21] 변신은 마치 그의 소원이 성취된 상황을 보여주는 듯하다. 그레고르 잠자는 자신의 일이 자신을 지치게 만들며 다른 동료들보다도 힘든 일을 맡고 있다고 생각하여 사장에 대한 억눌려 있던 공격적인 성향을 내보이기도 하지만 곧 그의 삶은 소외된 노동에 지배당하고 있는 모습을 보인다. 또한 그레고르 잠자는 갑충-되기에 이른 후에도 무의미하기 그지없는 행동을 한다. 그는 다섯 시에 출발하는 기차를 탈 생각을 하며, 누이를 음악학교에 보낼 것을 생각하거나 또는 실신한 어머니를 도우려고 한다. 이러한 그레고르 잠자의 행동은 가족주의 담론과 연결하여 볼 때, 그가 신봉하는 가족주의 담론의 조건과 내용이 이미 오래 전에 변했음에도 불구하고 전혀 변하지 않은 것처럼 행동하는 데서 기인한다. 그는 허망한 가족주의 담론에서 여전히 벗어나지 못하고 있다. 그레고르 잠자는 갑충이 된 후에도 변화된 상황을 인식하지 못한다. 그레고르 잠자는 근대에도 중세

---

[20] 카프카, 전영애 역, 『변신 · 시골의사』, 서울: 민음사, 2007, 11쪽.
[21] 카프카, 전영애 역, 『변신 · 시골의사』, 서울: 민음사, 2007, 10쪽.

의 기사처럼 살 수 있다고 믿었던 돈키호테처럼 형태와 내용이 달라진 담론 사이에서 혼란을 겪고 있는 희생자로 그려지고 있다.

다시 말해서 그레고르 잠자는 '갑충-되기'를 통하여 일상적인 경험세계로부터 일탈의 가능성을 이끌어냈다. 그러나 그는 이전의 인간적인 주체의 소멸과 함께 만들어진 빈 주체의 자리에서 새로운 말하기('오랫동안 기다렸던 영양분'으로서의 음악 등)가 시작되어야 할 바로 그 시점에서 일상성으로 되돌아간다.22) 다시 말해서 그레고르 잠자는 '갑충-되기'를 통해 기존의 상황으로부터 결별할 수 있는 기회를 만들고, 유폐된 공간에서 빛이 스며들어오는 새로운 언어의 가능성을 보았으나 결국 일상성으로 회귀하는 모습을 보인다. 그레고르 잠자의 비극은 변화된 담론의 조건 하에서 존재의 동질성을 고수하는 것이며, 일탈을 통해 새로운 가능성을 열었지만 다시 가족주의 담론으로 회귀하는 데 있다.

과학의 발달과 산업의 발전은 인간을 기능적인 도구로 만들고 있으며, 자본주의는 개인의 가치를 돈으로 환산하여 인간으로 하여금 정체성을 상실하고 방황하게 한다. 카프카는 『변신』을 통하여 인간 존재의 마지막 경계점에서 인간의 삶과 존재의 본질을 찾고자 하였는지 모른다. 카프카의 문학이 지배적으로 드러내고자 하는 것이 『변신』에 함축되어 카프카가 처한 실존적 비극을 잘 드러내고 있다. 그레고르 잠자가 처한 상황은 자신이 처한 공간과 비슷하다. 가족들은 자신들의 생활공간에 그레고르 잠자를 끼워주지 않는다. 방 밖으로 나오는 것도 허용하지 않을 뿐 아니라 그레고르 잠자가 오랫동안 생활했던 공간을 없애버린다. 가족의 생활공간에 편입되지 못할 뿐 아니라 자신의 생활공간조차 타의로 사라지게 되는 현실에 봉착

---

22) 이지은, 「카프카의 〈변신〉에 대한 하나의 새로운 해석」, 『독일문학』, 제81집, 한국독어독문학회, 2002, 121쪽 참조.

한다. 실존의 비극성은 그레고르 잠자가 유폐된 공간에서 탈주에 실패함으로써 분명하게 드러난다.

카프카에게 동물로 변신하기는 매우 낯익은 주제이다. 갑충·원숭이·개·쥐들은 인간적 관계의 지평에서 떨어져 나온 소외나 왜소한 자아의 표상물로만 받아들이기엔 그 범위가 좁다. 그것은 존재 내부에서 일어나는 질료적 전환의 욕구와 탈주체화하려는 인식의 맹아와 상관된 것이다. 자본의 논리에 의해 파멸해가는 한 샐러리맨 개인의 가치를 실현하고 자아 정체성을 확보하려는 인식과 관련된 것이다.

『변신』의 주인공 그레고르 잠자는 갑충-되기 이후 나의 역할, 나의 집단 등 내가 어떻게 타인과 어울리는가 되돌아볼 수 있게 되었고, 그레고르 잠자는 다시 한 번 탈중심화되고 다시 한 번 차별화되고 다시 한 번 초월하게 된 것으로 보인다. 그러나 그레고르 잠자는 나의 자아로부터 나의 집단쪽으로 탈중심화할 수 있지만 아직도 나의 집단을 탈중심화할 수 없었다. 그러기에 그는 죽음을 인식한 순간에도 가족에 대한 애정을 버리지 못했다. 그레고르 잠자는 갑충이 됨으로써 자신의 존재가 가족에게 어떠한 위치를 차지하는지 인식하게 되었고 자신과 가족 사이에서 실존적 갈등을 겪고 있다. 따라서 그레고르 잠자의 의식 상태는 적어도 ④규칙-역할심 수준을 넘어 ⑥비전-논리적 수준, 즉 실존적 자기의 인식에 이르게 된 것으로 보인다. 그레고르 잠자는 자신이 살고 있는 세계 속에서 자신의 역할이 갖는 가치의 허무를 깨닫게 되고 나아가 자신을 에워싸고 있는 외부세계가 탈주하기에는 너무나 견고하다는 것을 비극적으로 체험했을 것이다.

여기서 우리는 윌버를 따라 먼저 ⑥의 '실존적 수준'과 '실존적 갈등'을 구분할 필요가 있다.23) 실존적 갈등은 자아 발달의 모든 개개 단계에서 발생하는 삶/죽음 혹은 보존/부정 간의 투쟁을 파악하는 방식이다. 경계선 장애자가 드러내는 '재접근 위기(rapproachment crisis)'나 '분리-개별화'의 실패에서, 혹은 정신신경증의 유발 요인이 되는 오이디푸스 콤플렉스 등의 과정에서 주체는 실존적 문제 상황에 놓이고 그 속에서 부닥치는 사건에 대해 주체가 드러내는 위기적 반응이 실존적 갈등이다. 가령 경계선 장애자는 자기(self)와 대상표상에서 부분적 분화만을 달성하였다. 따라서 분리된 개별적 자아가 출현하였으나 그 구조가 취약하여 끊임없이 타자에 의해 집어삼켜지거나 유기되는 것을 두려워한다. 그래서 타자와의 교류가 순조롭지 못하거나 지극히 극단적이다. 만일 그가 실제로 심각한 문제 상황에 놓이게 되면 완전히 무가치하고 절망적인 공허에 직면하고 때로는 자살에 이르기도 한다.24) 반면 실존적 수준은 기본적인 발달 구조에서 한 특수한 수준, 곧 ⑥의 단계이다. 이미 사르트르(J.P. Sartre)와 하이데거(M. Heidegger)가 지적하였다시피 인간 존재가 자신의 삶에서 최종적으로 근본적인 존재론적 불안과 무에 직면하게 되는 것도 이 수준에서다.

윌버에 따르면 ⑥수준은 실존적 자기의 단계 혹은 비전-논리적 단계이다. 이 단계의 실제적 자기의 특징 중의 하나는 관습적이고 마음을 진정시키는 현실적 위안 모두를 이제 더 이상은 높이 생각하지 않는다는 것이다. 즉 보다 더 진정한 혹은 실존적인 자기의 창발이 이 수준의 일차적인 과제이다. 유한한 자기는 죽게 되어 있고, 이러한 사실을 직면하는 것이 진정한 자기로 되는 것의 일부이다. 자기의 죽어 사라질 운명과 자기의 유한성이란 말을 그대로 받아들이는 것, 이것이야말로 자기 자신의 진정한 존재를 발견하는 것의 일부이다.

---

23) Wilber(1986), *Transformations of Consciousness*, p.117.
24) Wilber(1986), pp.110-111.

실존적 수준의 전체 핵심은 우리는 아직 자아초월적·초개인적 수준에 있지 않다는 것이고, 그렇지만 개인적 자기 수준에서도 더 이상은 총체적으로 정착되어 있지 않다는 것이다. 즉 전체 개인적 영역은 심각하게 무의미해지기 시작하며, 이 의미의 결핍성은 ⑥수준의 병리의 중심적 특색이 된다.25) 따라서 그레고르 잠자는 잠시 ④규칙-역할심 수준을 넘어 ⑥비전-논리적 수준에 이르기는 하였지만 되기 이후 자기 속에서 마음과 몸의 진정한 통합을 이끌어내지 못하고 가족과 자신의 존재 사이에서 실존적 갈등을 겪고 있는 것으로 보인다.

그레고르 잠자에게서 갑충-되기는 기존의 배치로부터의 탈주이다. 그러나 갑충-되기에 성공한 이후에 그레고르 잠자가 겪는 갈등을 들여다보면 가족에 대한 애정과 걱정 등을 버리지 못하고 여전히 가족과 자신의 존재 사이에서 갈등을 겪고 있으며 그에 따라 실존적 불안이 나타나고 있다. 즉 그레고르 잠자는 탈주의 선상에 있음에도 불구하고 되기 이전의 상태에서 완전히 자유롭지 못하다. 따라서 그레고르 잠자의 의식 상태는 갑충-되기 이후 실존적 수준에서 세계중심적 공간으로 진입해 들어올 수 있었으나 그렇게 하지 못하고 윌버의 말처럼 다시 이 새로운 자유 속에서 미끄러져 넘어져 탈주 이전으로 전락해 버린다. 그레고르 잠자는 갑충-되기 이후 실존적 갈등에 빠짐으로써 의지와 판단력을 잃고 자신이 어디로 가야 할지 심하게 방향을 상실해 버리게 된 것으로 여겨진다.26)

그레고르 잠자는 갑충-되기 후 ⑥비전-논리적 수준에 있으나 실존적

---

25) 이 수준의 병리들은 다음과 같다; ①실존적 우울, ②비진정성(inauthenticity), ③실존적 고립과 두려운 낯설음(uncanniness), ④상실된 자기실현, ⑤실존적 불안. 상세한 논의는 Wilber(1986), p.118.
26) 들뢰즈/가타리 또한 삼각형화에서 벗어나려는 그레고르 잠자의 시도에도 불구하고 그레고르 잠자의 동물-되기는 실패했다고 언급한다. 들뢰즈/가타리, 이진경 역, 『카프카, 소수적인 문학을 위하여』, 서울: 동문선, 2001, 132쪽; Deleuze/Guattari(1987), p.54.

불안에 빠짐으로써 다시 ④규칙-역할심 수준으로 복귀해버리고 만다. 이 수준에서는 배려와 관심이 나로부터 집단으로(거기까지만) 확대된 것으로서, 만약 집단의 일원(예컨대 나의 종족, 나의 신화, 나의 이데올로기의 일원)이면 '구원'까지도 되지만, 만약 다른 문화, 집단, 사회에 속한다면 저주를 받게 된다. 그러므로 이러한 자세는 매우 민족중심적으로 되기 쉬운 경향이 있다. 바꾸어 말하면 그레고르 잠자는 나의 자아로부터 나의 집단 쪽으로 탈중심화 할 수 있지만, 아직도 나의 집단(가족, 회사)을 탈중심화 할 수 없다. 이 수준에서는 또한 아직 진실로 탈중심화된 보편적인 다원주의적 자세로 이동할 수 없지만 천천히 옮겨가는 단계이기도 하다. 만약 그레고르 잠자의 정체성이 자아중심적에서 사회중심적으로 전환하여 자신의 정체성을 정립하는 단계에 이르게 되었다면 그레고르 잠자는 세상을 타인의 눈을 통해 보게 되고, 그럼으로써 나와 나의 것이라는 속박을 넘어 있는 더 넓은 의식에 이르게 된다.

'나(로렌스)'의 대모신 원형과의 동화 혹은 심혼적 동일시

들뢰즈/가타리는 로렌스가 동물-되기를 통해 생성의 길을 추구한 작가로 보고 있다. 로렌스의 동물-되기는 동물을 통해 스스로 변하는 것이며 다른 삶 속으로 말려들어가는 것이다. 거북이-되기 속에서 로렌스는 모든 지시작용과 주어질 수 있는 모든 해석을 통과해 기표의 벽을 가로질러 생성의 선들로 탈주한 것이다.

로렌스도 카프카와 마찬가지로 그의 작품 속에 많은 동물을 등장시킨다.

뱀, 거북이, 물고기, 박쥐, 캥거루, 코끼리 등. 그리고 이 동물들은 선구자, 악마 등으로 묘사된다. 들뢰즈/가타리는 로렌스가 동물-되기를 통해 생성의 길을 추구한 것이라고 본다. 여기에 대해서 공감할 수 있는 그러한 징후들을 앞에서 포착할 수 있었다. 그러면 윌버의 해석에 비추어 보면 로렌스의 거북이-되기는 어떠한 상태이며 그 상태는 다시 어떤 수준에 위치하고 있는 것일까?

로렌스는 그가 살았던 1차 세계대전을 통해 전쟁의 잔혹한 파괴력과 그것이 남긴 무질서와 혼돈을 경험하면서 인간과 인간성에 대한 믿음에 회의를 갖게 되었다. 따라서 그의 관심은 인간에서 자연 세계로 향하게 되었고 자연 속에서 새로운 삶, 새로운 질서를 탐색해 나갔다. 로렌스는 자연을 객관적인 실체로 묘사하면서 인간의 내부 깊은 곳에 위치해 있는, 즉 '육체 속, 우리 의식의 가장 깊은 곳'에 실재하는 근원적인 것에 관심을 두었다. 로렌스에게 삶은 궁극적인 끝이 있거나 완성된 실체가 아닌 항상 현존하는 것으로 갈등과 투쟁의 연속이었다. 이것은 그의 사상의 핵심이 되는 이원론(dualism)의 기초가 되는 것으로 상반된 힘의 긴장이 완벽한 균형의 상태에 도달함으로써 신성을 얻고, 가장 이상적인 삶을 경험할 수 있다는 기대에서 비롯되었다.[27]

---

[27] 로렌스의 이원론은 그의 우주관과 세계관이 가장 선명하게 부각된 존재론적 형이상학이다. 로렌스는 『토마스와 하디 연구』에서 이원론의 이론을 전개하기 위하여 '남성원리'(male principle)와 '여성원리'(female principle)라는 용어를 사용하고 있다. 남성원리란 로렌스가 일생동안 반대해서 싸워 온 것들, 즉 추상이나 이상주의 등 일반적으로 그가 '심적 의식'(mental consciousness)이라고 부른 것이며, 여성원리란 그가 강력하게 신봉한 '남근의식'과 거의 같은 범주에 속한다. … 로렌스는 이 두 원리를 결합시키고 조정해서 우주의 조화로움에 도달하게 하는 화해의 매개체로서의 원천을 '성령'이라고 언급하였듯이 로렌스는 성령의 은총과 불꽃을 받아 모든 존재는 불사의 경지에 도달하려 한다고 믿는다. 엄정옥, 「D. H. 로렌스의 이원론과 문학 생태학」, 『D. H. 로렌스연구』, 제14권, 한국로렌스학회, 2006, 1-4쪽. 이것으로 미루어 볼 때 로렌스의 이원론은 전일성을 추구하고 이항대립적 사고를 넘어서고자 한다. 따라서 남녀, 자연, 신 등의 관계가 하나의 전체로서 통일을 이루고 있는 것으로 파악된다.

로렌스가 소설·시·수필에서 표현하려고 한 것은 인간의 총체성이었으며 그가 표현한 것은 무엇이든 삶의 깊은 자극에서 비롯된 감정들로 충만해졌다. 그는 혼탁하고 혼돈된 세상이라고 규정지은 현대문명세계에서 작품을 통해 형식과 일관성을 발견하려고 노력했다. 특히 그가 말년에 쓴 죽음에 관한 시들을 분석해보면, 이 시들은 존재의 이면인 어두운 지하세계로의 심리적·상징적 침잠을 묘사하고 있다. 특히 오영진의 분석에 따르면 다음과 같다.

"부록"의 "죽음의 배"를 분석해봄으로써 우리는 로렌스의 부활에 대한 신념 속에 내재하는 모순을 발견할 수 있고 로렌스가 신념(의 문제)에서 삶의 근원적인 원천(의 문제)에로 결국 이행하게 된다는 사실을 알 수 있다. 로렌스가 '무'의 깊은 심연 앞에 직면했을 때 주저함에도 불구하고 결국 로렌스는 (존재하는 사물들을 허용하는 것처럼 보이고) 그 스스로 실존의 충만한 근원이 되도록 다시 허용하는 것처럼 보인다. 로렌스가 '대모신'의 품으로 복귀하고 또는 떠넘겨진다는 사실은 드라마틱하고 풍부한 상상력을 부여해주는 진정한 메시지이다.[28]

또한 로렌스의 죽음에 관한 시들은 '무(無)'와의 실존적 대면으로서 종말 앞에서의 불안과 두려움을 그대로 드러냄으로써 생사의 의미와 의식의 각성에 관한 성찰을 담고 있다. 『로렌스 시선』의 '부록'에 실린 〈죽음의 배(Ship of Death)〉[29]에서 절정을 이루는 로렌스의 마지막 시들은, 개인의식이 생명과 문화의 근원이자 모든 것을 포용하는 원형적 이미지로서의 대모신(大母神)의 품안으로 융합되는 경지를 그려내고 있다.[30] 이는 영원한

---

28) 오영진, 「A Mytho-Psychoanalytic Reading of D. H. Lawrence's Death Poems」, 『D. H. 로렌스연구』, 제13권 제2호 통권20호, 2005, 217-218쪽. 영문 참조.
29) Lawrence, D. H., *The Complete Poems of D.H. Lawrence*, Wordsworth Editions Limited, 1987. pp.603-606.
30) 오영진, 앞의 논문, 222쪽. "위대한 어머니 여신은 모든 것을 생성시키는 원천으로 인식

삶에 대한 신앙이나 희망조차 넘어서, 완전한 무와 자연과 동일시되고 있다는 것을 의미한다. 죽음의 여정을 불안이나 공포로써만이 아니라, 축복에 찬 공(空)의 충만함으로 묘사한 로렌스는, 종교적 감수성을 죽음에 대한 공포의 반영이며 '대양적 환영(oceanic illusion)'으로 규정하여, 여성이나 유아적 정신에나 걸맞은 열등한 영역으로 본 프로이트의 관점을 전도하고 있다.[31]

전영옥의 분석 또한 이와 비슷하다. 그녀에 따르면 시인은 죽음이 임박했음을 느끼고, 그 죽음이 홀로 떠나는 여행이며 마음의 준비가 필요함을 역설한다. 이 시에서 시인의 죽음으로의 여행은 어둠의 바다를 향한 여행이다. 1부에서 5부까지는 영혼의 "길고 고통스러운 죽음"(long and painful death)으로의 여행을 위해 준비가 필요함을 강조한다. 나아가 시인은 사람들이 죽음을 어떻게 이해하고 수용해야 하는지 알지 못함을 지적하며 죽음을 의식적인 여행(ritual voyage)으로 받아들일 것을 당부한다.[32]

되었다. 이 세계에 존재하는 모든 것은 어머니 여신으로부터 나와서 어머니 여신으로 돌아간다. 이것은 삶과 죽음 그리고 재탄생을 무한히 반복하는 자연의 순환적인 법칙과 관련이 있다. 위대한 어머니 여신은 이 세계의 무한한 생명력의 원천이라 할 것이다. 위대한 어머니 여신은 단순히 남성성에 대한 대립적 요소로서 여성성만을 가진 존재는 아니다. 그것은 인간의 의식에 표상될 때 여성적 이미지로 나타나지만 여성성의 원리와 남성성의 원리를 모두 가지고 있는 존재라 할 수 있다. … 인간은 어머니에게서 살아있는 것(생명체)으로 흘러가는 긍정적 흐름 속에 있는 모든 방해 요소와 중단 요소를 동일한 위대한 어머니에게 귀속시킨다." 노이만, 박선화 역, 『위대한 어머니 여신』, 살림출판사, 2009, 99쪽.

[31] "간접적일지라도 위대한 어머니는 인간의 의지 및 행동의 발달을 원하며 또한 영적 성장을 촉진한다. 무의식에서 처음으로 출현하는 것으로부터 알 수 있듯이 영은 위대한 어머니의 영역 안에 있는 지하의 원시 샘에서 양분을 얻는다. … 위대한 어머니는 생명뿐 아니라 죽음의 부여자이다. 사랑의 철회는 기초적 성격의 긍정적 측면을 구성하는 모든 기능을 철회하는 것으로 보여질 수 있다." 노이만, 436쪽. "그러나 종종 이 상태들보다 더 강력하게 영향을 미치는 고독은 바로 개성화 원리의 토대를 이룬다. 개성화 원리는 신비적 융합적 기초적 원리가 되는 봉쇄 상태와 대조된다. 다시 말해서 개성화는 고독이 전혀 존재하지 않는 유대관계와 상관된다." 노이만, 위의 책, 99쪽.

[32] 전영옥, 「죽음과 부활-마지막 시집을 중심으로」, 『D. H. 로렌스연구』, 제12권, 한국로렌스학회, 2004, 185-207쪽.

특히 마지막 10부에는 로렌스의 죽음에 대한 성찰이 잘 드러난다.

> The flood subsides, and the body, like a worn sea-shell
> emerges strande and lovely.
> And the little ship wings home, faltering and lapsing
> on the pink flood.
> and the frail soul steps out, into her house again
> filling the heart renewed with peace
> even of oblivion.
>
> Oh build your of death, oh build it!
> for you will need it.
> For the voyage of oblivion awaits you.
>
> 바닷물은 잠잠해지고, 지친 조개껍질처럼 육체가
> 신비하고 아름답게 나타난다.
> 그리고 작은 배는 힘없이 비틀거리며 돌아온다.
> 선홍빛 물결 위에,
> 기운 없는 영혼이 배에서 내려 제 집으로 돌아간다.
> 가슴에 평화를 가득 채운다.
> 평화로 새로워진 가슴은 출렁이네.
> 망각의 것일지라도.
>
> 오, 죽음의 배를 저으시오, 저으시오!
> 필요할 것이니,
> 망각의 항해가 그대를 기다리니![33)

시인 로렌스는 마지막 연에서 죽음을 맞아 죽음의 배를 저을 것을 반복하여 강조한다. 왜냐하면 죽음은 인간 누구에게나 닥치는 것이며 죽음이라는

---

33) 로렌스, 윤명옥 역, 『로렌스 시선』, 서울: 지식을만드는지식, 2011, 116쪽.

망각의 세계가 우리를 기다리고 있기 때문이다. 그러나 망각의 세계는 단순한 물리적인 존재의 끝이거나 종말이 아니라 우리의 낡은 자아가 죽고 새로운 자아로 부활하는 세계이며, 나아가 새로워진 영혼이 이전의 육체를 통해 완전히 하는 것을 가능케 하는 세계이다. 이러한 믿음을 갖는 한 우리는 죽음을 평화롭게 맞이할 수 있게 된다. 마지막 시집에서 이 시를 포함하여 이후 18편의 시 가운데 15편에서 시인은 '망각'에 대해서 언급하고 있으나 그의 의도는 망각이 갖는 죽음에 대한 의미를 강조하려는 데 있는 것은 아니다. 만일 죽음의 세계가 망각이 내포하고 있는 모든 것의 중지이자 삶의 종말을 의미한다면 죽음에 직면하여 마음의 평화를 얻는 것은 불가능한 일이다. 여기에 시인이 강조하는 죽음의 배가 갖는 힘이 있는 것이다. 실제 자신의 죽음을 목전에 두고 있는 시인이 독자를 향해 죽음의 배를 저을 것을 권하는 것은 죽음을 두려워하는 '연약한 영혼'을 지닌 그 자신을 향해 새로운 삶으로의 부활을 믿고 마음의 평화를 가질 것을 촉구하는 것이기도 하다. 이전의 육체로 다시 부활한다는 그의 믿음이 현실적으로 실현 불가능하다는 사실을 받아들이고 어두움과 화합한다. 이러한 그의 믿음은 죽음을 두려워하는 자신의 영혼을 위안하는 자기암시라고 할 수 있다.[34]

    강필중의 글을 보면 로렌스의 죽음에 대한 인식은 좀 더 나아가는 듯하다. "망각은 곧 나를 잊는 망아(忘我)이다. 내가 미지로 남는데 나에 대한 기억이 있을 리 없고 내가 아는 나는 어디에도 없다. 내가 나라고 생각하는 어떤 나도 없고 미지를 마주보며 겁을 낼 나도 없다. 내가 나에 관한 것을 깡그리 잊는다면 내 존재마저 잊는 것이다. 그것마저 나에 관한 생각이므로. 나에 관한 생각, '나'라는 생각이 사라지면 나는 없는 것이다. 모든 생각

---

[34] 전영옥, 「죽음과 부활―마지막 시집을 중심으로」, 『D. H. 로렌스연구』, 제12권, 한국로렌스학회, 2004, 194-195쪽 참조.

에 앞선 '생각하는 나'라는 것 또한 생각이다. 그 생각마저 사라지는 망아에서 나는 어디에도 없는 것이다. '어디에도 없음'은 나를 잊은 나의 존재에 대한 솔직하고도 유일한 표현이다. 〈죽음의 배〉 7연의 말미에서 로렌스는 배(망아)의 '위치'를 요약하는데, 기지로서는 모든 것이 사라졌으되 미지로서는 사라질 것이 없는 존재에 대한 이보다 더 간명하고 뜻 깊은 진술은 찾아보기 힘들 것이다."35)

> She is not seen, for there is nothing to see her by.
> She is gone! gone! and yet
> somewhere she is there.
> Nowhere!
>
> 보이지 않네. 아무것도 보이지 않네.
> 배가 떠났다! 떠났다! 그럼에도
> 어딘가에 배는 떠 있다.
> 어디에도 아닌 곳에!36)

로렌스에게 〈죽음의 배〉는 망각의 항해다. "It is the end, it is oblivion.37)(이것은 종말, 이것은 망각)" 8연의 마지막 행에서도 알 수 있듯이 죽음의 미지는 나의 바깥에 있는 것이 아니라 자신의 형언할 수 없는 변화로 전개된다. 나의 죽음과 나의 망각, 로렌스는 망각으로부터 새벽이 보인다며 몸의 핵심을 '망각의 결실'인 평정으로 가득 채운다. 로렌스에게 죽음은

---

35) 강필중, 「로렌스의 시와 망각의 주제」, 『D. H. 로렌스연구』, 제17권, 한국로렌스학회, 2009, 29쪽.
36) 로렌스, 윤명옥 역, 『로렌스 시선』, 서울: 지식을만드는지식, 2011, 114쪽.
37) Lawrence, D. H., *The Complete Poems of D.H. Lawrence*, Wordsworth Editions Limited, 1987, p.605.

모든 것이 다시 시작하는 평화가 가득한 장미빛 섬광이다.

로렌스의 삶의 일부로 실재하는 죽음에 대한 이해는 우주 만물에 신이 존재한다는 범신론에서 비롯된다. 로렌스에게 신은 태초부터 생명체 내부에 생명을 유지시켜 주는 실마리로 존재한다. 기독교의 신이 피조물과 별개로 존재하는 것과 달리, 로렌스의 신은 물질세계의 생명체를 통해 계속 새로운 구현체로 현시된다.[38]

로렌스는 우리에게 죽음을, 삶을 변화시키는 과정으로 이해하고 수용하는 자세를 갖기를 촉구한다. 〈죽음의 배〉 1연에서 보이고 있듯이 로렌스에게 죽음은 자신에게 작별을 고하고, 떨어진 자신으로부터 출구를 찾을 시간이다(And it is time to go, to bid farewell/to one's own self, and fine and exit/from the fallen self[39]). 로렌스는 구멍 틈으로 불어오는 찬바람 앞에서도 어두운 망각의 길을 위해 죽음의 배를 저어간다. 죽음을 변화의 과정으로 이해하는 것은 자연 법칙과 조화를 이루며 살고 죽는 것을 의미한다.

로렌스에게 죽음은 종말이자 망각이지만 "Ah wait, wait, for there's the dawn/the cruel dawn of coming back to life/our of oblivion"[40](아 기다려라, 기다려라, 새벽이 보인다. 망각으로부터 생명으로 돌아오는 잔인한 새벽이) 9연의 시행에서 분명히 밝히고 있듯이 삶으로 다시 복귀하는 삶의 씨가 역동하는 세계이다. 그의 죽음에 대한 이해는 죽음도 삶의 한

---

38) 전영옥, 「죽음과 부활-마지막 시집을 중심으로」, 『D. H. 로렌스연구』, 제12권, 한국로렌스학회, 2004, 185쪽.

39) Lawrence, D. H., *The Complete Poems of D.H. Lawrence*, Wordsworth Editions Limited, 1987. p.603.

40) Lawrence, D. H., *The Complete Poems of D.H. Lawrence*, Wordsworth Editions Limited, 1987. p.606.

과정이기에 결국 삶에 대한 이해라는 역설에 기초를 두고 있으며, 이것이 죽음을 초월하는 힘이 되었다고 할 수 있다. 여동생 아다(Ada)에게 보낸 다음의 편지는 그의 죽음에 관한 의견이 잘 드러나 있음을 알 수 있다.

> There still remains a God, but not a personal God a vast, shimmering impulse which waves onwards towards some end...When we die, like raindrops falling back again into the sea, we fall back into the big shimmering sea of unorganised life which we call God.[41]
> (여전히 신이 남아 있다. 그러나 인격적인 신이 아니라 어떤 목적을 향해 계속적으로 물결치는 광대하고 희미한 충동…우리가 죽으면 빗방울이 다시 바다로 떨어져 내리듯 우리도 신이라고 부르는 크고 희미한 비유기체적 바다에 다시 빠진다.)

로렌스는 다양한 정체성의 인간이 궁극적으로 바다나 대지 같은 대자연으로 귀의하는 과정이 있음을 밝히고 있다. 이 역시 자연계의 순환적인 리듬을 인간의 삶과 죽음에 적용한 사유로서 이 경우의 '신'은 모든 생명체의 총체적인 집합지이며 또한 새로운 존재 양식을 향해 끊임없이 전진하는 자연 질서의 장으로 이해된다.

We are dying, we are dying, so all we can do/is now to be welling to die, and to build the ship/of death to carry the soul on the longest journey[42](우리는 죽는다, 우리는 죽는다. 남은 것은 이제 즐겁게 죽는 것. 그리고 배를 만드는 것. 먼 여행에 영혼을 싣고 갈 죽음의 배를). 〈죽음의 배〉 7연에서 로렌스는 즐겁게 죽는 것을 받아들이고 배를 만든다. 그리

---

41) Lawreence, *The Letters of D. H. Lawrence Ⅰ*, Ed. James T. Boulton, Cambridge UP, 1979, p.76.
42) Lawrence, D. H., *The Complete Poems of D.H. Lawrence*, Wordsworth Editions Limited, 1987. p.605.

고 자신의 영혼을 싣고 죽음을 향해 노를 젓는다. 노를 저어 가는 곳은 바다이다. 들뢰즈/가타리에 의하면 바다는 매끈한 공간이다. 매끈한 공간은 어떠한 점에서라도 돌출해 소용돌이 운동을 하면서 열린 공간을 차지하는 전쟁 기계43)이다. 바다는 파도를 통해 몸을 정화시키고 움직이게 하는 역동적 구조를 지닌 열린 공간으로써 이를 통해 닫힌 공간을 구분해 직선적 또는 고체적 사물들에 배분하는 것이 아니라 흐름으로서의 사물들이 배분된다. 따라서 먼저 바다가 돼야 하는 것이다. '문제는 전쟁 기계 자체로서, 이것은 경사면이나 극한으로의 이행'44)이다. 그래서 로렌스는 비유기체적 바다를 향해 죽음의 배를 저어 끊임없이 탈영토화하고 있는 것이다.

로렌스의 많은 소설들은 우리 몸을 통해 인간의 가장 근원적인 문제들을 잘 드러내고 있다. 슈나이더(J. Schneider)가 지적한 대로 로렌스의 남녀 관계는 남녀 각자가 '나'를 초월하고 타자를 인정함으로써 그들 내부에 신성을 깨달아 한 차원 높은 삶으로 승화시키는 신성한 것이다.45) 로렌스의 시에 나타난 타자에 대한 이해는 궁극적으로 전인으로서의 삶과 밀접한 관련이 있다. 시에 나타난 많은 동물들은 인간이 자연물로서의 삶에 순응해야 한다는 그의 견해가 반영된 것으로 사료된다. 이는 자연물에 대한 경외감으로 볼 수 있다.46)

---

43) 전쟁 기계는 『천 개의 고원』 12, 13고원에서 자세히 언급하고 있다. 전쟁 기계는 국가 장치 외부에 존재한다. 전쟁 기계는 국가의 두 개의 머리 사이에 또는 국가의 두 분절 사이에 위치하며, 한쪽에서 다른쪽으로 이동하려면 필연적으로 존재하는 것이다. 전쟁 기계 또는 소수성은 그 자체로는 무구하다. 왜냐하면 언제나 그것은 '사이' 또는 '생성(되기)' 속에 있는 것이기 때문이다.

44) 들뢰즈/가타리, 김재인 역, 『천 개의 고원』, 새물결, 2003, 694쪽.

45) 전영옥, 「로렌스의 시에 나타난 차이를 통한 타자의 이해」, 『동서비교문학저널』, 제23호, 한국동서비교문학회, 2010, 279쪽.

46) 〈뱀〉(Snake)은 문명인으로서의 시인이 경외감을 통하여 자연물로 동화되어가는 과정을 그린 시이기도 하다. -로렌스, 정종화 역, 『피아노』, 민음사, 1995, 64-75쪽 참조.

로렌스는 많은 동물을 등장시켜 인간과 동물과의 조화를 통해 동물-되기를 실행하고 있다. 동물-되기를 내용으로 가지려면 동시에 동물도 밤이나 죽음, 기쁨 등 뭔가 절대적인 것이 되어야 한다. 결코 일반성도 단순성도 아닌 '이것임'이다. 로렌스는 동물들과 함께 저항할 수 없는 거북이-되기, 박쥐-되기에 말려들고 있다. 바로 이 죽음, 바로 이 배 등이 되어야 하는 것이다. 인간과 비인간인 타자와의 온전한 관계는 우리 인간이 변화를 향해 열린 의식을 가질 때, 즉 타자의식을 가질 때 가능하다. 로렌스는 동물 속에서 탈영토화된다. 하지만 이때 동물들 자신도 탈영토화되고 '변모'된다. 그것은 이 동물과 더불어 생성하는 자 못지않게 생성하는 천상의 동물이다. 로렌스와 거북이, 박쥐 등은 가장 깊은 곳에서 '자연'과 공모하는 것이며, 이러한 상태에서 인간은 남성과 여성, 비인간, 자연과의 소통과 이해를 통해 바로 우리 내부에 있는 '신 같은 능력'을 발견하고, 의식의 균형을 이룬 온전한 인간이 될 수 있다.

앞에서 살펴본 바에 따르면 윌버의 의식의 단계에서 로렌스의 거북이-되기는 ⑥비전-논리적 수준 혹은 ⑦심혼적 수준으로 보인다. 윌버에 의하면 비전-논리적 단계에 이르는 시점이 되면 이 주시하고 있는 주시자는 신체와 마음 양쪽 모두에 대한 자신의 더 하위적인 자기동일시를 벗어 버린다. 즉 전체 개인적 영역은 심각하게 무의미해지기 시작하며, 이 의미의 결핍성이 이 수준의 병리의 중심적 특색이 된다. 이처럼 모든 욕구가 희박해지고 개인성이 총체적으로 무미건조해져 버린 영혼, 이것이 바로 초개인적 자아초월 영역의 가장자리에 와 있는 영혼이다.

로렌스의 많은 작품에서 생명의 에너지, 원초적 에너지를 묘사하며 신체를 부정하지 않는다. 오히려 그에게 삶이란 보이지 않는 추상적인 것이 아니라 구체적이고 감각적인 형상이다. 로렌스는 생명과 자연의 순수한 즐거움을 노래하며 물질에서 몸으로, 마음으로, 자연으로, 영혼으로 의식을 전개해 나가고 있다. 이는 한 사람의 '자연신비가'로서 자신과 '저기 밖에 있는' 전체 자연의 세계 사이에 분리가 없어진 상태에 이르게 되었다는 것이다. 즉 '있는 그대로의 세계'를 깨닫는 상태, 대상 그 자체는 그저 그러한 것일 뿐, 우리의 마음 여하에 따라서는 도리어 깨달음의 대상도 될 수 있는 것이다. '있는 그대로의 세계'에서는 대상과 마음의 구별 같은 것은 존재하지 않는다. 생각에서 구별된 것과 같은 '그 무엇'이 본체로서 거기에 실재하는 것은 아니기 때문이다. 사유에 의하여 분별된 것을 떠나서 '있는 그대로의 것'을 깨닫는 것. 왜냐하면 언어는 그것과 1대 1로 대응하는 대상을 실재의 세계 속에 가지고 있는 것은 아니다. 신비가가 최고의 진실을 공이라고 불러둔 것은, 언어로써는 표현할 수 없고 무어라 규정지을 수 없는 것이다.47)

그리고 심혼적 수준에서 모든 발달이 공통으로 갖고 있는 점은 그들이 한 발은 조대(粗大)의 평범한 개인적 영역에 담고 있으면서 다른 한 발은 초개인적 영역에 담고 있는 것이다. 이것은 보통의 몸, 마음, 문화의 초월을 수반하며, 이러한 초월적 현상의 일부로는, 예비 단계의 명상적 상태, 무속적 환상과 여행, 자동적인 영적 각성, 더 나아가서는 자연의 여러 모습들과의 동일시(식물과의 동일시, 동물과의 동일시)로부터 모든 자연(우주의식, 자연신비주의, 세계혼)과의 동일시에 이르는 모든 것이 포함된다.

로렌스는 죽음에 직면하면서 인간이란 무엇이고, 어떻게 살아야 하는가 등 실존적 물음에 대한 질문을 다시 하게 되었을 것이다. 로렌스는 인생과

---

47) 나가르주나, 황산덕 역해, 「중론송」, 서문당, 2013, 15-17쪽. 참조.

삶에 대해 다시 묻기를 통해 결국 인간이 어떤 존재인지를 밝히는 사유의 여정을 문학으로 하고 있는지도 모른다. 로렌스는 많은 작품 속에서 실재적 되기를 체험하고 삶을 신비로운 생성의 관계로 풀어나간 것으로 사료된다. 앞에서 논의했듯이 로렌스가 강조하는 '영혼'은 정신과 신체의 이분법이 아닌 평행론적인 관계로 공통되는 잠재적 실재를 의미하기 때문이다. 따라서 로렌스는 남과 여, 비인간, 자연 그리고 신적인 것과의 균형을 통해 승화하고 초월하고 있는 것으로 보인다. 특히 로렌스는 죽음 앞에서 신비주의적 체험을 하게 되었고 마음과 신체 양쪽을 다 알아차리게 되고 그들을 초월하게 된 것이다. 그리고 어쩌면 로렌스는 ⑦심혼적 수준, ⑧정묘적 수준, ⑨원인적 수준을 아우르고 있을지도 모른다. 이에 대한 자세한 연구는 다음으로 미룬다.

에이허브 선장의 존재론적 불안과 돌파

에이허브 선장의 고래-되기는 선장의 실존적 결단에 주목해 볼 수 있다. 에이허브는 고래를 쫓으며 보낸 지난 40년을 회상하며 일등 항해사 스타벅에게 모비 딕을 추적하게 되면 같이 추적하지 말 것을, 위험 속으로 달려들지 않도록 당부한다. 그리고 고향에 있는 젊은 신부와 어린 아들을 떠올리며 안전하고 평온한 일상 속으로 잠시 꿈을 꾸듯 젖어든다. 그러나 에이허브는 다시 눈을 아래로 떨어뜨리며 고개를 돌린다. 그 무엇에 이끌렸는지 다시 단호한 결단을 내린다.

에이허브 선장은 흰 고래의 거대한 벽을 뚫고 나가 그 너머의 공허(void)

로 돌진하고 있다. 모비 딕은 에이허브 선장을 죽음과 같은 극한으로 끌고 간다. 에이허브 선장과 모비 딕 사이에 벌어지는 사투는 치열하게 전개되고 양자의 운동과 속도는 점점 가속화되어 급기야 그 극한을 향해 치닫는 것과 함께 에이허브 선장은 결국 대양의 심연 속으로 사라지고 만다. 그런데 그 극한이란 어디인가? 그가 돌파하고자 하는 공허란 대체 무엇인가? 들뢰즈/가타리에 의하면 그 곳은 일관성의 평면이자 내재성의 장이다. 그러나 에이허브 선장은 돌파하고자 한 그 곳이 어디인지 알았을까?

"이건 뭐지? 형언할 수도 없고, 헤아릴 수도 없고, 이 세상의 것 같지도 않은 불가사의한 이것은 도대체 뭐지? 모습을 드러내지 않는 기만적인 주인, 잔인하고 무자비한 황제가 나로 하여금 자연스러운 사랑과 갈망을 등지도록 강요하는구나. 그래서 나는 줄곧 나 자신을 떠밀고 강요하고 밀어 붙인다. 내 본연의 자연스러운 마음으로는 감히 생각도 못 할 짓을 기꺼이 하도록 무모하게 몰아세우는 것일까? 에이허브는 과연 에이허브인가? 지금 이 팔을 들어 올리는 것은 나인가, 신인가, 아니면 누구인가? 하지만 위대한 태양도 스스로 움직이는 것이 아니라 하늘에서는 심부름꾼 같은 존재에 불과하다면, 스스로 회전할 수 있는 별은 단 하나도 없고 보이지 않는 어떤 힘이 모든 별을 움직인다면, 이 보잘것없는 심장은 어떻게 고동칠 수 있고, 이 작은 두뇌는 어떻게 생각할 수 있단 말인가? 내가 아니라 신이 심장을 고동치게 하고, 두뇌를 돌아가게 하고, 삶을 영위하게 하는 것이다."[48]

이 순간 에이허브의 의식 상태를 들여다보면 그가 흰 벽을 뚫고 가려는 그 곳이 어디인지 몰랐다. 그러나 그는 지금까지 자신의 삶을 둘러싸고 구성해온 일상의 온갖 기존의 주어진 형식들과 지층들을 무력하게 만들고 무화시키는 그 끝에 이르렀고, 다시 그 일상으로 되돌아가기보다는 그 너머로 나아가야 했다. 그는 모비 딕을 따라 그 곳을 돌파하기로 했다. 에이허브

---

48) 멜빌, H., 김석희 옮김, 『모비 딕』, 파주: 작가정신, 2010, 645쪽.

는 관습적이고 마음을 마비시키는 위안들 모두를 잊어버리고 오로지 모비 딕을 따라 고래-되기에 이른다. 즉 에이허브 선장은 실존적 허무의 마지막 지점에 서 있었다. 자신을 이끄는 그 힘-무의 심연 속으로 빠져들게 만드는 힘-이 무엇인지 깨닫지도 못한 채. 이것이야말로 자기 자신의 진정한 존재를 발견하는 것의 일부이다. 이러한 의미에서 에이허브 선장의 고래-되기는 실존적 초월에로의 결단으로 여겨지며 ⑥실존적 자기의 단계 혹은 비전-논리 수준의 마지막 지점에 있는 것으로 보인다.

그레고르 잠자 또한 ⑥비전-논리적 수준에 이르렀지만 가족에 대한 애정을 버리지 못함으로써 끝내 탈주에 실패하고 실존적 갈등에 머무르고 만다. 그러나 에이허브 선장의 결단은 단호하다. 고래를 잡는 어부들의 법칙에 복종하기보다는 스스로 흰 고래를 선택하여 포경선과의 관계를 배반한다. 즉 자신을 구속하는 모든 것을 버리고 모비 딕을 따라 고래-되기에 참여한 것은 에이허브 자신의 선택이었다. 에이허브는 고래-되기에 이르고 어디인지 모르는 곳으로 말려들어감으로써 실존의 극한인 심연 속으로 빠져 들어간다. 그러나 그곳이 어디인지 몰랐다는 점에서 ⑥비전-논리적 수준의 실존적 돌파라고 할 수 있다.

이 단계에서는 전체 개인적 영역은 심각하게 무의미해지기 시작하며, 그 병리 현상으로 실존적 우울이나 실존적 고립 등이 나타난다. 에이허브 선장은 모비 딕과 함께 고래-되기에 말려들면서 실존의 극한으로 치닫고 그 이전에는 결코 경험하지 못하였던 영역 속으로 빠져들게 된다. 이와 동시에 동물인 모비 딕도 에이허브-되기에 이르고 둘은 새로운 생성의 장에서 새로운 체험의 지대로 빠져든다. 그 지대는 동물과 인간을 나누는 경계선이 어디인지를 말할 수 없게 하는 공통의 근접성 영역이다. 그렇지만 이곳은 또한 우리의 신체 안에서 직접 체험되기에 잠재적인 인간의 지대이지만 또한 동물 혹은 인간 아닌 모든 것과 결연할 수 있기에 비인간적(inhuman) 지대이고 무인지대(no man's land)이기도 하다. 비록 에이허브가 직접 들을 수는 없게 되었지만 그의 마지막 의식 상태는 초월적 진입을 위해 그 경계를 돌파하고 있었다고 생각한다. 에이허브는 비인간적인 초월적 영역에서 궁극의 무의 상태, 곧 적멸의 공과 바로 대면하였는지도 모른다.[49]

실존적 자기의 단계 혹은 비전-논리 수준의 전체 핵심은 자아초월적·초개인적 수준에 있지 않다는 것이고, 그렇지만 개인적 수준에서도 더 이상은 총체적으로 정착되어 있지 않다는 것이다. 에이허브의 개인적 욕구는 희미해지고 건조해져서 무미건조해 보인다. 에이허브는 초개인적 자아초월 영역의 가장자리에서 궁극의 무의 상태에 직면하고 있는 것으로 보인다.

한 문인화가의 자연과의 심혼적 동일시

한 문인화가의 물고기-되기는 길게 다루고 있지 않아 자세한 것은 알 수 없으나 연구자가 보기에 궁극의 되기로 나아가는 또 다른 되기의 한 단계, 궁극적인 되기에 근접한 단계, 곧 자연과의 합일이 일어나는 ⑦심혼적 수준으로 여겨진다. 그렇다면 물고기-되기는 되기의 최종적인 단계라고 할 수 있을까? 심혼적 수준은 세잔의 생빅트와르 산-되기처럼 보통의 몸이나 마음, 문화의 초월을 수반하며 자연과의 동일시에 이르는 것이 포함된

---

[49] 배철영, 「들뢰즈/가타리의 '동물-되기'와 월버의 의식 구조」, 『철학연구』, 제113집, 대한철학회, 2010, 173-182쪽 참조.

다. 문인화가들은 실존적 자기의 본래적 허무를 돌파하여 비인간적 지대에 들어서서 만나게 되는 첫 번째 지대, 자연과의 근본적인 합일이 이루어지는 단계에 있다.

다시 말해서 월버가 언급한 바와 같이 자신의 각성 의식 속에 이완되고 해방된 채로 자신은 멋지게 자연과의 소요 속에 있으면서 아름다운 산을 바라보고 있는데, 느닷없이 어느 순간에 갑작스레 바라보는 자는 없고 오직 산만 있는 상태, 즉 자신이 곧 산이다. 자신이 여기서 저기 밖에 있는 산을 바라보고 있는 것이 아니라 단지 산만 있고 그것이 그 스스로를 보고 있는 것 같아 보이거나, 아니면 자신이 내부로부터 그것을 보고 있는 것 같아 보인다. 산은 자신의 피부보다 자신에게 더 가까이 있는 것이다. 즉 나와 저기 밖에 있는 전체 자연의 세계 사이에는 분리가 없다.

이 단계는 감각 운동적이고 합리적이고 실존적인 실재로부터 초개인적·자아초월적 영역으로의 현격한 전환단계를 의미한다. 이 수준의 모든 발달이 공통으로 갖고 있는 점을 보면 그들은 한 발은 물질적 세계의 평범한 개인적(인간적) 영역에 담고 있으면서 다른 한 발은 초개인적(비인간적) 영역에 담고 있는 것이다. 이것은 보통의 몸, 마음, 문화의 초월을 수반하며, 자연의 여러 모습들과의 동일시로부터 모든 자연(우주의식, 자연신비주의)과의 동일시에 이르는 모든 것이 포함된다. 만일 인지능력이 이러한 심혼적 수준까지 깨어나거나 발달하게 되면 우리는 감각 운동적 세계 내에서 바위를 지각하거나 이지적 세계 내에서 상징이나 개념을 이해하는 것만큼 단순히 이러한 새로운 대상들을 용이하게 지각한다.

들뢰즈/가타리는 모든 것-되기의 예로서 문인화가의 물고기-되기를 예로 들고 있지만 그 문인화가 주체에게 ⑨원인적 수준, 곧 '공'의 자각을 거치는 사건은 일어나지 않는 것으로 보인다. 김영진에 따르면 "우리가 세계나 자신을 대하면서 실체론적 사고를 중단할 때, 슬픔뿐만 아니라 기쁨도 알맹이가 없구나 하고 진실하게 느낄 때 공이 작동한다."[50] 따라서 '공'은 세계를 대하는 태도이기에 그것을 자각하기란 쉽지는 않다.

위에서 살펴본 바와 같이 동물-되기의 주체들에게서 나타나는 의식 상태들은 차이점을 드러낸다. 윌라드의 쥐-되기와 한스의 말-되기에서 드러나는 주체들의 의식 상태는 윌버의 의식이론의 수준에서 하위단계로 보이지만 그레고르 잠자의 갑충-되기, 로렌스의 거북이-되기, 에이허브 선장의 고래-되기, 한 문인화가의 물고기-되기의 주체들은 ⑥비전-논리적 수준이거나 그 이상의 고차원적 수준의 의식 상태를 드러낸다. 다음 장에서 도표를 이용하여 좀 더 체계적으로 정리하고자 한다.

되기의 의식발달 수준 상의 위치

앞에서 살펴본 바와 같이 동물-되기의 주체들에게서 나타나는 의식상태들은 차이점을 드러낸다. 윌라드는 쥐-되기에 성공하지만 그의 의식 상태는 오히려 쥐-되기에 성공한 이후 정신병리적으로 퇴행해 버린다. 윌라드는 쥐, 혹은 그의 어머니와의 공생 관계에서 제대로 벗어나지 못한 듯이 보이며, 쥐들조차 분리시키지 못하고 융합된 모습을 보인다. 그래서인지 윌라드의 경우 정신분열증 같은 증세가 나타나기도 한다. 따라서 윌라드는 윌버의 의식 수준에서 보면 ①감각-물리적 수준에서 ②환상-정동적 수준

---

50) 김영진, 『공(空)이란 무엇인가』, 그린비, 2009, 29쪽.

으로 나아가는 단계인 공생단계에 상당히 고착되어 있으며 분열성 성격장애 같은 병리적 현상들을 드러내 보인다. 그래서 윌라드의 생성은 윌라드가 처한 상황으로부터 탈주한 듯 보이지만 성공적인 것으로 보이지 않는다. 그의 탈주는 쥐와의 융합 상태에서 벗어나지 못한다. 따라서 그의 탈주는 비극적인 것으로 보인다.

다음으로 한스의 말-되기는 ②환상-정동적 수준의 의식 상태에 놓여있다. 한스의 나이나 다른 심리 상태를 감안한다면 ③표상심과 ④규칙-역할심 수준에 걸쳐 있지만 말-되기에 한정하여 보자면 ②환상-정동적 수준과 더 연관된다. 환상-정동적 수준에서 아이는 물리적 환경으로부터 자신의 신체적 자기는 차별화시켰지만 아직 감성적 환경으로부터 자신의 감성적 자기를 차별화시킬 수는 없다. 즉 아이의 감성적 자기는 자신의 주변에 있는 것들, 특히 자신의 엄마와 융합되거나 동일시된다는 것이다. 이 감성적 융합 상태에는 아직 아무런 깊이나 심원함이 없으며, 여전히 자아 중심적이고 자기애적이다. 그는 자기 자신을 세계, 즉 감성적 세계로부터 차별화할 능력이 없고, 그래서 그는 감정적으로 대상과 관계하기에 자신이 느끼는 것이 곧 세계가 느끼는 것이고, 그가 보는 것이 곧 세계가 보는 것이라고 제한되게 생각한다. 즉 대상과 감성적으로 관계하기에 제한되어 있어 자신의 조망이 존재하는 유일한 조망이다. 그래서 자기는 세계를 그 자신의 연장으로 취급하거나 세상에 의해 지속적으로 침해당하거나 괴롭힘을 당하는 상태이다. 한스의 공포증은 이 수준의 상태를 넘어서는 분화 과정에서 표출된 가벼운 신경증일 수 있다.

『변신』의 주인공 그레고르 잠자는 갑충이 됨으로써 자신의 존재가 가족에게 어떠한 위치를 차지하는지 인식하게 되었고, 실존적인 상황에 처해 있는 자신을 발견할 수 있었다. 그러나 그는 죽음에 직면하고서도 가족에 대한 애정을 버리지 못하고 실존적 갈등을 겪고 있다. 그레고르 잠자는 자신이 살고 있는 세계 속에서 자신의 역할이 갖는 가치의 허무를 깨닫게 되었지만 동시에 자신을 에워싸고 있는 외부세계가 탈주하기에는 너무나 견고하다는 것도 비극적으로 체험했을 것이다. 따라서 그레고르 잠자의 의식 상태는 적어도 ④규칙-역할심 수준을 넘어 ⑥비전-논리적 수준에 이르렀지만, 즉 자신의 존재론적 각성에 도달하였지만 지금과는 다른 삶의 영역으로 초월하지 못하고 이전의 삶의 양식 속으로 다시 되돌아오고 만다. 다시 말해서 그 실존적 허무 속에서 갑충-되기로 탈주를 시도하였음에도 불구하고 이전의 '가족주의' 담론으로부터 벗어나지 못하고 초개인적 상태로의 초월로 나아가지 못하고 여전히 되기 이전의 삶의 관성에서 자유롭지 못하다.

로렌스는 거북이-되기를 통해 지금까지와는 다른 세계와 대면한 것으로 보인다. 로렌스가 쓴 죽음에 관한 시들을 살펴보면 '무(無)'와의 실존적 대면으로서 종말 앞에서의 불안과 두려움을 그대로 드러내고 있다는 것을 엿볼 수 있다. 이 시들은 생사의 의미와 의식의 각성에 관한 성찰을 담고 있다. 이를 두고 분석가들은 로렌스가 신념의 문제에서 삶의 근원적인 문제로 이행했고, '무'의 깊은 심연 앞에 직면했다고 한다.[51] 이 점에서 실존주의적이다. 로렌스는 실존적 허무의 심연에 직면하여 그레고르 잠자와는 달리 거북이-되기를 통해서 다른 삶으로 이행했다는 것이다.

로렌스는 1차 세계대전을 통해 전쟁의 잔혹한 파괴력과 그것이 남긴 무질서와 혼동을 경험하면서 인간과 인간성에 대한 믿음에 회의를 갖게 되었다.

---

51) 오영진, 「A Mytho-Psychoanalytic Reading of D. H. Lawrence's Death Poems」, 『D. H. 로렌스연구』, 제13권 제2호 통권20호, 2005, 논문 참조.

따라서 그의 관심은 인간에서 자연 세계로 향하게 되었고 자연 속에서 새로운 삶, 새로운 질서를 탐색해 나갔다. 이는 동물-되기를 통해 행한 것이라고 볼 수 있다. 로렌스에게 삶은 궁극적인 끝이 있거나 완성된 실체가 아닌 항상 현존하는 것으로 갈등과 투쟁의 연속이었다. 이것은 그의 사상의 핵심이 되는 이원론의 기초가 되는 것으로 상반된 힘의 긴장이 완벽한 균형의 상태에 도달함으로써 신성을 얻고, 가장 이상적인 삶을 경험할 수 있다는 기대에서 비롯되었다. 즉 로렌스는 결핵으로 인한 죽음의 문턱에서 실존과 정면으로 맞서게 되었고, 자신의 몸이 멈추고 자연이 시작하는 곳을 바라본 것으로 보인다. 이는 한 사람의 '자연신비가'로서 자신과 '저기 밖에 있는' 전체 자연의 세계 사이에 분리가 없어진 진여(眞如) 상태에 이르게 되었다는 것이다. 따라서 로렌스의 거북이-되기는 윌버의 의식의 단계에서 ⑥비전-논리적 수준 혹은 실존적 수준을 넘어서 ⑦심혼적 수준에 위치해 있는 것으로 보인다. 윌버에 의하면 ⑥비전-논리적 수준에서 개인은(주체는) 죽음에 직면하면서 인간이란 무엇이고, 어떻게 살아야 하는가 등 삶의 근본적인 실존적 물음을 다시 하게 되었을 것이다. 로렌스는 인생과 삶에 대해 다시 묻기를 통해 결국 인간이 어떤 존재인지를 밝히는 사유의 여정을 문학으로 하고 있는 것이다. 다시 말하면 로렌스는 죽음에 직면하면서 신비주의적 체험을 하게 되었고 마음과 신체 양쪽을 다 알아차리게 되고 그들을 초월하게 된 것이다.

또한 에이허브 선장의 고래-되기는 실존적 초월에로의 결단으로 여겨지며 ⑥실존적 자기의 단계 혹은 비전-논리 수준으로 보인다. 에이허브 선장은 자신의 삶의 지평을 구성하였던 온갖 형식들, 지층들을 무력하게 만들고 공허, 허무의 바깥까지 돌파해 나아갔다. 그러나 그가 물질적 입자들의 속도들과 그 힘들만이 들끓는 그곳을 미리 알고 모비 딕을 따라 그 벽을 돌파하였는지는 의문이다. 그는 들뢰즈/가타리가 지적하였듯이 인간의 비인간적 지대이고 무인지대인 그곳을 향해 나아갔지만 그곳이 어떤 곳인지 깨닫지 못하고 궁극적 지대 '무'를 향해 나아갔다고 할 수 있다. 아마도 에이허브 선장의 마지막 의식 상태는 초월적 지대의 진입을 위해 그 경계를 돌파하고 있었다고 생각한다. 따라서 ⑥실존적 자기의 단계 혹은 비전-논리 수준의 경계에서 그 허무를 돌파하고 있는 것으로 볼 수 있다.

끝으로 한 문인화가의 물고기-되기는 ⑦심혼적 수준에서 일어나는 되기의 특징으로 보이는 것들이 있었다. 화가 세잔의 저 산-되기 등과 같은 자연과 하나 되기의 지대로 이 수준에서는 더 이상 전적으로 개체적인 자아에 한정되지 않는다는 자각 인식이 드러난다. 개인은 일시적으로 분리된 자기-감각을 해체하고 전체 물질적 세계나 감각 운동적 세계와의 정체성을 발견할 수도 있으나 나와 저기 밖에 있는 전체 자연의 세계 사이에는 분리가 없다. 다시 말해서 그 문인화가와 저 물고기 사이에는 어떤 존재론적 일치, 새로운 생성을 이 화선지에 분출하고 있다. 즉 이 영역은 실존적 자기의 본래적 허무를 돌파하여 비인간적 지대에 들어서서 만나게 되는 첫 번째 지대, 자연과의 근본적인 합일이 이루어지는 단계이다.

위에서 살펴볼 때 윌버의 의식이론에서 각 되기의 주체들의 상태들은 다음과 같이 도표로 간략하게 나타낼 수 있다(도표 4 참조). 동물-되기의 상태들은 차별적으로 조망되어야 하며, 그렇게 함으로써 동물-되기의 원리들에 외관상 나타나는 모순이나 인간의 기괴한 동물적 비인간-되기에서 초월적인 되기에 이르기까지 되기의 광범위한 진폭을 이해할 수 있게 된다. 되기의 주체들에게서 드러나는 의식의 상태들을 이해하기 위해서는 수평적

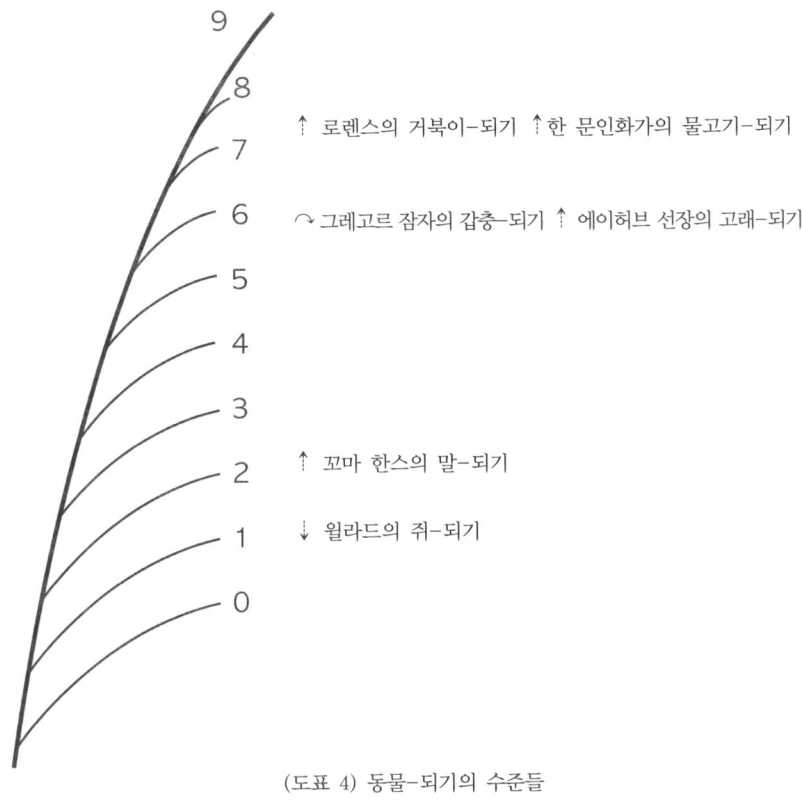

〈도표 4〉 동물-되기의 수준들

변환(translation)으로서의 생성적 측면만으로는 이해하기 어렵다. 에이허브, 그레고르 잠자 등에게서 드러나는 의식의 상태들은 수직적 변용(transformation)으로서의 생성적 측면까지 고려할 때 이해될 수 있다. 윌버의 의식의 수준들은 이러한 동물-되기의 다양한 사례들을 살펴보는 데 유용한 텍스트가 되는 것으로 사료되어 동물-되기의 주체들에게서 드러나는 의식의 상태들을 고찰할 수 있었다. 이렇게 함으로써 오늘날 인간의식의 다양하고 차별적인 측면들을 이해해 볼 수 있을 것이며, 궁극적으로 진정한 생성의 길을 모색해 볼 수 있을 것이다.

또한 다양한 동물-되기의 사례를 통해서 한 가지 분명한 사실을 알 수 있는데 이것이 바로 어느 수준이건 '기관 없는 신체' 혹은 '일관성의 평면'이 직접 경험된다는 사실이다. 사실상 일관성의 평면은 이미 의식에 전제되어 있기에 되기의 모든 과정에서 이미 경험되지만 주체는 그러함을 의식하거나 자각하지 못한다. 즉 일관성의 평면은 모든 되기가 이르고자 하는 궁극의 목표이기도 하지만 또한 모든 되기의 과정에서 이미 전제되어 있는 바탕이기도 하다. 다음 장에서 동물-되기의 바탕이자 목표인 '기관 없는 신체'가 무엇인지 살펴볼 것이다.

Ⅴ장

기관 없는 신체-되기의 바탕이자 목표

동물-되기를 가장 잘 표현하고 있는 영국의 화가 프란시스 베이컨(F. Bacon)의 삼면화 〈1973년 5~6월의 3부작〉(1973)(도판 5)에서 보면 인물-형상이 변기 위에서 서서히 거꾸러지고 있고, 바닥에는 마치 몸에서 빠져나온 듯 모호한 동물 형태의 그림자가 드리워져 있다. 베이컨의 그림에는 인물-형상이 뾰족한 점이나 구멍을 통해 빠져나가려고도 하고 형상이 거울이나 벽 속으로 통과할 때 만취된 상태에서 애를 쓰기도 하는 모습을 볼 수 있다. 들뢰즈는 이 그림과 관련하여 한 인물-형상이 '동물-되기'를 통해 아플라(aplat)로 사라지려고 한다고 언급한다.1)

(도판 5)2)

---

1) 들뢰즈, 하태환 역, 『감각의 논리』, 서울: 민음사, 2008, 39쪽; Deleuze(2002), p.25.

아플라는 베이컨 회화의 구도에서 보통 배경을 이루는 크고 단일한 평면인데, 들뢰즈의 회화론에서 아플라는 '기관 없는 신체'이고, '내재성의 장'이며, '일관성의 평면'이다. 구체적으로 동물-되기는 인물-형상이 사라지게 될 어떤 더 깊은 알 수 없는 되기를 향한 단계, 즉 '지각불가능하게 되기'를 향한 단계에 불과하다는 것이다. 베이컨의 회화는 이 과정의 단계를 형상으로 남겼다고 할 수 있다. 이럴 경우 완전한 합일에 이르는 궁극의 지점, 되기의 최종 단계는 '기관 없는 신체'이다. 즉 이것은 '내재성의 장'이고, '일관성의 평면'이며, '도(道)' 등이다.

우리는 베이컨의 작품에서 유기체화한 신체와 그것이 흩어지는 색면 사이에 일종의 '매개상태'를 찾아낼 수 있다. 이 상태는 다시 말해서 형상이 기관 없는 신체(the body without organs)로의 이행 과정, 혹은 동물-되기로의 매개적 상태이다. 그 상태에서 신체는 탈형식화에 사로잡혀 있어서 자신으로부터 막 벗어나려고 하지만 여전히 자신 안에 고정되어 있는 힘들을 통해 부풀어 오른다. 그것은 지각불가능한 것을 향한 여정에서 인간의 살이 고기가 될 때 작용 중인 생성, 인간의 동물-되기이다.[3]

들뢰즈는 베이컨의 그림에서 기관 없는 신체를 주파하는 강밀함을 파악한다. 베이컨의 그림에서 보이는 형상 자체가 기관 없는 신체를 어느 정도 함축하고 있다. 얼굴에서는 눈, 코, 입, 귀의 구별이 지워지고, 몸체에서는 사지가 탈구되고, 팔, 다리의 구별이 사라져 형상 자체를 알아보기조차 힘들다. 한 마디로 기관은 파동이 만나는 힘에 따라서 특정한 층위에서 다양한 모습으로 지워지고 있다. 이 기관들은 자신의 고정된 한계를 벗어나 다른

---

[2] 피카치, L., 양영란 역, 『프란시스 베이컨』, 서울: 마로니에북스, 2006, 48-49쪽. 들뢰즈, 『감각의 논리』, 하태환 역, 서울: 민음사, 2008, 그림 참조.
[3] 뷔뎅, 안구·조현진 옮김, 『사하라-들뢰즈의 미학』, 서울: 산해, 2006, 107쪽.

기관으로 변형될 잠재성을 그 자체에 내재하고 있어서 고정적이지 않고 잠정적이며 일시적이다. 이것은 모든 질서들을 파괴하고 해체하자는 것도 아니며, 유기체 이전의 원시적인 상태로 돌아가자는 것도 아니다. 고정되고 구획된 유기적 구성을 제거했다는 점에서 기관 없는 신체는 더욱 더 생동하고 힘이 넘치는 강밀한 신체가 되는 것이다.

기관 없는 신체는 동물-되기의 주체들에게 곧 바탕이자 궁극의 목표다. 기관 없는 신체는 삶이라는 모형 자체이며 강력한 비유기체이고 강밀한 생명력이다. 반면에 유기체는 삶의 과정이 아니라 오히려 삶을 구속하는 것이다. 따라서 여기서 강밀성은 감각이나 느낌의 정도이며, 진동이며 생명력이다. 들뢰즈/가타리에 따르면 기관 없는 신체에서는 어떠한 형식도 갖추어져 있지 않으며, 그 형식의 전개도 없으며, 형성된 주체나 자아도 더 이상 존재하지 않는다. 오직 운동과 정지, 빠름과 느림의 관계가 있을 뿐이고, 힘과 강밀도의 발현인 감응들만이 존재한다.

그런데 들뢰즈/가타리에 따르면, 모든 되기의 두 항, 가령 한스와 말 사이에 새로운 생성의 관계들, 곧 입자들의 속도들과 역능(힘)들이 만들어내는 새로운 관계들은 한스와 말 어느 항에도 환원시킬 수 없는 비규정적이고 불확실한 객관적 지대를 드러낸다. 다시 말해서 되기에서 하나의 항은 다른 항으로 동일화하지도 않고 오히려 비대칭적인 관계 맺음으로 끌려들어가며, 거기에서 한 항은 다른 항 못지않게 변화하며, 그 과정에서 이 두 항 사이에 근접성(proximity)의 지대가 구성된다.[4]

들뢰즈/가타리에 따르면 이 지대는 또한 식별 불가능성의 지대이며, 동물과 인간을 나누는 경계선이 어디인지를 말할 수 없게 하는 공통의 근접성

---

4) 들뢰즈/가타리, 김재인 역, 『천 개의 고원』, 새물결, 2003, 517-518쪽; Deleuze/Guattari (1987), pp. 272-273.

영역이다. 그렇지만 이곳은 또한 우리의 신체 안에서 직접 체험되기에 잠재적인 인간의 지대이지만 또한 동물 혹은 인간 아닌 모든 것과 결연될 수 있기에 비인간적 지대이고 무인지대이기도 하다. 그리고 이 지대는 일관성의 평면이자 내재성의 장이고, 기관 없는 신체이다.5) 이 지대에서 모든 것은 지각불가능하게 되고, 모든 것은 생성-지각불가능하다. 그럼에도 불구하고 그 지대는 지각불가능한 것이 보이고 들리는 곳이다.

기관 없는 신체는 기관들이 아닌 유기체라 불리는 기관들의 집합, 즉 기관들의 유기적 구성에 더 대립한다. 베이컨에 의하면 유기체란 생명이 아니라 '생명을 가두고 있는' 것이기 때문이다. 기관 없는 신체는 유기적이지 않는 생명 전체를, 즉 유기적으로 조직화되기 이전의 신체 혹은 유기적인 조직화 이후에도 여전히 활동하고 있는 생명 그 자체를 일컫는다. 이러한 신체는 외부로부터 가해지는 힘에 의해 주파됨으로써 다른 무엇으로 '되다'(생성). 따라서 이곳에는 힘과 강밀도의 발현인 감응들, 입자들 간의 빠름과 느림, 힘과 역능의 순수한 관계들은 탈주의 운동을 내포하기 때문에 우리의 생각을 고정시키는 기성의 시각을 빠져나갈 수 있고, 형식들을 교란시킬 수 있으며, 새로운 배치를 이용해 기존의 기능들을 해체시킬 수 있다.6)

다시 말하면 들뢰즈/가타리의 기관 없는 신체 개념은 자연에서 벗어난 인간이 몸을 중심으로 탈영역화하고 리좀화할 수 있는 탈주의 선을 마련해 준다. 기관 없는 신체는 마구잡이로 조직을 '탈지층화'하거나 조직과 단절하는 것이 아니라, 신체를 구성적 강밀도로 열면서 지층의 패권을 비판하는데 소용되는 까닭이다.7) 동물-되기의 주체들은 소외된 인간 중심 신화를 탈영

---

5) 들뢰즈/가타리, 김재인 역, 『천 개의 고원』, 새물결, 2003, 301-302, 531쪽; Deleuze/Guattari(1987), p.157. p.279.
6) 들뢰즈/가타리, 김재인 역, 『천 개의 고원』, 새물결, 2003, 512쪽 참조; Deleuze/Guattari(1987), p.270.

역화하여 그것으로부터 탈주의 선을 마련하여 동물과 인간을 나누는 경계선이 어디인지를 말할 수 없게 하는 공통의 지대, 즉 인간의 비인간적 지대에 이른 것이다. 예를 들어 한스는 말의 역능에 감응되어 말의 분자를 방출함으로써 말-되기 속으로 들어간 것이고 변용된 자신의 감응을 실제 그렇게 표출하고 있는 것이다. 그리고 이 분자적인 것의 현실의 표출은 식별 불가능하고 비인간적이지만 생성을 통해 인간적 현실로 실현 되기에 인간의 비인간적 지대가 된다. 이곳은 곧 들뢰즈/가타리가 말하는 내재성의 장, 일관성의 평면, 기관 없는 신체이다. 즉 동물-되기의 주체들은 기관 없는 신체인 몸을 통해 모든 작위적이고 인공적인 외투를 벗어버리고 벌거벗은 체 동물-되기 속으로 말려들어가 인간인지 동물인지 알 수 없는, 즉 식별 불가능한 지대에 이른다. 그들은 이로써 인간 지대 이외의 영역과 비합리적이고 신비적인 소통을 타진하고 있는지도 모른다.[8]

그러면 들뢰즈/가타리가 말하는 이 지대들은 서로 어떤 관계인가? 모두 동일한 성격의 영역인가? 들뢰즈/가타리는 식별 불가능성의 지대, 일관성의 평면의 독특한 성격을 분명하게 구분하여 설명하지는 않는다. 달리 말하면 이들 지대는 모든 되기의 과정에서 이미 전제되어 있지만 동시에 이 모든 되기의 궁극적 목표이기도 하다. 말하자면 에이허브 선장이 고래-되기에 말려들고 동시에 모비 딕이 하얗고 눈부신 성벽이 되는 지점, 즉 인간인지 동물인지 식별 불가능한 지대는 동시에 기관 없는 신체이고 일관성의 평면이다.

그렇다면 식별 불가능한 지대와 일관성의 평면이 동일한 지대이면서도

---

[7] 소바냐르그. A, 이정하 옮김, 『들뢰즈와 예술』, 파주: 열화당, 2009, 185쪽.

[8] 배철영, 「들뢰즈/가타리의 '동물-되기'와 윌버의 의식 구조」, 『철학연구』, 제113집, 대한철학회, 2010, 178-179쪽 참조.

다른 이유는 무엇일까? 윌라드, 한스 등 대부분의 되기의 주체들은 동물-되기에 성공하나 주체들이 전제하고 있는 바탕 자체가 기관 없는 신체 또는 일관성의 평면 그 자체임을 의식하고 있지 못하다. 한스는 자신의 되기의 특정 상태, 곧 두려움 속에 있지만 그 바탕인 식별 불가능한 지대, 기관 없는 신체, 일관성의 평면 그 자체를 의식하고 있지는 않으며, 에이허브 선장 또한 그 알 길 없는 벽 너머의 존재를 향해 돌파하고 있지만 그것이 무엇인지 자각하고 있지는 않다.

다시 말하면 인간의 동물-되기는 보다 궁극적인 되기를 향한 매개 단계에 지나지 않는다. 그렇다면 되기의 주체들은 도대체 무엇을 향해 돌진하고 있는 것일까? 그것은 또한 지각할 수 없는 것-되기이다. 앞서 인용하였듯이 지각할 수 없는 것은 생성의 내재적 끝이며 생성의 우주적 공식이다. 들뢰즈/가타리에 따르면 지각할 수 없는 것-되기는 '모든 것-되기'이고, 다시 모든 것 되기는 분자적 성분들을 가지고 우주와 놀이를 하는 것이며 '하나의 세계 만들기'이다.9)

그리고 앞에서 밝혔듯이 동물-되기뿐만 아니라 여성-되기, 어린이-되기 등도 궁극적으로 도달하고자 하는 지대는 일관성의 평면, 기관 없는 신체이다. 말하자면 기관 없는 신체는 모든 되기가 이르고자 하는 궁극의 목표이기도 하지만 또한 모든 되기의 과정에서 이미 전제되어 있는 바탕이기도 하다.

윌버에 따르면 영은 의식의 기본 구조에서 발달의 최종 단계이지만 동시에 발달의 각 단계에서 바탕을 이룬다. 말하자면 영 혹은 공은 두 가지 의미를 가진다.10) 하나는 ⑨원인적 상태이고 다른 하나는 그와는 다른 다양

---

9) 들뢰즈/가타리, 김재인 역, 『천 개의 고원』, 새물결, 2003, 530쪽; Deleuze/Guattari (1987), p.280.

한 상태들 가운데 어느 한 특정한 상태가 아니라, 오히려 모든 상태들이 실재의 조건이기도 하다. 그래서 공 혹은 영은 최고의 수준이자 그 밖의 다른 모든 수준에 상존하는 근본 바탕이다.

⑨원인적 수준의 체험 속에서 '공'은 앎이 아니라 직접적으로 경험된다. 전혀 아무런 대상도 의식 속에 생겨나지 않는다. 말하자면 모든 주체와 객체들은 생겨나는 것을 전적으로 단순히 멈추게 된다. 그렇다고 이 상태가 단순한 공백은 아니다. 오히려 완전한 충만성이고 해방감이라 할 수 있는 상태, 즉 어떤 존재도 결코 하나의 대상으로 보일 수 없기 때문에 순수한 '공'의 상태이다. 존재하는 모든 것이 존재하기 위해 갖추게 되는 형식을 완전히 벗어나게 되는 절대적 탈형식화의 지대를 기관 없는 신체 혹은 일관성의 평면으로 이해한다면 이 지대는 지각불가능한 궁극의 영역이자 '공'의 ⑨원인적 영역이다.

그리고 이 궁극의 지대에서 모든 것-되기가 발생하므로 이 지대는 곧 ⑩비이원적 수준을 시사한다. 이 지대에서는 대상도 없고 주체도 없다. 오직 이것만 있다. 이것은 절대적으로, 영원히, 항상 이미 그대로 존재하고 있다. 이것은 내면과 외면의 분리 이전, 세계 출현 이전에 순수한 현존으로 항상 존재하는 것이다. 모든 현현하는 영역, 모든 시간과 모든 공간의 궁극적인 탈중심화이다. 왜냐하면 모든 현상들은 근본적으로 공이며 그 자체로 존재하는 것이며, 그것들이 나타날 때 스스로 자유롭다. 모든 것은 진아이고 자기는 공이다. 공은 자유롭게 현현한다.

다시 말하면 들뢰즈/가타리의 일관성의 평면, 내재성의 장, 기관 없는 신체는 동아시아 철학의 '공'이나 그들이 직접 쓰고 있는 '도'의 개념과도

---

10) 윌버, 조옥경 역, 『통합심리학』, 서울: 학지사, 2008, 373쪽.

밀접한 연관이 있음을 추측하기란 어렵지 않다.11) 이렇게 볼 때 왜 그것이 모든 되기의 궁극적 수준이자 근본 바탕인지 짐작할 수 있다.

---

11) 들뢰즈/가타리, 김재인 역, 『천 개의 고원』, 새물결, 2003, 301-302쪽; Deleuze/Guattari (1987), p.157.

Ⅵ장

동물-되기의 의의와 한계

　들뢰즈/가타리의 동물-되기의 형상들은 동시대 시청각 문화에서 다양하게 제시되고 있다. 호러, SF 영화장르 등에서 흡혈귀, 복제 인간, 살아 있는 시체, 변종 등은 이제 보편적인 형상으로 표현되고 있다. 주로 괴물 같은 이미지로 표현되고 있는 동물-되기의 형상들은 우리 시대의 삶의 문제를 바라보는 시각과 그 문제의 해소에 관련된 담론-형성에 일정한 영향을 주고 있다고 여긴다.

　대중적인 여러 매체에서 표현되고 있는 동물-되기의 형상들은 들뢰즈/가타리의 『천 개의 고원』에도 비슷하게 제시되고 있다. 동물-되기는 신체의 기능과 힘의 강밀도의 분포를 달리 해서 신체의 변환을 꾀하는 것, 존재의 문턱을 넘어서서 다른 존재로 재구축되는 것을 뜻한다. 이는 신체가 내재화하고 있는 힘과 의지, 욕망의 구조를 재구축함으로써 (무엇)-되기를 이룬 주체는 이제까지와는 다른 선으로 탈주한다. 그리고 그 탈주를 통해서 기존의 자신의 문제를 극복하고 벗어날 수 있게 된다. 가령 카프카의 소설 『변신』에서 회사라는 조직의 관성에 따라 움직이는 외판원인 그레고르 잠자가 가족이란 역학관계 내에서 묶여 있던 타율적 존재에서 생성을 통해 자율적 존재로 바뀜으로써 하나의 탈주선을 그린다. 이는 자신을 규정하는

지층에서 탈주함으로써 이루는 생성, 혹은 혁신이라고 부를 만하다. 분명 그것은 실제적으로 우리의 신체에 변용을 가져와 행위능력의 변화를 야기하고, 나아가 기질과 사유의 혁명을 가져옴으로써 기존의 틀로부터 벗어나게 되는 것이다.

들뢰즈/가타리에 의하면 동물-되기는 세 가지의 원리로 작동한다. 첫 번째 동물-되기는 무리 및 무리의 감염을 통과한다는 것, 둘째, 그러한 다양체에는 언제나 별종이, 모비 딕 같은 예외적인 별종이 있다는 것, 세 번째 동물-되기에서 다른 되기(여성-되기, 어린이-되기, 분자-되기 등등)로 이어지는 변환의 문턱이 있으며, 이는 결국 일관성의 평면으로 이어진다는 것 등이다. 그러나 첫 번째와 두 번째 조건은 서로 모순된다. 가령 한스의 말-되기는 특정한 무리와의 감염을 통해서 이루어지나 윌라드의 쥐-되기, 에이허브 선장의 고래-되기 같은 경우는 무리와의 감염이 아니라 별종과의 결연을 통해서 동물-되기에 이른다고 볼 수 있는데 이는 서로 다른 경로를 통한 되기이다. 따라서 이는 동물-되기에는 여러 방식이 있어 서로 다를 수 있다는 의미도 된다. 즉 동물-되기는 서로 다른 방법으로 그 결과에 이르게 되고 그것은 다시 새로운 되기(생성)의 과정에 놓이며 또 다른 방식으로 새로운 되기로 나아갈 것이다.

지금까지 들뢰즈/가타리가 『천 개의 고원』에서 들고 있는 동물-되기의 다양한 사례들을 통해 그 되기의 주체들의 의식 상태가 차별성을 가진다는 것, 그리고 윌버의 의식의 수준에서 어느 지점에 위치하고 있는지 고찰해 보았다.

윌라드의 경우 쥐 무리에 의해 쥐-되기에 성공한다. 그러나 윌라드는 쥐, 혹은 그의 어머니와의 공생 관계에서 제대로 벗어나지 못한 듯이 보인다. 그는 쥐들조차 분리시키지 못하고 융합되어 간다. 그래서인지 윌라드의 경우 분열증적 삽화 같은 병리 증세가 나타나기도 한다. 따라서 윌라드는 윌버의 의식 수준에서 보면 ①감각-물리적 수준에서 ②환상-정동적 수준으로 넘어가는 단계인 공생단계에 머물러 있으며 분열성 성격장애 같은 병리적 현상들을 드러내 보인다. 윌라드의 생성은 자신의 집을 빼앗아 간 마틴을 살해함으로써 자신의 문제로부터 벗어날 수 있었으나 그 생성의 대가는 그렇게 성공적으로 보이지 않는다.

그리고 한스의 말-되기는 한스에게 새롭게 조성된 배치 속에서 특이한 감응 상태들을 드러낸다. 불안과 공포, 애정 등이 그것이다. 승합차나 짐차를 무서워하는 것은 말과의 감응 상태에서 표출되는 한스의 의식 상태가 말과 구분 불가능한 특성을 내포하고, 이것은 그 다음 수준으로의 발달 이전에 나타나는 비분화적 감응 단계로 보인다. 한스는 말과의 분화 상태를 충분히 벗어나지 못하여 아직 마법적인 동화 상태, 곧 감성적(정서적) 인지 수준에 부분적으로 머물러 있다. 따라서 한스의 경우 나이나 심리 상태를 감안 한다면 ③표상심 수준과 그 너머에 걸쳐 있지만 말-되기에 한정하여 보자면 ②환상-정동적 수준에 머물러 있으며, ③표상심 수준, 즉 개념적·추상적 사고가 발달을 시작하는 초기에 발생하는 소아 신경증을 앓고 있는 것으로 보인다.

『변신』의 주인공 그레고르는 갑충이 됨으로써 자신의 존재가 가족에게 어떠한 위치를 차지하는지 인식하게 되었고, 실존적인 상황에 처해 있는 자신을 발견할 수 있었다. 따라서 그레고르 잠자의 의식 상태는 적어도 ④규칙-역할심 수준을 넘어 ⑥비전-논리적 수준, 즉 실존적 자기의 인식에 이르게 된 것으로 보인다. 그레고르 잠자는 자신이 살고 있는 세계 속에서 자신의 역할이 갖는 가치의 허무를 깨닫게 되고 나아가 자신을 에워싸고 있는 외부세계가 탈주하기에는 너무나 견고하다는 것을 비극적으로 체험했을 것이다.

　로렌스는 거북이-되기를 통해서 다른 삶으로 이행한 것으로 보인다. 로렌스의 마지막 시들을 살펴보면 그의 관심은 인간에서 자연 세계로 향하게 되었고 자연 속에서 새로운 삶, 새로운 질서를 탐색해 나간 것을 알 수 있다. 로렌스는 결핵으로 인한 죽음의 문턱에서 실존과 정면으로 맞서게 되었고, 그 대면에서 자연이 시작하는 곳을 바라본 것으로 보인다. 이는 한 사람의 '자연신비가'로서 자신과 '저기 밖에 있는' 전체 자연의 세계 사이에 분리가 없어진 상태에 이르게 되었다는 것이다. 따라서 윌버의 의식의 발달 단계에서 로렌스의 거북이-되기는 ⑥비전-논리적 수준 혹은 ⑦심혼적 수준으로 보인다. 윌버에 의하면 비전-논리적 단계에 이르는 시점이 되면 이 주시하고 있는 주시자는 신체와 마음 양쪽 모두에 대한 자신의 더 하위적인 자기동일시를 벗어 버린다. 그는 죽음에 직면하면서 인간이란 무엇이고, 어떻게 살아야 하는가 등 실존적 물음에 대한 질문을 다시 하게 되었을 것이다. 로렌스는 인생과 삶에 대해 다시 묻기를 통해 결국 인간이 어떤 존재인지를 밝히는 사유의 여정을 문학으로 하고 있는 것이다. 다시 말하면 로렌스는 죽음에 직면하면서 신비주의적 체험을 하게 되었고 마음과 신체 양쪽을 다 알아차리게 되고 그들을 초월하게 된 것이다.

　에이허브 선장은 자신의 삶의 지평을 구성하였던 온갖 형식들, 지층들을 무력하게 만들고 실존적 허무의 바깥까지 돌파해 나아갔다. 그러나 그가 물질적 입자들의 속도들과 그 힘들만이 들끓는 그곳을 미리 알고 모비 딕을 따라 그 벽을 돌파하였는지는 의문이다. 그는 들뢰즈/가타리가 지적하였듯이 인간의 비인간적 지대이고 무인지대인 그곳을 향해 나아갔지만 그곳이 어떤 곳인지 깨닫지 못하고 궁극적 지대 '무'를 향해 나아갔다고 할 수 있다. 아마도 에이허브 선장의 마지막 의식 상태는 초월적 지대의 진입을 위해 그 경계를 돌파하고 있었다고 생각한다. 따라서 ⓖ실존적 자기의 단계 혹은 비전-논리 수준의 경계에서 그 허무를 돌파하고 있는 것으로 볼 수 있다. 그리고 그 돌파의 순간 에이허브 선장의 영혼을 짐작하기란 어려운 일이지만 ⓗ심혼적 수준 이상으로 나아갔을 것이다.

물고기-되기 또한 또 다른 수준의 동물-되기로 볼 수 있다. 문인화가의 물고기-되기는 ⓗ심혼적 수준에서 일어나는 되기의 특징을 드러내고 있다. 이 수준에서는 더 이상 전적으로 개체적인 자아에 한정되지 않는다는 자각 인식이 드러난다. 개인은 일시적으로 분리된 자기-감각을 해체하고 전체 물질적 세계나 감각 운동적 세계와의 정체성을 발견할 수도 있으나 나와 저기 밖에 있는 전체 자연의 세계 사이에는 분리가 없다. 다시 말해서 그 문인화가와 저 물고기 사이에는 어떤 존재론적 일치가 일어나고, 따라서 하나의 새로운 생성을 이 화선지에 분출하고 있다.

이러한 다양한 동물-되기의 사례를 통해서 한 가지 분명한 사실을 알 수 있는데 이것이 바로 어느 수준이건 '기관 없는 신체' 혹은 '일관성의 평면'이 직접 경험된다는 사실이다. 사실상 일관성의 평면은 이미 의식에 전제되어 있기에 되기의 모든 과정에서 경험되지만 주체는 그러함을 의식하거나 자각하지 못한다. 즉 일관성의 평면은 모든 되기가 이르고자 하는 궁극의 목표이기도 하지만 또한 모든 되기의 과정에서 이미 전제되어 있는 바탕이기도 하다.

들뢰즈/가타리에 따르면 동물-되기는 궁극적인 되기인 지각불가능하게

-되기에 이르는 과정에 있다. 그렇다면 지각불가능하게-되기, 그리고 그것이 일어나는 장으로서 일관성의 평면이란 무엇인가? 들뢰즈/가타리에 따르면 일관성의 평면 혹은 기관 없는 신체는 또한 동물-되기의 과정에서 되기의 주체에게 펼쳐지는 식별 불가능성의 지대이기도 하다. 곧 기관 없는 신체의 장에서 인간의 쥐-되기, 쥐의 인간-되기, 인간의 말-되기 혹은 벌레-되기, 그리고 그 역(逆)의 되기를 경험하게 된다. 즉 다양한 항들 사이의 구성, 이웃 관계에 의한 포획으로서, 이 조우를 통해 어떤 식별 불가능성의 지대에 이르는 것이다. 이때 되기의 주체는 이미 이들 지대를 전제하고 있고 사용하고 있다. 즉 동물-되기는 일관성의 평면을 바탕 근거로 해야 한다.

한편 동물-되기의 과정에서 경험되는 식별 불가능성 지대로서의 기관 없는 신체와 일관성의 평면은 되기의 궁극적 지점이다. 이곳에서 체험되는 일관성의 평면은 동아시아 철학의 '도', '공' 개념과 밀접한 관련이 있어 보인다. 이 또한 의식의 전개 과정에서 궁극의 차원이지만 동시에 모든 전개 과정에 이미 전제되어 있는 바탕임을 깨닫는다면 이는 들뢰즈/가타리의 일관성의 평면과 밀접한 유사성을 보인다.

들뢰즈/가타리의 철학은 전통적인 철학의 문제들인, 지식이나 존재 등을 뛰어넘어 매우 다양한 현대 학문 영역을 자신의 논의 영역으로 끌어올 뿐만 아니라 우리 시대의 여러 문제들에 용이하게 접근할 수 있도록 해주는 수많은 개념들을 제공해주고 있다.[1] 그들의 철학은 오늘날에도 많은 영향을 끼치고 있다. 되기(생성)는 그들의 사유 중에서도 우리의 삶의 문제와 밀접한 관계가 있다. 즉 되기를 통해 우리는 삶에서 직면하는 다양한 문제들로부

---

[1] 피어슨, 이정우 역, 『싹트는 생명-들뢰즈의 차이와 반복』, 산해, 2005, 375-387쪽 참조.

터 벗어날 수 있다. 그러나 그 되기가 언제나 성공적이어서 우리의 삶을 바람직한 방향으로 인도할까? 이러한 문제의식에서 들뢰즈/가타리의 다양한 동물-되기 이후 주체의 심리상태가 윌버의 의식의 발달이론을 배경으로 어떤 수준에 위치하는지 밝혀봄으로써 생성의 결과 이후 주체가 어떤 방향으로 탈주하고 있는지 살펴보는 것은 중요한 일이라고 생각한다.

우리가 처해 있는 질곡의 상황으로부터의 탈주를 위한 되기(생성)는 매우 중요하다. 그러나 모든 생성이 다 허용되어야 하는가에 대해서는 앞으로의 논의를 통해서 충분히 고려되어야 할 문제이다. 이미 들뢰즈/가타리는 생성(되기)에 이르게 하는 방법으로서의 마약, 알코올, 사도-마조히즘 등의 위험성을 경고하며 거부하였다.[2] 다시 말해서 윌라드의 쥐-되기를 보면 그 생성이 자신의 당면 문제로부터의 그리고 그 자체로 긍정적일 수 있다는 점에서 탈주에 성공하는 것처럼 보이지만 사실 그 되기는 심각한 병리 상태로의 후퇴를 지시한다. 따라서 탈주의 방향성이나 방법에 대해 더 성찰할 필요가 있는 것으로 생각된다. 또한 앞으로 우리의 삶을 어떻게 전개해야 할지, 그리고 궁극적 생성으로 이르는 길은 어떻게 가능한 것인지 함께 모색해야 할 것이다.

또한 들뢰즈/가타리는 인간 이하의 기괴하고 그야말로 동물적인 상태에서부터 아주 고차적인 자연과의 합일 상태에 이르기까지 함축적으로 보여주고 있음에도 그들은 그 차이가 갖는 의의를 충분히 피력하지 못했다. 피어슨(K. Pearson)이 지적하였듯이 그들은 인간의 합리적이고 의사소통적인 지대 바깥에 있는 비인간적 지대, 무인지대, 식별 불가능한 영역, 일관성의 평면, 기관 없는 신체 등의 강조에 집중되어 동물-되기가 갖는 차별성

---

[2] 들뢰즈/가타리, 김재인 역, 『천 개의 고원』, 새물결, 2003, 288-290쪽 참조; Deleuze/Guattari(1987), pp.150-151.

을 기이할 정도로 소박하게 다룬 것 같다.[3] 따라서 동물-되기에 내재된 다양성을 구체적으로 구분함으로써 그들의 입장을 보완할 수 있다고 생각했다. 본 연구에서는 여섯 가지의 예를 통해 그 수준의 차이를 살펴보았다. 그리고 논의를 분명하게 하기 위해 윌버의 기본적 의식 구조를 배경으로 삼았다. 물론 이 배경의 타당성을 다시 물어야 한다는 점에서 이 연구의 한계가 있음을 밝힌다. 그렇지만 쥐-되기 이후 윌라드의 의식 상태는 오히려 퇴행하여 분열성 성격장애 같은 병리적 현상을 드러냈고, 한스는 말과의 분화상태를 벗어나지 못하고 아직 마법적인 동화상태에 머물러 있다. 그리고 그레고르 잠자는 동물-되기에 성공했음에도 불구하고 자신을 에워싸고 있는 외부세계의 단단한 벽을 허물지 못하고 탈주에 실패하고 만다. 로렌스, 에이허브, 한 문인화가 등의 되기 이후 의식상태는 이와는 다른 고차원적인 수준에 있다. 이러한 동물-되기의 주체들이 드러내는 차이를 조명하는 데 윌버의 의식이론은 포괄적인 시각을 제시하기에 생성의 중요성을 재조명하는데 적절하다고 판단했다. 윌버의 의식이론만이 동물-되기 이후 주체들의 심리상태 중에서도 고차원적인 의식 상태를 조명하는 데 자료를 제공하고 있기 때문이다. 이에 대한 보완의 글은 차후의 과제로 남겨둔다.

들뢰즈/가타리의 철학적 사유는 20세기후반부터 지금까지도 학문의 영역뿐 아니라 사회의 각 분야에 큰 영향을 끼치고 있다. 되기(생성)는 우리의 삶을 다른 방식으로 변형시키는 힘을 가진다는 점에서 그 중요성이 크다. 또한 윌버는 인간의 병리적, 적응적 측면에 초점을 맞추어왔던 기존 심리학

---

[3] 피어슨 역시 들뢰즈/가타리의 동물-되기에 내재된 비정상성에 주목하고 그 설명의 기이한 소박함을 지적한다. 그리고 동물-되기들 특유의 성격을 충분히 인정하고 명료화하는 데 실패했다고 주장한다. 피어슨, 이정우 역, 『싹트는 생명-들뢰즈의 차이와 반복』, 산해, 2005, 349-350, 353쪽. 피어슨의 지적은 옳다고 여긴다. 그래서 동물-되기의 다양한 경우들은 구체적으로 구분되어야 하고 보완되어야 한다.

의 한계를 절감하고 확실하고 치밀한 작업을 통해 자아초월심리학을 총체적 학문으로 이끌어냈다. 동서고금의 지혜와 현대 학문과의 통합뿐 아니라, 한 인간의 몸·마음·정신의 통합, 정신분석, 인본주의의 연구 성과들을 모두 포괄하고 통합하여 의식의 지도를 시각화한 그의 공로는 지금도 시사하는 바가 크다 하겠다.

요컨대 동물-되기의 사례들에서 드러나는 동물-되기 이후 주체들의 모습들은 차이점을 드러낸다. 동물-되기의 주체들의 외관상 드러나는 모순, 인간의 기괴한 동물-되기의 모습들이나 초월적인 모습들 등. 따라서 동물-되기의 상태들은 차별적으로 조망되어야 하며, 그렇게 함으로써 동물-되기의 원리들에 나타나는 모순이나 인간의 기괴한 동물적 비인간-되기에서 초월적인 되기에 이르기까지 되기의 광범위한 진폭을 이해할 수 있게 된다. 되기의 주체들에게서 드러나는 의식의 상태들을 고려할 때 되기는 다시 고려되어야 하며 우리의 삶의 방식을 현재의 삶에서 윌라드, 한스의 경우에서처럼 저차원적 수준이 아니라 고차원적 삶의 방향으로 이끌어 나가야 한다. 즉 되기의 주체들에게서 드러나는 의식의 상태들을 이해하기 위해서는 수평적 변환(translation)으로서의 생성적 측면만으로는 부족하다. 에이허브, 그레고르 잠자 등에게서 드러나는 의식의 상태들은 수직적 변용(transformation)으로서의 생성적 측면까지 고려할 때 그 생성의 의미를, 그 변용의 의미를 더 잘 이해할 수 있다. 윌버의 의식의 수준들은 이러한 동물-되기의 다양한 사례들을 살펴보는 데 유용한 텍스트가 되는 것으로 사료되어 동물-되기의 주체들에게서 드러나는 의식의 상태들을 고찰할 수 있었다. 이렇게 함으로써 오늘날 인간의식의 다양하고 차별적인 측면들을 이해해 볼 수 있을 것이며, 궁극적으로 진정한 생성의 길을 모색해 볼 수 있을 것이다. 진정한 생성의 길은 우리의 삶을 변용(transformation)시켜서 자아에만 제한되지 않는 승화된 삶을 사는 데 있으며, 우리의 삶에 미치는 영향을 통해서 우리를 현재적 수준 이상의 수직적 상위의 생성으로 이끄는 데 있을 것이다.

참고문헌

Ⅰ. 국내서적

가타리, F., 윤수종 옮김, 『기계적 무의식』, 서울: 푸른숲, 2003.
가타리, F., 윤수종 옮김, 『분자혁명』, 서울: 푸른숲, 1998.
고미숙 외, 『들뢰즈와 문학-기계』, 서울: 소명출판, 2004.
권서용, 『유마경』, 도서출판 메타노이라, 2016.
김 석, 『에크리』, 파주: 살림, 2007.
김영진, 『空이란 무엇인가』, 서울: 그린비, 2009.
나가르주나, 황산덕 역해, 『중론송』, 서문당, 2013.
나지오, J., 표원경 옮김, 『히스테리의 정신분석』, 서울: 백의, 2001.
노이만, E., 박선화 옮김, 『위대한 어머니 여신』, 서울: 살림, 2009.
들뢰즈, G., 이정우 옮김, 『의미의 논리』, 파주: 한길사, 2010.
들뢰즈, G., 이찬웅 옮김, 『주름, 라이프니츠와 바로크.』, 서울: 문학과지성사, 2004.
들뢰즈, G./가타리, F., 김종호 옮김, 『대담 1972-1990』, 서울: 솔, 1993.
로렌스, D. H., 윤명옥 옮김, 『로렌스 시선』, 서울: 지식을만드는지식, 2011.
로렌스, D. H., 류점석 옮김, 『제대로 된 혁명 : 로렌스 시선』, 고양: 아우라, 2008.
로렌스, D. H., 정종화 옮김, 『피아노 : 세계시인선34』, 민음사, 1995.
말러 M., 이재훈 역, 『유아의 심리적 탄생』, 서울: 한국심리치료연구소, 1997.
바겐바하, W., 김인순 옮김, 『카프카의 프라하』, 파주: 열린책들, 2004.
바겐바하, W., 전영애 옮김, 『카프카의 프라하의 이방인』, 파주: 한길사, 2005.

멜빌, H., 김석희 옮김, 『모비 딕』, 파주: 작가정신, 2010.
보그, R., 김승숙 옮김, 『들뢰즈와 문학』, 서울: 동문선, 2003.
뷔뎅, M., 안구 외 옮김, 『사하라-들뢰즈의 미학』, 서울: 산해, 2006.
서동욱, 『들뢰즈의 철학』, 서울: 민음사, 2002.
소바냐르그, A., 이정하 옮김, 『들뢰즈와 예술』, 파주: 열화당, 2009.
스피노자, B., 강영계 옮김, 『에티카』, 파주: 서광사, 2007.
안진태, 『카프카 문학론』, 파주: 열린책들, 2007.
울프, V., 정덕애 옮김, 『끔찍하게 민감한 마음』, 서울: 솔, 1996.
울프, V., 박희진 옮김, 『울프 일기』, 솔출판사, 2019.
웨딩, D./ 보이드, M./ 니믹, R., 곽호완 외 옮김, 『영화와 심리학』, 서울: 학지사, 2012.
윌버, K., 박정숙 옮김, 『의식의 스펙트럼』, 고양: 범양사, 2006.
이진경, 『노마디즘 1』, 서울: 휴머니스트, 2003-1.
이진경, 『노마디즘 2』, 서울: 휴머니스트, 2003-2.
장석주, 『들뢰즈, 카프카, 김훈』, 파주: 작가정신, 2006.
장시기 외, 『들뢰즈와 그 적들』, 서울: 우물이있는집, 2006.
정인석, 『트렌스퍼스널 심리학; 동서의 지혜와 자기초월의 의식』, 서울: 대왕사, 2009.
진중권, 『현대미학강의』, 파주: 아트북스, 2003.
최병식『동양회화미학 : 수목미학의 형성과 전개』, 서울: 동문선, 1994.
카프카, F., 전영애 옮김, 『변신·시골의사』, 서울: 민음사, 2007.
카프카, F., 이주동 옮김, 『꿈 같은 삶의 기록-잠언과 미완성 작품집』, 서울: 솔, 2017.
카프카, F., 한석종 옮김, 『실종자』, 서울: 솔, 2017.
카프카, F., 장혜순, 이유선, 오순희, 목승숙 옮김, 『카프카의 일기』, 서울:

솔, 2017.

카프카, F., 전영애 옮김, 『집으로 가는 길』, 서울: 민음사, 1984.

카프카, F., 서용좌 옮김, 『행복한 불행한 이에게-카프카의 편지 1900~1924』, 서울: 솔, 2017.

콜브록, C., 백민정 옮김, 『질 들뢰즈』, 파주: 태학사, 2004.

콜브록, C., 한정헌 옮김, 『들뢰즈 이해하기』, 서울: 그린비, 2007.

피카치, L., 양영란 옮김, 『프란시스 베이컨』, 서울: 마로니에북스, 2006.

프로이트, S., 김재혁 외 옮김, 『꼬마한스와 도라』, 파주: 열린책들, 2004.

프로이트, S., 황보석 옮김, 『억압, 증후 그리고 불안』, 파주: 열린책들, 1980.

프로이트, S., 박찬부 옮김, 『정신분석의 근본개념』, 파주: 열린책들, 2009.

피어슨, 이정우 옮김, 『싹트는 생명-들뢰즈의 차이와 반복』, 서울: 산해, 2005.

하이데거, M., 신상희 옮김, 『동일성과 차이』, 서울: 민음사, 2000.

해밀턴, G., 김진숙 외 옮김, 『대상관계 이론과 실제-자기와 타자』, 서울: 학지사, 2011.

홀, C., 백상창 옮김, 『프로이트 심리학』, 서울: 문예출판사, 2000.

II. 국내 논문

강필중, 「로렌스의 시와 망각의 주제」, 『D. H. 로렌스연구』, 제17권 제1호, 통권28호, 한국로렌스학회, 2009.

김영호, 「D. H. 로렌스의 사유 모험과 들뢰즈의 초월적 경험론 비교연구」, 중앙대학교대학원박사논문, 2010.

김재춘, 「들뢰즈의 되기·생성의 교육(학)적 해석」, 『교육원리연구』, 제15권

제1호, 한국교육원리학회, 2010.

김 인, 「들뢰즈의 생성이론의 미학적 의의에 관한 연구」, 서울대학교 대학원 석사논문, 2008.

김화임, 「카프카의 〈변신〉 Die Verwandlung을 통해 본 '소수적' 글쓰기」, 『브레이트와 현대연극』, 제22권, 한국브레이트학회, 2010.

배철영, 「들뢰즈/가타리의 '동물-되기'와 윌버의 의식 구조」, 『철학연구』, 제113집, 대한철학회, 2010.

성기현, 「질 들뢰즈의 예술혼의 전개과정에 대한 연구」, 서울대학교대학원, 2008.

신승철, 「가타리의 분열분석과 미시정치」, 동국대학교대학원 박사학위논문, 2010.

오영진, 「A Mytho-Psychoanalytic Reading of D. H. Lawrence's Death Poems」, 『D. H. 로렌스연구』, 제13권 제2호 통권20호, 한국로렌스학회, 2005.

이수경, 「들뢰즈의 감각적 회화론 연구」, 동의대학교대학원 석사논문, 2010.

장시기, 「들뢰즈의 로렌스-'용감한 거북이'의 생산하는 욕망과 생성의 시간」, 『D. H. 로렌스 연구』, 제12권 제1호 통권 16호, 한국로렌스학회, 2004.

전영옥, 「로렌스의 내면의 어둠 : 뱀과 거북이 시편을 중심으로」, 『D. H. 로렌스 연구』, 제11권 제2호 통권15호, 한국로렌스학회, 2003.

전영옥, 「죽음과 부활-마지막 시집을 중심으로」, 『D. H. 로렌스연구』, 제12권 제1호 통권 16호, 한국로렌스학회, 2004.

전영옥, 「로렌스의 시에 나타난 차이를 통한 타자의 이해」, 『동서비교문학저널』, 제23호, 한국동서비교문학학회, 2010.

Ⅲ. 국외서적

Deleuze, G/Guattari, F., Anti-Oedipus : Capitalism and Schizophrenia, trans. H. Lane, R. Hurley, and M. Seem, The Athlone Press, 1983. [국내번역판: 들뢰즈, G./가타리, F., 최명관 옮김,『앙띠 오이디푸스』, 서울: 민음사, 2000]

Deleuze, G/Guattari, F., A Thousand Plateaus : Capitalism and Schizophrenia, trans. B. Massumi, Univ. of Minnesota Press, 1987. [국내번역판: 들뢰즈, G./가타리 F., 김재인 옮김,『천 개의 고원』, 서울: 새물결, 2003]

Deleuze, G/Guattari, F., Kafka : Toward a Minor Literature. trans. Dana Polan. Foreword by Réda Bensmaïa. Minneapolis: University of Minnesota Press, 1986. [국내번역판: 들뢰즈, G., 이진경 옮김,『카프카, 소수적인 문학을 위하여』, 서울: 동문선, 2001]

Deleuze, G/Guattari, F., What Is Philosophy?, trans. H. Tomlinson & G. Burchell, Columbia University Press, 1994. [국내번역판: 들뢰즈, G./가타리, F., 이정임·윤정임 옮김,『철학이란 무엇인가』, 서울: 현대미학사, 1999]

Deleuze, G, Francis Bacon : The Logic of Sensation, trans. D. W. Smith, Univ. of Minnesota Press, 2002. [국내번역판: 들뢰즈, G., 하태환 옮김,『감각의 논리』, 서울: 민음사, 2008]

Lawrence, D. H., The Complete Poems of D.H. Lawrence, Wordsworth Editions Limited, 1987.

Lawreence, D. H., The Letters of D. H. Lawrence Ⅰ, Ed. James T. Boulton, Cambridge UP, 1979.

Wilber, K., The Collected Works of Ken Wilber vol.4: Integral Psychology; Shambhala 1999. [국내번역판: 윌버, K., 조옥경 옮김, 『통합심리학』, 서울: 학지사, 2008]

Wilber, K., The Collected Works of Ken Wilber, vol. 4: Transformations of Consciousness, Shambhala, 1999.

Wilber, K., The Collected Works of Ken Wilber vol.6: Sex, Ecology, Spirituality-The Spirit of Evolution, Shambhala, 2000.

Wilber, K., The Collected Works of Ken Wilber vol.7: A Brief History of Everything; The Eye of Spirit, Shambhala, 2000. [국내번역판: 윌버, K., 조효남 옮김, 『모든 것의 역사』, 서울: 대원출판, 2004]

도판 및 도표 목록

1. 도판 목록

도판 1. 베이컨, F., 〈누워 있는 형상〉, 1969.

도판 2. 베이컨, F., 〈그리스도의 십자가 처형도를 위한 세 개의 습작〉, 1962.

도판 3. 베이컨, F., 〈뮤리엘 벨처의 세 개의 습작〉, 1966.

도판 4. 베이컨, F., 〈조지 다이어의 초상화를 위한 세 개의 습작〉, 1964.

도판 5. 베이컨, F., 〈1973년 5~6월의 3부작〉, 1973.

2. 도표 목록

도표 1. 윌버, K., 〈의식의 기본 수준〉, 『모든 것의 역사』, 2011, p.236.

도표 2. 윌버. K., 〈의식의 기본 구조와 병증, 그리고 치료양태〉, 『모든 것의 역사』, 2011, p.566.

도표 3. 해밀턴, G., 〈아동의 성장 과정의 단계와 하위 단계 그리고 병리 현상〉, 『대상관계 이론과 실제-자기와 타자』, 2011, p.173.

도표 4. 〈동물-되기의 수준들〉

찾아보기

【ㄱ】

가변적 63
가언성 92
가역적(可逆的) 63
가장자리 43, 104, 108, 109, 139, 197, 202
가족주의 81, 82, 83, 182, 183, 206
가타리(F. Guattari) 9, 11, 12, 13, 14, 15, 21, 22, 23, 24, 25, 26, 29, 31, 32, 33, 34, 37, 39, 42, 43, 45, 49, 50, 52, 53, 54, 56, 57, 58, 59, 61, 62, 63, 65, 67, 68, 69, 71, 72, 75, 79, 81, 82, 83, 85, 86, 88, 91, 94, 95, 98, 100, 101, 105, 108, 110, 111, 117, 124, 157, 158, 186, 187, 188, 203, 208, 215, 216, 217, 218, 219, 223, 224, 226, 227, 228, 229, 230
가타리의 분열분석과 미시정치 82

각본병리(script pathlolgy) 135
간결성 57, 67
감각(sensation) 23, 24, 26, 27, 43, 48, 50, 59, 84, 101, 107
감각 운동적 128, 141, 144, 203, 208, 227
감각 존재 24
감각-물리적(sensoriphysical) 126, 168, 172
감각-물리적 수준 168, 172, 174, 204, 225
감각덩어리 101
감각들 24
감각론 31
감각의 논리 11, 59
감각지각적 170, 172
감성(sentiment) 23
감성블록 82, 83
감응(affect) 12, 23, 24, 25, 26, 27, 29, 30, 31, 32, 38, 40, 41, 42, 45, 52, 53, 55, 68, 76,

78, 79, 80, 84, 87, 98,
107, 110, 112, 116, 157,
158, 160, 176, 177, 215,
216, 217, 225
감응작용(affection) 23, 24, 29,
30, 55, 110
감정(sentiment) 76
갑충-되기 16, 17, 88, 89, 92, 93,
96, 115, 180, 181, 182, 183,
184, 186, 204, 206
강렬하게-되기 53
강밀도(intensity) 28, 62, 63, 65,
66, 82, 83, 84, 85, 86, 91,
94, 112, 157, 215, 216, 223
강밀성 215
강밀한 215
강밀함 214
강박성 162
강박성 성격장애 165
개-되기 51, 69
개별성(individuality) 171
개별화 130, 167
개성화 190
개인(personal) 13, 123, 126
개인적 139, 145, 186, 202
개인적 상태 123
개인적 영역 142
개체(individual) 29, 42, 43, 52,

84, 103, 106, 108
개체군 75
객체 34, 100, 141, 142, 149, 152
거북이 등딱지(Tortoise Shell) 104
거북이-되기 10, 17, 97, 101, 103,
104, 105, 106, 115, 117,
187, 188, 197, 204, 206,
207, 226
거세 콤플렉스 86
거짓됨 140
검은 구멍 48, 90
게르트루드 블랭크(G. Black) 126
게오르크 94
결연(alliance) 32, 42, 43, 52, 106,
107, 109, 110, 224
결연관계 52, 106, 111
경계 38, 39
경계선 성격장애 162, 163, 165
경계선 장애 132
경계선 장애자 185
경계선 징후 78
경계선(borderline) 11, 163
경계선적 132
경계선적 구조 165
경계성 161
경도(longitude) 84, 85
계통수 32
고고학적 140

찾아보기 241

고기 46, 48, 214

고기-되기 48

고래-되기 10, 17, 42, 43, 52, 106, 107, 108, 116, 158, 199, 201, 204, 207, 217, 224

고래임 109

고미숙 38, 89, 91

고양이-되기 159

고유성 96

고차원적 17

고착 46, 122, 129, 132, 161

고착 지점(stick point) 150

곰-되기 50

공(空) 14, 146, 147, 148, 149, 150, 151, 152, 190, 202, 203, 218, 219, 228

공(空)이란 무엇인가 204

공생단계 165, 172, 173, 205, 225

공생적 아동정신병 167

공생적 정신병 164, 173

공즉시색(空卽是色) 151

공중인 바틀바이 174

공허(void) 199, 200

광장 공포증 87

구강기(oral stage) 131

구도(plan) 38

구조(structure) 35, 122, 123, 124, 125, 126, 159, 175

구체적 조작기(concrete operational phase) 87, 134

궁극적인 되기 67

권서용 151

규칙-역할심 수준(Rule/role mind level) 134, 184, 186, 205, 206, 225

규칙-역할심(rule-role mind) 126

그램분자적(몰적) 31, 70

그레고르 잠자 13, 16, 17, 63, 88, 89, 90, 91, 92, 93, 94, 95, 96, 115, 179, 180, 181, 182, 183, 184, 186, 187, 201, 204, 206, 209, 223, 225, 230, 231

그리스도의 십자가 처형도를 위한 세 개의 습작 44

그림자 144, 145

극한 200

근대 13, 121

근대적 24

근사성(approximation) 69

근접성(proximity) 11, 69, 201, 215

근접성의 지대 70, 71, 72

근친상간적 79

기(氣) 12, 37, 38, 84, 158, 159

기계 33, 65, 66, 75, 76, 90

기계적 66, 85

기계적 무의식 31, 81, 85, 86
기관 없는 신체(the body without
　　　　　organs) 9, 11, 13, 17, 18,
　　　　　35, 71, 90, 103, 111, 210,
　　　　　213, 214, 215, 216, 217,
　　　　　218, 219, 227, 228, 229
기관들 69
기본 구조 117
기의 91
기표 43, 91, 115, 187
기표적 67
김재춘 40
꼬마한스와 도라 79
끔찍하게 민감한 마음 27

【 ㄴ 】
나의 나(the I-I) 147
남성-되기 53, 55
내면의 성(Interior Castle) 146
내용 40, 91
내재성(immanence)의 장 11, 13,
　　　　　71, 105, 111, 200, 214, 216,
　　　　　217, 219
내재적 68
내포(intension) 44
노마드(nomade) 56, 103
노마드적 106
노마디즘 1 33, 35

노마디즘 2 26, 38, 45, 51, 52, 85,
　　　　　158
누워 있는 형상 44
니믹(L. Niemiec) 78, 161
니체 38, 60

【 ㄷ 】
다른 무엇 되기 45
다섯 살배기 꼬마 한스의 공포증 분석
　　　　　176
다수 35, 41, 53
다수-되기 41
다수성(majority) 55, 57
다수어 67
다수자 33
다수적 41, 57
다양성 16, 33, 35, 75, 115
다양체(multiplicity) 9, 34, 42,
　　　　　104, 106, 108, 109, 224
다이어그램(diagram) 36, 48, 104
다차원적 12, 121
단계 122
단절 35
닫힌 공간 196
대니 웨딩 174
대모신(大母神) 187, 189
대본분석 135
대상 항상성(object constancy) 171,

찾아보기　243

172
대상-이미지 168
대상관계 발달 167
대상관계 이론과 실제 165, 166, 167, 168, 174
대상관계이론 163, 164
대승불교 145, 149
대양 25
대양적 환영(oceanic illusion) 190
대인관계 78, 162, 163
대혼(the Over Soul) 142
데이빗 로렌스 60
도(道) 11, 14, 71, 214, 219, 228
도구 75, 76
도덕 외적(extra-moral) 11
도주선 90, 91
동물-되기 10, 11, 12, 13, 14, 15, 16, 17, 21, 22, 25, 28, 30, 37, 38, 39, 42, 43, 44, 45, 46, 47, 48, 50, 51, 52, 53, 54, 55, 67, 68, 70, 71, 72, 76, 88, 90, 91, 95, 97, 98, 100, 103, 105, 106, 107, 110, 111, 115, 116, 117, 124, 157, 158, 159, 179, 180, 181, 186, 187, 188, 197, 204, 207, 208, 209, 210, 214, 215, 216, 218, 223, 224, 227, 228, 229, 230, 231

동물-되기의 다양성 75
동양회화미학 : 수목미학의 형성과 전개 113
동일성(identitie) 21, 46, 47
동일시(identification) 51, 85, 87, 104, 113, 128, 139, 142, 178, 198, 202
동일화 47
되기(becoming) 10, 11, 12, 13, 14, 15, 16, 17, 18, 21, 22, 23, 28, 29, 30, 32, 37, 38, 39, 40, 41, 45, 49, 50, 51, 52, 53, 54, 55, 60, 67, 68, 69, 71, 72, 79, 84, 85, 86, 93, 104, 105, 106, 110, 115, 116, 157, 158, 159, 199, 202, 208, 210, 214, 215, 218, 223, 228, 229, 230, 231
되기(생성) 9, 14, 15, 18, 21, 34, 36, 48, 49, 51, 54, 94, 115, 224, 228, 229, 230
두려운 낯설음(uncanniness) 186
들뢰즈(G. Deleuze) 9, 11, 12, 13, 14, 15, 21, 22, 23, 24, 25, 26, 29, 30, 31, 32, 33, 34,

36, 37, 39, 40, 41, 42, 43,
44, 45, 47, 48, 50, 52, 53,
54, 55, 56, 57, 58, 59, 60,
61, 62, 63, 67, 68, 69, 71,
72, 75, 79, 82, 83, 88, 91,
94, 95, 98, 100, 101, 105,
108, 110, 111, 117, 124,
157, 158, 186, 187, 188,
203, 213, 214, 215, 216,
217, 218, 219, 223, 224,
226, 227, 228, 229, 230
들뢰즈, 카프카, 김훈 181
들뢰즈/가타리의 '동물-되기'와 윌버
의 의식 구조 11, 202, 217
들뢰즈와 문학-기계 38, 89
들뢰즈와 예술 31, 33, 217
들뢰즈의 로렌스-용감한 거북이의
생산하는 욕망과 생성의 시
간 100
들뢰즈의 비인간주의 존재론 11
들뢰즈의 철학 28

【ㄹ】
라이프니츠 26
랭보 60
러브조이(A. Lovejoy) 121
로렌스 시선 189, 191, 193
로렌스(D. H. Lawrence) 10, 13, 16,
17, 97, 98, 102, 103, 104,
105, 106, 107, 115, 117,
187, 188, 189, 190, 191,
192, 193, 194, 195, 197,
198, 199, 206, 207, 226,
230
로렌스-되기 98
로렌스의 시와 망각의 주제 193
로버트 30
로버트 블랭크(R. Blanck) 126
루이 볼트슨 60
리비도 169
리비도적 171
리좀 32, 33, 34, 35
리좀권 32, 104, 105
리좀적 33, 35, 90, 116
리좀적인 90
리좀화 216
리처드 3세 60
리토르넬로 90

【ㅁ】
마가렛 말러(M. Mahler) 126
마르셀 프루스트 59
마법사 42
마술적(magic) 단계 132
마음 121, 124, 142, 150, 198, 231
마음이론[心論] 13

마하리쉬(R. Maharishi) 147
말-되기 10, 14, 16, 17, 43, 53, 79, 80, 83, 85, 86, 87, 117, 157, 175, 176, 177, 178, 179, 204, 205, 224, 225, 228
말러(M. Mahler) 121, 129, 164, 165, 166, 168, 172, 173
말벌-되기 41
망아(忘我) 192, 193
매끈한 109
매끈한 공간 196
머리 48
머리의 화가 48
메를로 퐁티(M. Ponty) 44
멜빌 174
모든 것 16, 54
모든 것-되기(becoming-everybody/everything) 11, 12, 41, 68, 72, 203, 218, 219
모든 되기(생성) 68
모든 사람 11, 12
모든 사람, 모든 것-되기 114
모든 사람-되기 16, 54
모든 사람/모든 것-되기(becoming-everybody/everything) 11, 114
모방 22

모비 딕 25, 42, 52, 106, 107, 108, 109, 111, 116, 200, 201, 217, 224, 226
몬드리안 114
몰적 존재 40
몰적(molar) 31, 41
몰적인 31, 70
몸 121, 142, 198, 231
무(無) 9, 10, 63, 103, 111, 116, 185, 190, 202, 206, 208, 227
무공간 148
무리 42, 43, 52, 75, 93, 102, 103, 106, 108, 109, 111, 224
무리들 90
무매개적 24
무시간 148
무신론적(무형상) 신비주의 149
무의식 35, 79, 81, 82, 85, 86, 129, 180, 190
무의식적 85, 181
무이원성 130
무인지대(no man's land) 11, 202, 208, 216, 227, 229
무정형 149
무형신비주의 125
문어체 61
문인화가 10, 71, 112, 114, 116, 117, 202, 203, 204, 208, 227,

230
문턱 31, 32, 37, 85, 91, 94, 96, 223, 224, 226
물고기-되기 10, 17, 71, 112, 116, 117, 202, 203, 208, 227
물리적 감각 130, 161
물리적 지각 26
물아양망(物我兩忘) 113
물질 121, 150, 198
물질적 수준(matter) 124
물활론적 132
뮈리엘 벨처의 세 개의 습작 47
미분적 23
미분화된 10
미분화적인 128
미세 지각 26, 28
미숙한 32
미학적 59

【 ㅂ 】

바겐바흐 64
바깥 35
바틀바이(Bartleby) 174
박쥐-되기 197
반사회성 161
반사회성 성격장애 165
발달 14
발달 단계 178

발달심리학 121, 137
발달이론 117
배제 127
배철영 11, 202, 217
배치(assemblage) 9, 16, 30, 54, 65, 66, 76, 79, 80, 83, 85, 89, 91, 104, 105, 115, 116, 175, 176, 177, 216, 225
배치들 79
배치물 51, 54, 83, 90
백인-되기 53, 55
뱀-되기 159
버지니아 울프 27, 28, 58, 113
벌레-되기 228
범죄기계 75
베게트 62
베네 60
베단타 124, 145, 149
베이컨 44, 46, 47, 48, 50, 114, 214, 216
벡(A. Beck) 135
변성 상태 125, 159
변성 의식 상태 125
변성(altered) 124
변신 63, 66, 88, 91, 92, 94, 115, 179, 181, 183, 184, 205, 223, 225
변신 · 시골의사 89, 92, 182

찾아보기 247

변용(transformation) 24, 31, 53, 76, 86, 134, 137, 217, 224, 231, 232
변용능력 30, 55
변용태 104, 110
변용태들 108
변이 23, 31, 32, 38
변화 21
변환(translation) 209
별종 42
병리 17, 117, 122, 127, 130, 139, 142, 143, 149, 150, 164, 173, 178, 186, 197, 201, 205, 225, 229
병리들 122
병리적 14, 143, 225, 230
병리적 콤플렉스 129
보이드(M. Boyd) 161
복제 33
복합물 24
본질 21
부계적 요소 79
부스케(J. Bousquet) 41
부조리 27
부화 168, 170
부화단계 173
분기점(fulerum) 126, 128, 129, 130, 131, 132, 133, 134, 135, 136, 137, 139, 140, 141, 142, 143, 146, 172
분리 10, 35, 127, 142, 160, 161, 167, 169, 170, 171, 172, 173, 185, 198, 203, 204, 207, 208, 227
분리-개별화(separation-individuation) 165, 167, 168, 172, 185
분리불안 171
분열 127, 129, 150
분열성(schizoid) 78, 161, 173, 175
분열성 성격장애 78, 160, 162, 173, 174, 225, 230
분열적 89
분열형 성격장애 161
분자 25, 41, 53, 67, 68, 75, 217
분자-되기 21, 30, 55, 67, 71, 75, 224
분자들 40
분자적(molecular) 26, 31, 40, 68, 70, 218
분자적 지각 26
분자적(부분적) 31
분자적인 31
분자혁명 82
분포 32
분화(differentiation) 128, 130, 164,

166, 168, 170, 171, 172, 176, 177, 185, 205, 230
분화단계 165
불가언성 92
불변성 38
불사(不死, Undying) 149
불생(不生, Unborn) 149
불이(不二) 151
뷔뎅 214
브라만의 영역 146
블록 22, 25, 38, 40, 52, 82, 158, 159
비가역적 81
비구분 44
비기표적 35, 63, 91
비담론적 59
비대칭적 40
비분화적 176, 177, 225
비언어적 143
비유기체 215
비유기체적 27, 195, 196
비의미적 35
비이원 상태 152
비이원 수준 151
비이원(nondual) 125
비이원성 152
비이원적 수준 219
비이원적(non-dual) 126, 150, 151

비이원적인 것(the Nondual) 152
비인간 10
비인간-되기 208, 231
비인간성 88, 180
비인간적(inhuman) 10, 11, 25, 26, 40, 49, 116, 126, 202, 217
비인간적 지대 11, 111, 203, 208, 216, 217, 227, 229
비인간적인 180
비인칭적 25
비인칭적인 41
비일상적 존재 되기 53
비전 25
비전-논리 139, 141
비전-논리 수준 201, 202, 207, 208, 227
비전-논리적 단계 128, 185, 197, 226
비전-논리적 수준 137, 186, 197, 201, 204, 206, 207, 225, 226
비전-논리적(vision-logic) 126
비존재 92
비진정성(inauthenticity) 186
비평 50
비평과 진단 60
비평행적(aparallel) 35
비현현적 149
비형식화 63, 91

뼈 44

【 ㅅ 】

사건 41, 54
사건-되기 41
사건들 79
사도-마조히즘 229
사르트르(J.P. Sartre) 185
사무엘 베케트 60
사본 33
사하라-들뢰즈의 미학 214
산-되기 202, 208
살 44, 50
삼면화 47, 213
삼신(三身)사상 145
상상적 동일시 91
상실된 자기실현 186
상위 124
상징계 83
상징주의 94
상태(state) 14, 17, 123, 124, 159
상태들 43
새-되기 40, 68
색면 214
색즉시공(色卽是空) 151
색채 43
생빅트와르 202
생산 36

생성(becoming) 9, 12, 14, 15, 16, 18, 21, 22, 25, 28, 32, 37, 39, 40, 41, 43, 47, 51, 55, 56, 67, 68, 69, 70, 97, 98, 103, 106, 109, 113, 114, 116, 117, 187, 188, 197, 199, 205, 210, 217, 218, 223, 224, 225, 227, 229, 230, 231, 232
생성(되기) 21, 31, 196, 229
생성적 53, 209, 231
생성하는 자(celui qui devient) 22
생태-지성적 자기 142
서동욱 28
선(line) 40, 52, 71, 76, 108, 109, 110, 114, 116, 149, 187, 216, 217
선(traits) 112
선고 94
선험성 16, 38
섬뜩함 140
성 94
성(gender) 99
성(性) 92
성격장애 161
성스러운 샘 27
세 개의 단편소설, 혹은 무슨 일이 일어났는가 60

세계　24, 32, 152
세계 이해　138
세계-내-존재　138
세계혼(the World Soul)　142, 198
세익스피어　60
세잔　25, 202, 208
소바냐르그, A　31, 33, 59
소송　65, 66, 94
소수 문학　60
소수(minoritarian)　34, 35, 41, 55
소수문학론　60
소수성(minority)　33, 55, 60, 196
소수자　33, 55, 57, 58, 68
소수자-되기　16, 54, 53, 56, 57,
　　　　67, 68, 98
소수적　31, 41, 57, 62
소수적 문학　57
소아 공포증　177
소아 신경증　178
속도　30, 37, 157
속도들　215
수목　33, 34, 36
수목적　33, 34
수준(level)　122, 124, 125, 126,
　　　　129, 141, 157, 159
수준들　43, 116, 126
수직적 변용(transformation)　209
수평적 변환(translation)　173, 231

수형도　32
순수 지각　25
슈나이더(J. Schneider)　196
스미스(H. Smith)　121
스케노포이에테스 덴티로스트리스　90
스파이더 맨　32
스펙트럼　12, 13, 121, 122, 123, 159
스펙트럼 모델　153
스피노자　29, 60, 84, 158
슬레피안　51, 52
시간-이미지　59
시네마　59
식별 불가능　30, 84
식별 불가능성　50, 215, 217

식별 불가능성의 지대　11, 13, 53, 71,
　　　　85, 113, 217, 218, 228
식별 불가능한　105, 229
식별 불가능　217
신경증　79
신경증적 구조　165
신비주의　143, 149
신성신비주의　125, 143
신성한 신　145
신여죽화(身與竹化)　113
신체　29, 150
신체-되기　86
신체-형상　48

신체역량 23
신체적 124
신플라톤주의적 145
실재 22, 35, 38, 39, 45, 51, 105, 110, 159
실재성 47
실재적 22, 38, 51, 53, 101, 105, 157, 158, 179, 199
실재적인(real) 157
실제적 22, 39, 45, 51, 91, 149
실존 23
실존적 10, 14, 139, 140, 141, 144
실존적 갈등 184, 185
실존적 고독감 140
실존적 고립 186, 201
실존적 고립감 140
실존적 돌파 201
실존적 병리 140
실존적 불안 140, 186
실존적 수준 184, 185, 186, 207
실존적 우울 140, 186, 201
실존적 우울함 140
실존적 자기 184, 185, 202, 203, 207, 208, 225, 227
실존적 자기의 단계 201
실존적 차원 97
실존적 초월 201, 207
실존적 허무 201, 206, 226

실존체험 46
실종자 65
실천철학(내재성의 윤리학) 9
실체 21
심령(psychic) 125
심적 의식(mental consciousness) 188
심층구조 143
심혼적 단계 127, 141
심혼적 동일시 187
심혼적 수준 140, 142, 197, 199, 202, 208, 226, 227
심혼적 장애(psychic disorder) 143
심혼적(psychic) 126
십우도(十牛圖) 149
싹트는 생명-들뢰즈의 차이와 반복 116, 228, 230

【ㅇ】
아니마(anima) 144
아니무스(animus) 144
아이-되기 21, 30, 53, 55, 68
아플라(aplat) 213, 214
안면성 85
앙토냉 아르토 60
애니미즘적 사고 87
양극성 정서장애 165
양란-되기 41

양태　25, 51, 102
어느 개의 연구　63, 66
어른-되기　55
어린이-되기　97, 98, 218, 224
언표　65, 67, 105, 151
언표행위　66, 67
얼굴성　49
얼굴의 화가　48
에고(self-reflexive ego)　131, 133, 137, 144
에릭슨(E. Erickson)　131, 137
에머슨(Emerson)　142, 145
에이허브(Ahab)　10, 13, 17, 25, 42, 43, 106, 107, 108, 109, 111, 116, 158, 200, 201, 202, 204, 207, 209, 217, 218, 224, 226, 227, 230, 231
에이허브-되기　201
에티카　29
여가수 요제피네 혹은 서(鼠)씨 일족　63, 90
여성-되기　21, 30, 41, 52, 54, 55, 56, 68, 97, 98, 218, 224
여여(如如)　147
여자-되기　59
역능(힘)　215
역량　29, 110
역행(involution)　32, 45, 52

역행적　32
연결접속(connexion)　33
연극성　161
연습(practicing)　169
연습기　169
연습단계　165, 170, 171
열린 공간　196
영　25, 121, 124, 141, 150, 218, 219
영(Spirit)　14
영속성　38
영원의 철학(perennial philosophy)　121, 125
영원회귀　38
영적　12, 125, 126
영적 경험　125
영적인　145
영지주의　149
영토(territory)　56, 82, 85, 101
영토성　85, 86
영토화　9, 104
영혼(soul)　14, 25, 139, 198, 199
영화와 심리학　78, 161, 163, 174
오로빈도　146, 149
오영진　206
오이디푸스　102, 171
오이디푸스 삼각형　79, 81, 89
오이디푸스 콤플렉스　79, 185
오이디푸스기　81

찾아보기　253

오이디푸스적 89, 91
오이디푸스화 76
오토 컨버그(O. Kernberg) 126
온우주 152
온전한 대상관계 165
외연(extension) 44
외적 모방(imitatio) 46
외침 48, 57, 67, 150
요제프 K 94
요제피네 63, 90, 107
용-되기 38, 51, 159
용감한 거북이(Tortoise Gallantry)
  98, 99, 100, 102
우주의식 142, 203
운동 31, 71, 80, 84, 91, 114, 157,
  176, 177, 215
운동-이미지 59
원소-되기 40
원인(causal) 125
원인적 125, 126, 146, 147, 149
원인적 상태 146, 218
원인적 수준 149, 199, 203, 219
원인적 영역 219
원초적 자기애 128
원형적 130, 146
월트 휘트먼 60
웨딩(D. Wedding) 161, 163
위도(latitude) 84, 85

위빠사 146
위상학적 36
위에서 삶(living on) 16
윌라드(Willard) 10, 16, 17, 37, 43,
  51, 75, 76, 77, 78, 115,
  117, 124, 160, 161, 162,
  163, 164, 172, 173, 174,
  175, 178, 204, 205, 218,
  224, 225, 229, 230, 231
윌리엄 포크너 60
윌버(K. Wilber) 12, 13, 15, 17, 115,
  116, 117, 121, 122, 123,
  124, 125, 126, 127, 128,
  129, 131, 132, 135, 136,
  137, 138, 140, 141, 143,
  144, 145, 146, 147, 149,
  150, 151, 153, 159, 164,
  172, 174, 175, 178, 185,
  186, 188, 197, 203, 204,
  207, 208, 209, 218, 224,
  225, 226, 229, 230, 231
유기 우울 171
유기적 86
유기체 25, 27, 48, 90, 116, 128,
  172, 215, 216
유기체화 214
유대인-되기 56
유마경 151

유목(nomade) 36
유목민 54, 110, 115
유사-깨달음(pseudo-realization) 146
유사-열반(pseudo-nirvana) 146
유사-정신병적 삽화(psychotic-like episodes) 143
유사성 22, 51
유산된 자기-실현 140
유신론적[신성](deity)신비주의 143
유아의 심리적 탄생 164, 170, 171, 172
융적 원형들 144
융합 128, 129, 161, 167, 173, 178, 205, 225
은자(隱者) 106
의미생성 90
의미의 논리 41
의미체 91
의식 17, 123, 124, 125, 127, 129, 141, 145, 150, 153, 160, 181
의식 상태 14, 16, 17, 115, 117, 152, 157, 160, 172, 174, 176, 177, 184, 186, 200, 202, 204, 205, 208, 225, 227, 230
의식 수준 225
의식발달단계 13

의식발달이론 12, 15, 115, 121
의식의 기본 구조 16, 122, 149, 150, 218
의식의 단계 174, 197, 207
의식의 문턱 28
의식의 발달단계 117, 126
의식의 발달이론 229
의식의 스펙트럼 13, 117, 121, 122, 123, 126
의식의 층(sheath) 124
의식의 흐름 28
의식이론 17, 116, 159, 208, 230
의식적 지각 26, 28
의식적인 여행(ritual voyage) 190
의인화(anthropomorphism) 11
의존성 162
이것임(haecceity, thisness) 54, 69, 70, 113, 197
이것임-되기 40, 41
이미지 30
이미지 없는 자각 149
이상심리학(abnormal psychology) 161
이원론(dualism) 188
이중블록 40
이중적 40
이중적 단일체 168
이중적 합일체 166

이진경 12, 26, 37, 38, 49, 51, 52,
　　　　85, 158
이질성(heterogeneity) 33, 34, 181
이질적 52
이질적인 53
이행 21, 30
인간-되기 47, 55, 94, 228
인간중심주의 46
인과적 수준 150
인물-형상 213
인본주의 231
인상들 27
인식론적 24
인우구망(鱗羽句芒) 149
인지발달이론 87
인지치료 135
인칭적 67
일곱 개의 저택(seven mansions) 146
일관성(consistency)의 평면 11, 13,
　　　　17, 36, 71, 72, 104, 111,
　　　　200, 210, 214, 216, 217,
　　　　218, 219, 224, 227, 228,
　　　　229
일미(一味) 151, 152
일인 시스템(one person monadic
　　　　system) 166
일차적 모체(primary matrix) 128
잉여적인 27

【ㅈ】
자기(self) 128
자기-동일적 49
자기-이미지 168
자기-타자 166, 173
자기-타자 시스템(a bipolar self-
　　　　other system) 166
자기애 131
자기애성 161
자기애성 성격장애 165
자기애적 130, 131
자기애적 징후 78
자아 34
자아동조적(ego-syntonic) 162
자아상실 140
자아심리학 144
자아초월 139, 202
자아초월 심리학 121
자아초월적 126, 139, 202, 203
자연(natural) 상태 124, 125
자연발생적 각성 143
자연신비가 198, 207, 226
자연신비주의 125, 141, 142, 198,
　　　　203
자폐단계 165
자폐적 정신병 165
자폐적-공생적 172
자허 마조흐 59

잠재성 45
잠재적인 11
장석주 181
재영토화(reterritorialisation) 55, 92
재접근(rapprochement) 169, 171
재접근 위기(rapproachment crisis) 170, 185
재접근단계 165, 169, 170, 171
재정립 181
재코드화(recoding) 56
재현 24, 33, 36, 97, 98
전(全) 스펙트럼적 159
전개인(prepersonal) 13, 126
전개인 상태 123
전개인 수준 128
전개인적 145
전근대 13
전능한 시스템 166
전사(轉寫, decalcomanie) 35
전이 83
전인습적 145
전일적 패턴(holistic pattern) 126
전쟁 기계 75, 196
전조작적 132
전합리적 145
절단 35
절단면(cleavages of division) 104

절단면들 104
절편(segment) 66, 104
정동적 175
정묘(subtle) 125, 143
정묘적 단계 143
정묘적 병리 146
정묘적 수준(Subtle level) 143, 199
정묘적 형상 146
정묘적 126
정묘한 144, 146
정상-신경증 165
정상적 공생단계 165, 166
정상적 자폐단계 165, 166
정서 25
정서적 자기 172
정서적 재충전 169
정서적-리비도적 170
정신 병리적 10
정신권(noosphere) 133
정신병 130
정신병리 85
정신병리학 161
정신병적 구조 165
정신분석 45, 79, 81, 82, 83, 85, 98
정신분석적 14, 85, 106, 108
정신분석학 131
정신분열성 성격장애 165

정신분열증 130, 165, 204
정신분열형 성격장애 165
정신신경증 127, 185
정인석 122, 131
정지 84, 157, 215
정체성 신경증 137
정체성 위기(identity crisis) 137
제대로 된 혁명 : 로렌스 詩 선집 99
제임스 조이스 60, 62
조대(粗大, gross) 세계 141
조작적 사고 87
조지 다이어의 초상화를 위한 세 개의 습작 47
조직화 34
조형적 스펙트럼 27
존재 9
존재론적 닮기(mimesis) 46
존재론적 되기 46
종교 철학 13
주름, 라이프니츠와 바로크 26
주시자(the Witness) 146, 147, 148, 150, 151, 197, 226
주체 15, 22, 34, 39, 56, 66, 67, 69, 100, 141, 142, 149, 152, 157, 180, 185, 204, 207, 208, 210, 215, 219, 227, 228
주체들 17, 116, 160, 208, 216, 218, 224, 231
주체성 148, 181
주체화 58, 90
죽음의 배(Ship of Death) 189, 191, 192, 193, 194, 195, 196
쥐-되기 10, 16, 17, 37, 38, 40, 43, 51, 75, 76, 77, 78, 115, 117, 160, 163, 173, 174, 177, 178, 204, 224, 228, 229, 230
지각불가능하게-되기 11, 12, 30, 40, 41, 53, 55, 71, 72, 104, 107, 214, 228
지각(percept) 23, 24, 25, 26, 27, 28, 31, 32, 50, 98, 110, 114
지각불가능(imperceptible) 30, 84, 103
지각불가능하게 48, 49, 53, 227
지각불가능한 53, 104, 214, 216, 219
지각작용(perception) 23, 25, 26, 27, 28, 31, 83, 110, 113
지각작용들 23
지각할 수 없는 것-되기 68, 97, 98, 99, 218
지금-여기 16, 39
지대(地帶) 10
지도(carte) 33, 36

지도 제작(=제도) 35
지도그리기 36
지저귀는 기계 63
직관적 마음(intuitive mind) 146
진단 50
진아 140, 151, 219
진여(眞如) 207
진중권 46
진지(眞知) 149
질료적 49
집단적 66
집단적 흐름 83
집으로 가는 길 93
집합/상태 41

【 ㅊ 】
차별성 39
차별적 39
차이 9, 94
차이성 181
참자기(Self) 142, 147
창조적 32, 53, 149
창조적 기호론 59
창조적 역행(involution) 41
천 개의 고원 10, 11, 14, 15, 21, 33, 37, 42, 51, 54, 59, 60, 69, 71, 75, 77, 79, 97, 104, 112, 114, 159, 196, 223,

224
철학연구 11
철학이란 무엇인가 23, 24, 59, 114
초개인 13, 123, 126
초개인 수준 140
초개인 영역 125
초개인적 125, 145, 197, 202, 203
초개인적 상태 123
초개인적 영역 142
초개인적(비인간적) 203
초개인적(자아초월) 141, 145
초개인적·자아초월적 203
초보수행자 143
초언어적 143
초월 127, 150
초월적 마음(overmind) 149
초월충동 10
추상기계 105
추상적인 기계 90, 104
추상적인 형상 104
출구 76, 89, 93, 95, 96, 103, 194
충동 179
충만함 27
층위 31
치타-되기 68

【 ㅋ 】
카르멜로 베네 59

카프카(F. Kafka) 10, 55, 57, 58, 59, 60, 61, 62, 63, 64, 65, 66, 67, 89, 90, 91, 92, 93, 95, 96, 181, 182, 183, 184, 187
카프카, 프라하의 이방인 64
카프카, 소수적인 문학을 위하여 28, 57, 60
카프카의 〈변신〉에 대한 하나의 새로운 해석 92
카프카의 일기 90
카프카의 프라하 64
칸딘스키 114
칸트 60
컨버그(O. Kernberg) 164
켄타우로스 140
코완(Ch. Kowan) 123
콜버그(L. Kohlberg) 121
콜브룩 24
쿠프카(F. Kupka) 114
클라우스 바겐바하 64
클레(P. Klee) 39, 40, 63

【 ㅌ 】
타자의식 197
탈근대 13
탈근대적 97
탈기표작용적 35

탈동일시 132, 141, 147
탈영역화 47, 48, 76
탈영토화 9, 56, 62, 63, 65, 86, 90, 91, 92, 94, 100, 101, 107, 109, 111, 158, 180, 196, 197
탈위계적 33
탈인간화 53, 104
탈주 14, 15, 21, 58, 93, 103, 106, 109, 115, 116, 174, 180, 184, 186, 201, 205, 206, 216, 217, 223, 224, 226, 229, 230
탈주로 85, 86
탈주선 15, 53, 56, 94, 97, 223
탈주체화 59, 184
탈지층화 40, 41, 63, 90, 216
탈코드화(decoding) 56
탈형식화 47, 214
테레사 수녀 146
토마스 하디 60
토마스와 하디 연구 188
통합(integration) 128, 129, 130, 150, 164
통합-동일시의 실패(integration-identification failure) 146
통합심리학 124
퇴행(regression) 14, 32, 45, 78, 160, 173, 178, 204, 230

퇴행적 167
퇴행적인 145
트라우마(trauma) 81
트랜스퍼스널 140
트렌스퍼스널 심리학 122
특색(trait) 44, 45
특이성 30, 53, 110
특이자(anomalous) 42, 43, 104, 105, 106, 107, 108, 109
특이함(an-omalie) 106

【 ㅍ 】

파동(wave) 124, 125, 150
팔루스적 85
패러다임 134
페르소나 133
페터 93, 94
편집성 161
평면태 104
평탄함(aplat) 114
폭로분석 135
표상심 205
표상심 수준 225
표상적 마음 단계 132
표상적 마음 수준(Representational mind level) 127, 132
표상적 마음(represen-tation mind) 126, 132

표층구조 143
표현 40
표현성 57, 67
프란시스 베이컨(F. Bacon) 45, 47, 213, 214
프로이트 78, 79, 80, 81, 82, 86, 102, 128, 176, 177, 179, 190
플라톤 60
피아노 196
피아제 87, 121, 132, 133, 134
피어슨 116, 226, 228, 230
피카치 45, 214

【 ㅎ 】

하위-인간성 88
하위단계 17
하이데거(M. Heidegger) 185
하인리히 크라이스트 60
하인즈 코헛(H. Kohut) 126
학-되기 158
학술원에 드리는 보고 13, 17, 71, 93, 94
한계 14, 37, 39
한스 10, 14, 16, 17, 43, 45, 51, 53, 78, 79, 80, 81, 83, 85, 86, 87, 88, 115, 117, 157, 176, 177, 178, 179, 204, 205,

215, 218, 224, 225, 230, 231
합성 30
합일 41
항 22, 40, 112, 215
항속성 38
해밀턴(G. Hamilton) 165, 166, 168, 173, 174
해석 83, 90
해체 28, 91
행복한 불행한 이에게-카프카의 편지 95
허만 멜빌 60
헨리 밀러 60
현대미학강의 44, 46
현시(顯示) 152
현존재 138
형상 47, 145, 152, 214
형상들 223
형식 91
형식-반성심 수준 128
형식-반성심 126
형식적 반성적 마음 수준 136
형식적 조작기(formal operational) 87, 136
호르헤 보르헤스 60
혼 121, 150
홀라키 126

홀론 125
환상 22
환상-정동적 수준 127, 130, 174, 177, 178, 204, 205, 225
환상-정동적 126, 173
환영적-정서적 168, 170, 171, 172
환원 25
환원불가능한 53
환원주의적 14
환유 97
회피성 162
횡단 106
횡단적 116
횡적인 52
후인습적 137, 139
흑인-되기 54
흰 벽 48, 90, 109, 200
히스테리 165, 177
힌두교 149
힘(power) 28, 37, 80, 84, 114, 157, 176, 177, 201, 223

신생학술총서 006
들뢰즈의 안드로메다

지은이·이수경
펴낸이·원양희
펴낸곳·도서출판 신생

등록·제2003-000011호
주소·48932 부산광역시 중구 대청로 135번길 5(401호)
       w441@chol.com www.sinsaeng.org
전화·051-466-2006
팩스·051-441-4445

제1판 제1쇄·2022년 8월 30일

공급처·도서출판 전망

값 15,000원

ISBN 978-89-90944-76-4

*저자와의 협의에 의해 인지를 생략합니다.
*이 책 내용의 전부 또는 일부를 재사용하려면 반드시 저작권자와 신생 양측의 동의를 받아야 합니다.